글쓰기의 의미

좋은 글의 요건

글쓰기의 윤리

내용 생성하기

개요 작성하기

초고 쓰기

어휘, 문장, 문단

서사와 묘사

설명과 논증

정보전달

설득

자기성찰

대학생을 위한

# 글쓰기 기초

글쓰기기초 교재편찬위원회

계명대학교 출판부

대학생을 위한

# 글쓰기 기초

대학생을 위한
# 글쓰기 기초

초판 1쇄 발행 2014년 2월 19일
초판 7쇄 발행 2025년 8월 25일

지 은 이 글쓰기기초 교재편찬위원회
펴 낸 이 신일희

펴 낸 곳 계명대학교 출판부
출판등록 제347-1998-1호(1970.9 .1.)
주 소 대구광역시 달서구 달구벌대로 1095
대표전화 053-580-6233
팩 스 053-580-6235
홈페이지 www.kmupress.com

ISBN 978-89-7585-650-1 03700
정 가 10,000원



이 도서의 국립중앙도서관 출판시도서목록( CIP )은 서지정보유통지원시스템 홈페이지 (http:// seoji.nl.go.kr)와 국가자료공동목록시스템(http://www.nl.go.kr/kolisnet)에서 이용하실 수 있습니다.(CIP제어번호: CIP2014003609)

대학생을 위한

# 글쓰기 기초

글쓰기기초 교재편찬위원회

계명대학교 출판부

# 머 리 말

이 책은 계명대학교의 공통교양과목인 〈글쓰기 기초〉 수업을 위한 교재이다. 이 책은 과정 중심 글쓰기를 지향하며 글을 통한 의사소통 능력의 함양을 목표로 한다. 이 책의 전반부에서는 학습자들이 글쓰기의 의미와 필요성을 이해하고 글쓰기의 과정에서 필요한 방법과 기술, 아울러 글쓰기의 기초가 되는 올바른 어휘와 문장 쓰기, 문단 쓰기를 연습할 수 있게 하였다. 후반부에서는 정보전달과 설득, 그리고 자기성찰을 위한 글을 쓸 수 있도록 이론과 함께 다양한 연습 문제를 제공하였다.

이 책의 각 장과 절별 내용을 간략하게 밝혀 보면 다음과 같다.

I장 '글쓰기의 이해'에서는 글쓰기의 의미와 필요성, 좋은 글의 요건, 글쓰기의 윤리를 다루었다. 우선 글쓰기가 왜 대학에서의 학업 수행 능력과 취업 후 직무 수행 능력의 배양에 꼭 필요한지를 밝혔다. 또한 한 편의 좋은 글을 쓸 수 있기 위해서는 창의적인 발상, 주제에 대한 충분한 정보, 논리성, 정확한 문장과 다채로운 표현을 통한 설득력 등이 요구되며, 글쓰기를 할 때 무단으로 남의 글을 도용해서는 절대로 안 된다는 사실을 강조하였다.

II장 '글쓰기의 과정'에서는 한 편의 글을 완성하기 위해 거치는 과정을 소개하였다. 먼저, 내용 생성하기에서는 브레인스토밍부터 주제문 정하기까지의 과정을 설명하였다. 글을 쓰기 위해서는 글쓰기에 대한 열정을 부추기는 신선한 글감을 만나야 하며, 찾은 글감을 마인드매핑을 통해 체계적으로 정리하고, 주제와 주제문으로 생각을 구체화시키는 과정을 거쳐야 함을 강조하였다. 개요 작성하기에서는 글의 설계도라고 할 수 있는 개요를 작성함으로써 글의 윤곽을 잡는 방법을 제시하였다. 나아가 자신이 설계한 개요에 따라 글을 쓸 수 있는 방법, 초고를 수정함으로써 한 편의 글을 완성해 나가는 고쳐쓰기의 과정도 설명하였다.

III장 '글쓰기의 규칙'에서는 구체적인 사례를 중심으로 국어를 어문 규정에 맞게 표기하는 방법에 대해서 설명하고 좋은 글을 쓰기 위해 쉽고 정확한 어휘를 사용해야 함을 강조하고 그 방법을 안내하였다. 또한 글쓴이가 의도한 바를 정확하게 담은 문장과 문단을 쓰기 위해 주의해야 할 내용을 살펴보았다.

Ⅳ장 '글의 서술 방식'에서는 글을 서술하는 여러 가지 방식을 활용하여 글의 완성도와 설득력을 높일 수 있도록 하였다. 시간성을 기본 개념으로 하는 서사와 순간적인 인상을 포착하여 그림처럼 보여주려는 묘사, 사전식 개념 설명 및 정보전달을 목적으로 하는 설명과 논리적 전개로 설득을 목적으로 하는 논증 등 네 가지 서술 방식을 소개하였다.

Ⅴ장 '정보전달을 위한 글쓰기'에서는 자신이 가지고 있는 지식과 정보를 효율적으로 타인에게 전달할 수 있는 글쓰기 능력의 배양을 목표로 삼았다. 자신이 가지고 있는 정보를 독자에게 알려줌으로써 독자의 이해를 돕는 설명문, 특정 대상이나 주제에 대해 조사, 실험, 답사, 연구한 결과를 정리하여 보고하는 보고문, 신문, 방송 등의 언론 매체에서 새로운 소식이나 사건 등을 전하는 기사문 등을 집중적으로 연습하도록 하였다.

Ⅵ장 '설득을 위한 글쓰기'에서는 어떤 사실이나 현상, 가치 등에 대해 자신의 주장을 논리적으로 전개해 나갈 수 있는 능력의 배양을 목표로 삼았다. 이러한 목표를 달성하기 위해서 신문의 사설이나 칼럼 등으로 대표되는 논설문, 다양한 문화 현상 속에 들어 있는 의미와 가치를 평가하는 비평문, 어떤 책의 내용과 가치를 타인에게 쉽고 친절하게 전달하는 서평문을 다루었다.

Ⅶ장 '자기성찰을 위한 글쓰기'에서는 글의 대상이 되는 자신과 타인, 그리고 그 이외의 것에 대한 성찰을 바탕으로 글을 쓸 줄 아는 능력을 길러 주고자 하였다. 자신의 삶의 역사와 정체성을 점검하고 자신의 미래를 설계하는 자서전 쓰기, 이러한 자서전을 바탕으로 목적에 맞는 자기 소개서 쓰기, 영화나 미술 작품의 감상, 공연 관람에서 비롯되는 느낌을 글로 표현하는 훈련에 주력하였다.

이 책을 가지고 성실하게 공부한 사람이라면, 단 한 줄의 문장을 쓰더라도 정확하게 쓸 줄 알고, 정확한 문장들로 이루어진 단락을 체계적으로 구성할 수 있을 것이다. 또한 그렇게 구성된 여러 개의 단락을 자연스럽게 연결함으로써 한 편의 글을 완성할 수 있을 것이다. 뿐만 아니라 남이 쓴 글을 읽고 나서 그 요지를 명료하게 파악하고, 일정한 개요에 따라 자신의 생각과 주장을 논리적으로 표현하는 능력도 갖추게 될 것이다. 한 마디로 말해서 이 책을 통해 '글쓰기의 기초'를 탄탄하게 다질 수 있을 것이다. 이렇게 다진 '글쓰기의 기초' 실력을 바탕으로, 계명대학교의 모든 학생들이 각자의 전공 분야에서 창의적이고 논리적인 글을 쓸 수 있게 되기를 바란다.

2014년 1월

저자 일동

Table of Contents

# 글쓰기의 이해

# I

# 1. 글쓰기의 의미와 필요성

## 1) 글쓰기의 의미

글쓰기는 일차적으로 자신의 생각을 글로 나타내는 것이다. 이런 점에서 글쓰기는 자기표현 행위이다. 우리는 말하기보다는 본질적으로 훨씬 더 진지하고 논리적인 사고력을 요구하는 글쓰기를 통해 생각을 명료하게 표현할 수 있다. 가령, 한 편의 영화를 볼 때에도 명문장이나 명장면에 대해 또는 주인공들의 삶에 대해 무언가 생각을 하기 마련이다. 이때 스쳐가는 생각을 짧은 메모로 남긴 후, 메모에 근거하여 문장을 만들어 가다보면 생각이 생각으로 파생되어 영화라는 대상에 대해 좀 더 깊이 사유하게 된다. 이렇게 형성된 사유는 글쓰기라는 자기표현 행위를 통해 드러날 수 있다.

이와 같은 자기표현 행위로서의 글쓰기는 치유 효과를 만들어 내기도 한다. 위계질서가 분명한 수직적 문화 속에서 자란 한국의 대학생들은 자기표현을 쉽게 하지 못하는 경향이 있다. 뿐만 아니라 입시 위주의 교육 탓에 일반적으로 고등학교를 졸업할 때까지 학생들은 자신의 생각을 정립할 기회조차 가지기 어려웠다. 그러나 대학생들은 글쓰기를 통해 자신의 생각을 표현할 기회를 가짐으로써 자신의 정체성을 확립해 나가며 자존감을 회복할 수 있다.

뿐만 아니라 글쓰기라는 자기표현 행위를 통해 공동체 구성원 사이의 성숙한 상호 의

사소통에 이를 수 있다. 자신의 생각과 동일한 타인의 생각을 만날 때면 자신의 생각에 더욱 확신을 가질 수 있다. 또 자신의 생각과 다른 견해에 대해서는 차이를 수용하면서 서로 소통할 수도 있다. 어떤 견해에 대해서는 비판적인 사고력을 발휘하여 창의적인 해결책을 제시하기도 한다. 이런 점에서 글쓰기는 감정적 차원에서든 이성적 차원에서든 타인과 관계를 맺는 행위이다. 이러한 의사소통 행위를 통해 우리는 자칫 편협해지기 쉬운 자신만의 관점에서 벗어나 경험의 폭을 넓혀 글로벌 시대를 살아가는 데 꼭 필요한 균형 잡힌 세계관을 가지게 된다.

글쓰기는 자신의 문제를 창의적으로 해결하는 능력이 되기도 한다. 글은 종이에다 쓰는 것이므로 처음에는 마음가는대로 자유롭게 시작할 수 있다. 아무도 그 글에 대해 판단하거나 비난하지 않는다. 이렇게 자유롭게 쓰다보면 자신이 처해 있는 여러 가지 문제의 핵심을 발견하게 된다. 문제 서술의 글쓰기를 하는 것도 바로 문제를 구체적으로 발견하고 그에 맞는 적절한 해결책을 찾기 위해서이다. 글 쓰는 과정을 통해 문제를 쪼갬으로써 문제를 발견하며, 그 문제를 자신의 입장에서 벗어나 객관적으로 바라보는 데 도움을 준다는 점에서 글쓰기 속에는 문제 해결의 실마리가 숨어 있는 경우가 많다. 이처럼 글을 쓰는 과정 속에서 발견한 '새롭고', '유용한' 방법을 결단력 있게 추진함으로써 자신의 문제를 주체적으로 해결해 나갈 수 있다는 점에서 글쓰기는 바로 창의적 문제해결 능력이 되는 것이다.

지금까지 살펴본 것처럼 치유의 효과를 지니는 자기표현 행위이자, 의사소통 행위이며, 창의적 문제 해결력의 의미를 지니는 글쓰기는 오늘날 요구되는 융복합적 사고 행위와 직결된다. 오늘날처럼 쏟아지는 정보에 바탕을 둔 지식기반 사회의 난제를 풀 수 있기 위해서는  자신에게 필요한 정보를 선별하고, 그 정보를 융합하여 새로운 지식을 만들어 내는 사고 능력이 필요하다. 이제 우리 사회는 더 이상 자신이 속한 분야의 폐쇄적인 지식만으로는 문제를 해결하기 어려울 정도로 빠른 속도로 변화하고 있기 때문이다. 난무하는 정보의 바다 속에서 길을 잃지 않고 현대사회가 요구하는 창의적인 지식을 만들어내기 위해서는 자신이 속한 학문의 벽을 허물고 다른 분야의 지식과 소통하며, 그 지식을 융복합적으로 활용하려는 열린 사고 습관이 필요하다는 말이다. 글쓰기는 생각을 표현하기 위해 서로 동떨어진 분야의 개념들을 연상하고 배열하고 조합하는 사고의 융합 과정이자 결과라는 점에서 오늘날과 같은 융복합 시대가 가장 필요로 하는 능력이다.

## 2) 글쓰기의 필요성

### (1) 학업 수행 능력의 배양

글쓰기는 대학에서 학업을 성공적으로 수행하기 위해서 꼭 갖추어야 할 능력이다. 대학의 많은 수업이 발표와 토론으로 진행되며, 중간고사와 기말고사의 성적은 서술형 답안지 평가를 통해 이루어진다. 대학생으로서 에세이를 쓰고자 할 때, 또 독후감과 비평문을 쓰고자 할 때, 논증문을 쓰고자 할 때도 각각 고유의 표현 방법과 형식에 따라 작성해야 한다. 시각적 효과를 중요하게 생각하는 프레젠테이션 기법, 발표 및 토론을 위한 글쓰기뿐만 아니라 전공에 따른 갖가지 공모전을 위해서도 적절한 글쓰기 방법을 알 필요가 있다. 또 글쓰기는 대학 졸업 후 취업을 위해 자기 소개서와 이력서를 작성하기 위해서도 필요하다. 이처럼 자기표현과 의사소통 능력을 중요하게 생각하는 대학 수업은 절대적으로 글쓰기 능력을 요구한다.

### (2) 취업 후 직무 수행 능력의 배양

글쓰기는 대학 학업 수행을 위해서 뿐 아니라 취업 후에도 더욱 필요한 능력이 되었다. 수많은 정보 속에서 창의적으로 문제를 해결해야 하는 융복합 사회에서는 자기표현 행위이자 의사소통 행위로서의 글쓰기가 꼭 필요하다. 글로벌 시대에 서로 경쟁해야 하는 직장인은 직장에서 마주치는 문제를 창의적으로 해결해 나가기 위해 예전에 비해 더욱 폭넓은 교양과 전문성을 갖춘 글쓰기 능력을 필요로 한다. 직장에서 아이디어를 찾을 때, 기획서, 제안서, 품의서, 홍보문 등을 작성할 때, 프레젠테이션을 할 때 대학에서 닦은 글쓰기 실력은 유용하게 활용될 수 있다.

# 2. 좋은 글의 요건

어떤 글이든지 좋은 글은 아래의 네 가지 조건을 골고루 갖추고 있어야 한다.

## 1) 창의성

좋은 글은 창의적이어야 한다. 창의적이지 않은 글은 독자의 관심을 불러일으키기 어렵다. 창의성은 발상을 전환시켜 기존의 것을 새로운 관점으로 볼 때 나타난다. 그러나 독창적인 것은 단지 특이한 것으로만 얻을 수 없다. 어떤 독특한 것이 창의적이라고 인정을 받기 위해서는 그것이 모방의 욕구를 불러일으킬 때 가능한 것이다. 다시 말해 좋은 글은 특이하면서도 객관성을 갖추고 있어야 한다.

창의적인 생각을 하기 위해서는 그동안 의문의 여지없이 당연하게 받아들인 것을 다각도에서 새롭게 바라볼 필요가 있다. 문제의식을 가지고 비판적으로 바라보는 것도 창의적인 글을 쓰는 데 도움이 된다. 또 어떤 개념의 근원에 대해 살펴보는 것도 창의적인 관점을 가지는 데 큰 도움이 된다. 가령 '사형제도 존폐'에 대한 자신의 창의적인 입장을 세우기 위해서는 '사형제도'가 언제부터 어떤 배경에서 생긴 것인지를 알아보는 것이다. 또 창의적으로 생각하기 위해서는 때론 분석적으로, 때론 종합적으로 생각할 필요도 있다. 창의적인 생각을 할 때 글을 쓰고 싶은 욕구가 일어난다는 점에서 창의적 관점은 글을 즐겁게 쓰기 위해서도 꼭 필요하다.

### 2) 정보성

좋은 글은 주제에 대한 정확하고 풍부한 정보를 담고 있어야 한다. 글이 주제에 대해 적합한 정보를 담고 있지 않으면 그 글에는 신뢰감을 가지기 어렵다. 정확한 정보를 담기 위해서는 선행 자료 조사가 필수적이다. 자신의 주제에 대한 선행 자료 조사 없이 자신의 생각만으로는 결코 좋은 글을 쓰기 어렵다. 자료가 충분할 때 글은 깊이를 지니게 되어 가치를 지니게 된다. 가령 『베니스의 상인』을 읽고 독후감을 쓸 경우 『베니스의 상인』의 내용을 충분히 언급하면서 자신의 생각을 펼쳐나갈 때 이 작품에 대한 독후감으로서의 가치를 지니게 된다.

### 3) 논리성

좋은 글은 논리적이어야 한다. 논리적인 글이 설득력을 지니기 때문이다. 아무리 정확한 정보를 담고 있다고 하더라도 그 글이 조리 있게 구성되어 있지 않으면 상대방을 설득하기 어렵다. 글이 논리성을 갖추기 위해서는 주제가 분명해야 한다. 또 주제와 그 주제를 뒷받침하기 위한 소주제가 유기적으로 연결되어야 한다. 각각의 문단에는 중심 내용이 있어야 하며, 그 중심 내용을 뒷받침하는 근거 자료를 갖추어야 한다. 한 문단을 구성하는 각각의 문장 또한 유기적으로 연결되어야 한다. 이를 통해 글의 서론에서부터 결론까지의 흐름이 매끄러워야 하는 것이다.

### 4) 정확한 문장과 다채로운 표현

글의 관점이 창의적이며, 자료 조사가 풍부하며, 논리적인 글은 바른 문장을 쓸 때 설득력을 지닌다. 문장은 간결하고 정확해야 한다. 부사와 형용사 등 수식어를 쓸데없이 많이 쓸 필요가 없다. 주어와 술어의 호응 및 목적어와 술어의 호응이 맞아야 한다. 수동태를 많이 사용하는 것도 좋은 문장으로 보기 어렵다. 또한 좋은 글은 적절한 어휘를 맞춤법에 맞게 쓴 글이다. 어문규정을 지킬 때 글은 독자에게 신뢰감을 줄 수 있다. 이와 더불어 좋은 글은 설명, 묘사, 서사, 비유, 논증 등의 다양한 서술 방식을 활용함으로써 독자에게 강렬한 인상을 남길 수 있다.

### 〈글쓰기에 대한 심리적 장애 요인 극복하기〉

글쓰기가 대학 학업 수행을 위해서나 취업 후 직무 수행을 위해서 아무리 필요한 능력이라 하더라도 글쓰기를 많이 해 보지 않은 대학생들은 글쓰기 앞에서 심리적 부담을 느낀다. 그 까닭은 본질적으로 글쓰기는 말하기에 비해 훨씬 더 논리적인 무장을 요구하며, 따라서 엄격함을 훨씬 더 요구하기 때문이다. 또 글을 쓰면서 처음부터 완벽한 글을 떠올리는 것도 심적 부담을 느끼는 큰 요인이 된다. 따라서 글을 쓸 때 아래의 사항을 잘 기억하여 글쓰기에 대한 심리적인 장애요인부터 없앨 필요가 있다.

**♣ 글쓰기는 자신의 느낌을 나누고 싶은 욕구이다.**

글쓰기는 바로 자신의 느낌을 나누고 싶은 욕구이다. 이 욕구에 따라 자신의 느낌을 친한 친구에게 이야기하듯 쓰기 시작한다면 글쓰기에 대한 부담을 줄일 수 있다. 처음부터 쓰기 어렵다면 말로 먼저 표현해 보는 것도 글을 쉽게 시작할 수 있는 방법이다.

**♣ 글쓰기에 가장 중요한 준비물은 '배짱'이다.**

글 쓰는 '나'는 세상에서 유일한 존재로서 글쓰기라는 창의적 활동의 주체이다. 아무도 나처럼 생각하지 않는다는 사실을 기억하여 자신의 생각을 존중해야 한다. 글쓰기를 통해 자기 생각을 노출할 때도 타인의 평가를 의식할 필요도 없다. 순간순간 혹시 자신이 잘못 쓰고 있지 않은가하는 불안감이 들 때에도 목표한 분량을 완성할 때까지 저돌적으로 써 보는 것은 글쓰기의 좋은 연습이 된다. 중요한 것은 처음에 가졌던 생각을 배짱을 가지고 끝까지 밀고 나가는 것이다.

♣ **글쓰기는 종이에 대고 말하기이다.**

처음부터 생각이 있어서 글을 쓰는 것이 아니다. 시작이 반이라는 말처럼 처음에는 빈 종이에 대고 말하는 것처럼 쓰다보면 신기하게도 조금씩 생각의 실타래가 풀려나오는 것을 알 수 있다. 종이 위에 첫 단어를 풀어보자. 처음부터 글 전체에 대한 걱정을 할 필요는 없다. 그것은 처음부터 한 치의 오차 없는 완벽한 인생을 만들어보겠다는 것과 같은 오만한 생각이다.

♣ **글쓰기는 요리하는 것과 같다.**

한 가지 요리를 만들기 위해서는 어떤 요리를 만들 것인지를 정해야 하는 것처럼 한 편의 글을 쓰기 위해서는 주제를 정해야 한다. 목표 요리를 하기 위해서는 식재료가 있어야 하는 것처럼 목표 글을 쓰기 위해서도 자료가 필요하다. 목표 요리를 하기 위해서는 식재료를 목표 요리에 맞게 장만해야 하는 것처럼 목표 글을 완성하기 위해서도 자료를 요약하고 자신의 언어로 재구성하는 등의 단계가 필요하다. 목표 요리의 완성도를 높이기 위해서 완성된 요리에 장식을 하는 것처럼 목표 글의 완성도를 높이기 위해서는 문장과 어휘 등을 수정하고 다채로운 표현을 활용하여 글의 완성도를 높인다. 이런 점에서 글쓰기는 요리하는 것과 같다.

♣ **글은 메모에서 시작한다.**

글쓰기는 메모하는 데서 시작한다. 언제나 노트와 펜을 휴대하여 스쳐가는 생각들을 포착하라. 처음부터 완성된 글을 떠올렸을 때는 글을 시작하기가 쉽지 않다. 또 누구도 처음부터 완성된 글을 쓸 수도 없다. 이 경우 메모하는 습관을 활용할 수 있다. 책을 읽거나 영화를 본 후 독후감이나 영화 감상문을 쓸 경우에도 메모한 것에서 글감을 가져올 수 있기 때문이다. 메모에서 글감을 가져온 경우 메모할 당시의 정서 상태가 떠올라 생각보다 글쓰기가 훨씬 쉽고 재미있다.

♣ **좋은 글을 쓰기 위해서는 좋은 책을 많이 읽어야 한다.**

"창의성을 향상시키기 위해서는 창의적인 생각을 하려고 노력하기보다는 환경을 변화시키는 쪽이 훨씬 수월하다."[1] 라는 말이 있다. 글을 잘 쓰려면 글을 쓰기 위한 전방위 환경을 만들 필요가 있다. 그것은 독서를 하는 분위기를 만드는 것이다. 글쓰기가 막힐 때 좋은 책을 읽으면 곧 다시 내면에서 글을 쓰고 싶다는 욕망이 꿈틀거리는 것을 느낄 것이다. 또는 책의 원문을 개작해보는 것이다. 또는 주인공에게 편지를 써 볼 수도 있다. 즉, 독서에 기대면 글은 의외로 쉽게 쓸 수 있다.

**♣ 글쓰기는 잃어버린 시간을 되찾는 것이다.**

우리는 일기를 쓰면서 과거로 흘러간 시간들을 복원한다. 쓴 일기를 보면서 우리는 어제도, 그저께도 헛되이 보내지 않았으며 생각보다 많은 일을 하면서 살았다는 사실을 발견한다. 이것은 스스로 긍정적인 생각을 하는 데 도움을 준다. 이런 긍정적인 마음이 누적되면 삶을 바라보는 태도가 훨씬 더 도전적이며 창의적으로 변화될 수 있다. 따라서 글을 쓰면서 과거 시간을 복원하고 미래를 내다본다고 생각하는 것은 글을 지속적으로 써 나가는 데 도움이 된다.

**연습 1** 글쓰기가 종이에 대고 말하는 것에서 시작한다면 아래 항목 중 한 가지를 골라 종이에 말하듯 글을 써 보자.

대학, 성공, 사랑, 결혼, 동아리, 전공, 여행, 가족 등

**연습 2** 감명 깊게 본 영화의 줄거리와 그 영화에 대한 간단한 느낌을 마치 잔잔한 음악이 흐르는 카페에 앉아 친한 친구에게 이야기하듯 써 보자.

**연습 3** 자신에 대한 지금까지의 부정적인 시각에 대해 스스로 변호함으로써 자신의 단점을 긍정적으로 해석해 보자. 긍정적으로 생각하는 것은 창의적 글쓰기를

1 미하이 칙센트미하이, 『창의성의 즐거움』, 노혜숙 옮김, 북로드, 2012, p. 9.

하는 데 꼭 필요한 관점이다.

(예시) 너는 성격이 급하다. → 성격이 급하긴 하지만 나는 추진력이 있다.
너는 매사에 느리다. → 느리긴 하지만 나는 실수는 하지 않는다.

**연습 4** 한 편의 글을 쓰고 싶을 때 무엇이 필요한지를 살펴보고, 완성해 보자. 자신이 만들고 싶은 요리를 만드는 과정과 비교해 보자.

**연습 5** 감명 깊게 본 영화에 대한 메모를 바탕으로 감상문을 써 보자.

**연습 6** 최근 일주일간의 생활을 매일 일곱 줄씩만 일기로 남겨 보자.

# 3. 글쓰기의 윤리

## 1) 글쓰기 윤리의 중요성

최근 대학 사회는 글쓰기 윤리 또는 윤리적 글쓰기에 대해 활발한 논의를 펼치고 있다. 저작권이라는 용어가 낯설지 않은 것도 바로 글쓰기 윤리에 대한 관심이 커지고 있다는 사실을 의미한다. 글쓰기 윤리란 글을 쓸 때 꼭 지켜야 할 도덕적 덕목을 말한다.[2]

글쓰기 윤리는 한 편의 글은 그 글을 쓴 저자만의 독창적인 사고 활동의 소중한 결과라는 점을 인정하는 데서 출발한다. 따라서 이러한 글쓰기 윤리의 중요성을 인식한다면 대학생들은 글쓰기 과제를 수행할 때 자신이 참고한 글의 저자가 그 글을 쓰기 위해 쏟은 노력과 정성을 무엇보다도 존중하여야 한다. 뿐만 아니라 자신의 글쓰기 과제에 다른 저자의 글을 가져올 필요가 있을 때는 반드시 출처를 밝혀야 하며, 임의로 내용을 무단 복제하거나 도용하는 일이 없어야 한다.

2 황성근, 「대학생의 글쓰기 윤리와 표절문제」, 『사고와 표현』, Vol. 1. 2008, p. 235.

## 2) 대학생들의 글쓰기 윤리의 부재

그런데 대학생들은 창의적 글쓰기의 가치와 중요성을 알지 못한 채 타인의 글을 마치 자신이 쓴 것처럼 그대로 가져와 쓰는 경향이 있다. 이러한 행위들은 대학에 입학하기 전까지는 글을 거의 써 본 적이 없는 대학생들이 글쓰기의 의미와 가치를 잘 알지 못하기 때문에 일어난다. 또 우리 사회와 같은 공동체 중심주의 문화권에서는 개인주의가 발달한 서양 문화권에서보다는 개인의 생각을 존중하는 경향이 다소 희박하다는 것도 한 가지 이유라고 볼 수 있다. 특히 익명으로 정확하지 않은 지식을 검증 없이 주고받는 오늘날의 인터넷 문화도 글쓰기 윤리의식을 흐리게 하는 데에 한 몫을 톡톡히 한다.

대학생들에게 글쓰기 윤리의식이 부족한 것은 글쓰기 과제를 제출할 때 자신이 직접 노력하여 찾은 주제에 대해 자신의 생각을 표현하기보다는 그 주제에 대한 선행 연구자의 글쓰기 결과를 무단으로 도용하는 데서 나타난다. 요즘에는 동일한 글쓰기 주제에 대해 먼저 작성된 글쓰기 결과물을 인터넷에서 구매해 제출하는 경우까지 있다. 이러한 글쓰기 윤리의 부재로 인한 부정행위는 크게 아래의 네 가지로 나누어 볼 수 있다.

① 도용: 다른 사람이 쓴 글을 자신이 쓴 것처럼 조작하여 제출하는 행위
② 위 · 변조: 실험, 조사 등을 수행하지 않고도 한 것처럼 조작하여 글을 쓰는 행위
③ 표절: 다른 사람이 쓴 글의 일부를 인용 표시 없이 몰래 자신의 글 속에 베껴 쓰는 행위
④ 자기표절: 자신이 이미 한 번 제출했던 글을 새로 쓴 것처럼 조작하여 다시 제출하는 행위[3]

이 가운데 대학생들이 가장 문제의식 없이 행하는 잘못이 표절이다. 대학생들이 표절을 행하는 이유는 심리적인 원인과 환경적인 원인으로 나누어 생각해볼 수 있다. 심리적인 이유는 글쓰기를 두려워하는 데서 오는 대학생들의 자신감 결여와 초조함 때문이다. 환경적인 이유는 대학생들이 정보를 얻기 위해 주로 인터넷 매체를 사용한다는 점과, 글쓰기가 가지는 독창적인 가치를 존중하지 않기 때문이다.

3 이수형, 「글쓰기 윤리를 위한 몇 가지 조언」, 『가르침과 배움』, 22호, 2010, pp. 30~31 참고.

### 3) 대학생의 글쓰기에 나타나는 표절

표절은 다른 사람의 글을 취하여 마치 자기가 쓴 것처럼 행세하는 행위를 말한다.[4] 이런 점에서 표절은 다른 사람의 지식을 훔치는 비윤리적 행위이다. 그럼에도 불구하고 대학생들의 글쓰기에서 표절이 이루어지는 것은 표절에 내포된 비윤리적 행위에 대한 정확한 인식이 부족하거나, 더 나아가 표절 행위에 대한 의식이 전혀 없는 탓이다.

실제로 표절을 했는지의 여부는 스스로 세 가지만 점검해 보면 곧바로 알 수 있다. 첫째, 다른 사람의 글을 인용할 때 출처를 밝혔는가와 밝히지 않았는가 하는 점이다. 출처를 밝히지 않고 남의 글을 갖고 왔다면 무단 복제이고, 출처를 밝히지 않은 채 자신의 글을 갖고 왔다면 중복 제출이라 할 수 있다. 둘째, 출처를 밝혔더라도 정확하게 밝혔는가 하는 점이다. 인용의 근거가 되는 출처를 정확히 밝힌 경우에는 표절이 아니지만 출처를 부정확하게 밝혔을 때에는 표절이다. 셋째, 인용을 정확하게 했는가 하는 점이다. 바꾸어 말하면, 다른 사람의 글을 빌려올 때에는 정확하게 인용하고 인용의 근거가 되는 출처를 명확히 밝히면 문제가 되지 않는다.[5]

### 4) 올바른 인용을 위한 유의사항

글은 주어진 주제에 대한 자신의 생각을 자신의 고유한 언어로 표현하는 것이지만 만약 자신의 생각에만 의존해서 글의 내용을 채운다면 그 글은 설득력을 갖기 어렵다. 따라서 어떤 주제에 대해 글을 쓸 때는 그 주제와 관련하여 선행 자료 조사를 할 필요가 있다. 선행 자료 조사를 통해 주제와 관련된 핵심 개념의 사전적 정의부터 그 개념의 의미와 효과, 사회적 정의 등을 정확하게 이해할 수 있다. 이러한 선행 자료 조사를 바탕으로 자신의 비판적인, 한 걸음 더 나아가 독창적인 견해를 덧붙여야 하는 것이다.

따라서 한 편의 글을 쓰기 위해서는 동일한 주제에 대해 먼저 연구한 다른 사람의 생각과 말을 참고하고 빌려오기 마련인데, 이처럼 선행 연구자의 생각을 빌려오는 모든 행

---

4 브리태니커백과사전, http://enc.daum.net/dic100/contents.do?query1=b23p3730a. 황성근, p. 238에서 재인용.

5 황성근, 「대학생의 글쓰기 윤리와 표절문제」, p. 237.

위가 바로 인용에 해당한다. 이처럼 다른 사람의 견해와 주장을 참고하여 인용할 때는 모두 출처를 정확하게 밝혀주어야 한다. 인용에는 크게 세 가지 방식이 있다.

① 언급: 다른 사람의 글을 간단히 언급할 때에도 출처를 밝혀야 한다.

② 요약: 비교적 분량이 긴 참고 자료의 내용을 자신의 말로 줄이는 것이다.

③ 직접 인용: 참고 자료의 내용을 요약한 다음 좀 더 자세히 살펴볼 부분에 대해서는 직접 인용하고 이에 대해 자신의 말로 설명과 분석을 보충하는 방법을 사용할 수 있다. 직접 인용을 할 때에는 큰따옴표(" ")로 표시해야 한다.[6]

## 5) 윤리적 글쓰기

한 편의 글은 글 쓰는 사람의 생각과 주장을 진솔하게 담아내야 하고 내용에서는 정직성을 담고 있어야 한다. 그렇지 않은 경우에는 글쓰기의 윤리를 거스르게 된다. 이러한 글쓰기의 윤리는 글 쓰는 사람의 자세와 직접적인 관련이 있다. 글을 쓸 때 어떤 태도로 쓸 것인가가 핵심적으로 작용하는 것이다. 즉 '다른 사람의 자료를 인용하지 말자.'는 것이 아니라 '인용을 하더라도 정확하게 하자.'는 식의 태도가 필요하다. 따라서 과제를 제출하기 전에 자신의 과제물이 정직하고 진실하게 자신의 힘으로 작성되었는지 점검할 필요가 있다. 이를테면 글쓰기 윤리 서약과도 같은 것인데, 서약의 내용은 아래의 항목을 포함하면 될 것이다.

1. 이 과제는 내가(우리가) 생각하고 연구하여 직접 작성한 것이다.
2. 다른 사람의 글(서적, 논문, 인터넷 자료)을 참조한 경우 정확한 출처를 밝혀 두었다.
3. 인용한 문헌의 내용이나 자료(도표와 데이터 포함)를 조금도 조작하지 않았다.
4. 조별 활동의 경우 과제에 실질적으로 참여한 사람만을 공동 제출자로 명기하였다.

6 이수형, 「글쓰기 윤리를 위한 몇 가지 조언」, pp. 34~35 참고.

5. 이 과제의 내용을 다른 교과목의 과제로 제출한 적이 없으며 앞으로도 하지 않는다.

이 과제물은 위의 항목을 준수하여 작성한 것임을 확인합니다.

년　　월　　일　작성자:　　　　(서명)

위 윤리 서약의 효과는 자신의 글쓰기를 되돌아볼 수 있는 기회를 제공한다는 측면에서 의미가 있다[7]. 대학생들의 모든 교육이 글쓰기에서 출발한다고 해도 무리는 아니므로, 글쓰기 교육에서 표절이 행해진다면 대학 생활 전반의 윤리적인 문제로 확대될 가능성이 있다. 그런데도 학생들이 과제를 짜깁기하는 가장 큰 이유는 스스로 생각하는 힘이 부족하기 때문이다. 사유하는 힘이 모자라기 때문에 스스로 주어진 문제를 해결하지 못하고 다른 사람의 글과 아이디어에 의존하는 것이다[8]. 따라서 대학생이 글쓰기를 통해 가장 먼저 갖추어야 할 것은 스스로 생각할 수 있는 힘을 기르는 것이다. 스스로 문제를 발견하고 적절한 논거를 찾아 구성해 나가는 내실 있는 글쓰기를 통해 학생들 스스로가 내적으로 성숙해질 필요가 있다. 이 글만큼은 내 힘으로 써 보겠다는 자존심이 이 한 편의 글을 내가 써냈구나 하는 뿌듯한 자긍심이 될 때까지의 의지가 필요하며 이러한 '지적 쾌감'을 경험해 보는 것만이 글쓰기 윤리 의식을 고취하는 방법이 될 것이다.

**연습** 위의 윤리 서약에 있는 항목 외에도 글을 쓸 때 어떤 사항을 점검해야 할지를 염두에 두고 '글쓰기 윤리 서약'을 개인별 과제와 조별 과제로 나누어 만들어 보자.

7 전동진, 「글쓰기 윤리의 정립과 윤리의식 제고 방안 연구」, 『국제어문』, 제55집, 2012, pp. 585~586 참고.

8 최선경, 「대학생 글쓰기윤리 의식 고취를 위한 실천적 교육방안」, 『수사학』, 제10집, 2009, pp. 310~311 참고.

# 글쓰기의 과정

II

# 1. 내용 생성하기

글쓰기는 크게 내용 생성하기, 개요 작성하기, 초고 쓰기, 고쳐쓰기의 과정으로 진행된다. '글쓰기는 생각 쓰기[1]'로서 이 생각은 처음부터 완벽하지 않으며, 절차에 따라 차츰차츰 모습을 갖추어간다. 따라서 글쓰기 절차를 거치는 것은 한 편의 글을 완성하는 데 꼭 필요한 과정이다. 글을 쓰는 과정은 첫 단계인 내용 생성하기부터 고쳐쓰기까지의 과정을 순차적으로만 밟는 것은 아니다. 이 과정은 회귀적 과정으로서 개요를 짜면서 주제를 수정할 수도 있으며, 초고를 쓰면서 개요를 다시 수정할 수도 있다. 글쓰기의 과정 중 첫 단계인 내용 생성하기 단계는 브레인스토밍부터 주제문을 작성하는 단계까지를 포함한다.

## 1) 브레인스토밍

발상 모으기라고도 하는 브레인스토밍(brainstorming) 과정은 기업의 기획 회의에서 아이디어를 개발하기 위해 주로 사용하는 방법이다. 이 과정은 한 어휘가 연상시키는 다른 어휘들을 자유롭게 나열하는 자유 연상법을 따른다. 표면적으로는 논리적 인과관계

1 '글쓰기는 생각 쓰기' 라는 이 문구는 "윌리엄 진서, 『글쓰기 생각쓰기』, 이한중 옮김, 돌베개, 2008."의 제목에서 그대로 가져왔다. 이 문구는 글쓰기의 핵심을 잘 전달하는 것으로 여겨진다.

를 발견할 수 없다 하더라도 머릿속에 떠오르는 어휘들을 받아 적다보면 어느 순간 자기가 쓰고 싶은 글감을 만날 수 있다. 이런 글감을 만날 때까지는 자신의 판단을 배제한 채 생각나는 어휘를 받아 적어야 한다. 브레인스토밍을 위해서는 아래 사항들을 기억할 필요가 있다.

첫째, 브레인스토밍이 이루어지던 중 생각이 막힐 때는 평소의 메모를 참고한다. 메모는 그 자체가 글감이라고는 할 수 없다. 그러나 메모를 바탕으로 하여 브레인스토밍 과정을 따라가다 보면 자신이 무엇에 관심을 가지고 있는가를 찾는 데 도움이 된다. 그 관심사가 바로 흥미로운 글감이 되는 것이다. 영화를 본 후 독후감이나 영화 감상문을 쓸 경우에도 메모한 것을 활용하여 브레인스토밍을 할 수 있다. 한 편의 기행문을 쓸 때에도 여행 당시의 메모로부터 도움을 받을 수 있다.

둘째, 브레인스토밍은 아직 글을 시작도 하지 않은 상태이다. 투박하게 느껴지고, 별 도움이 되지 않는 것으로 여겨져도 이 단계에서는 어떤 생각이든지 수용할 필요가 있다. 거칠고 자유분방한 것일수록 좋다.

셋째, 브레인스토밍의 단계에서는 양이 많아야 한다. 이 과정을 통해 나타난 어휘들을 끈질기게 물고 늘어져 글감의 양을 늘리는 것이 좋다. 양이 많을수록 글감이 구체적으로 나타나기 때문이다.

넷째, 이 과정이 어렵게 느껴진다면 여러 사람이 함께 모여 브레인스토밍을 하는 것도 발상의 양을 많게 하기 위한 좋은 방법이다. 그룹을 만들어 서로 친근하게 대화를 나누는 가운데 자신이 관심을 가지는 글감이 불쑥 나타나는 경우가 많다.

#### 예시 1 막연한 브레인스토밍의 예

2분 동안 떠오르는 단어를 나열해보자. 이 과정은 주제를 정하지 않은 채 단지 2분이라는 시간만 준 채 브레인스토밍을 하도록 한 것이다. 막막한 조건에서의 브레인스토밍 과정이지만 (1)과 (2)는 각각 상이한 연상의 결과를 나타낸다.

(1) 겨울방학, 바람, 잠, 쉼, 낙엽, 과제, 수업, 두통

(2) 피곤, 과제, 휴식, 토익, 용돈, 아이스크림, 주사, 약, 운동화, 패딩, 겨울, 고양이, 그리움,

가족, 크리스마스, 생일, 케이크, 폭죽, 땡땡이, 침대, 이불, 양떼 목장, 사진, 추억, 엄마, 여행, 우리집

위의 두 예는 월요일 아침 수업에 출석한 학생들로 하여금 2분 동안 떠오르는 생각을 열거해 보라고 한 후의 결과이다. 우선, 두 가지 예시는 2분이라는 동일한 시간을 주었을 때 서로 다른 브레인스토밍의 결과를 보여준다. 두 가지 예는 일요일을 바쁘게 보낸 후 월요일 아침 강의실에 들어왔을 때의 피곤하고 산만한 심리 상태를 공통적으로 드러낸다. 한편, (2)는 (1)보다는 훨씬 풍부한 글감을 보여준다. 두 가지 예시는 각자 처한 입장이 다르다는 사실도 보여준다. (2)를 통해서 우리는 글쓴이가 기숙사 생활을 하면서 엄마를 그리워한다는 사실을 짐작할 수 있다.

### 예시 2 키워드가 주어진 경우의 브레인스토밍의 예

앞의 예시가 다소 막연한 상태의 브레인스토밍이라면 아래 예시는 '내가 하고 싶은 것'이라는 구체적인 키워드를 제시한 후 브레인스토밍을 한 결과를 보여준다. 주제가 주어진 경우에는 브레인스토밍을 통해 나타난 단어들을 가지고 짧은 글쓰기를 쉽게 해 볼 수도 있다.

(3) 내가 하고 싶은 것: 컴퓨터 배우기, 일러스트, 3D, 포토샵, 다른 나라 여행, 책, 오페라 보기, 네일 아트, 박물관, 음악, 커피숍, 영화 보기, 여행 가기, 가죽 공예 배우기, 잠자기, 뮤지컬 보기, 전시회, 인사동 가기, 물감, 패션공부, 로또 당첨, 붓, 자격증 따기, 색연필, 코트, 니트, 워커, 치마, 쇼핑하기, 미싱기, 부자 되기, 알바, 성형, 눈, 코, 이마, 교정

막연한 브레인스토밍을 할 때는 월요일 아침의 나른하고 피곤한 심리 상태가 그대로 반영되어 있으나 '내가 하고 싶은 것'이라는 구체적인 주제를 제시했을 때는 어느 정도 활기가 살아나는 것 같은 글감들을 보여준다. 이처럼 막연한 상태에서 브레인스토밍을 하는 것과 흥미 있는 주제를 가지고 브레인스토밍을 하는 것은 글감을 생성하는 데 상이한 결과를 나타낸다.

## 2) 마인드매핑

브레인스토밍을 통해 모은 재료는 그것만 가지고는 글의 체계를 세우기 어렵다. 브레인스토밍을 통해 찾은 글감들은 마인드매핑(mind-mapping) 방법을 통해 체계화할 수 있다. 브레인스토밍이 떠오르는 생각을 자유롭게 연상하여 글감을 생성해 내는 방법이라면, 마인드매핑은 브레인스토밍을 통해 생성된 글감을 동일한 종류끼리 모으거나 분류하면서 내용을 정리하고 체계화하는 활동이다.

마인드매핑을 통해 한 가지 범주 안에 묶인 어휘들을 연결시키면 그 어휘들 사이에는 글쓴이만 알고 있는 내적인 연결 고리들이 생긴다. 내적 연결 고리를 가진 어휘들을 가지고 한 문장을 만들어 볼 수 있다. 또 그 문장들을 적절한 접속사로 연결하면 한 문단이 생긴다. 그 후 문장과 표현을 다듬으면 완성된 한 문단의 글이 생각보다 쉽게 만들어진다.

이처럼 마인드매핑은 브레인스토밍을 통해 모은 글감들을 서로 연관 지음으로써 글감들에 일정한 질서와 체계를 부여하는 것이다. 브레인스토밍이 글감을 생성하여 글의 내용을 풍성하게 한다면, 마인드매핑은 글의 내용 체계를 잡아 준다. 마인드매핑의 방법은 아래와 같다.

첫째, 동일한 맥락 속에 있는 단어들끼리 묶어라.

둘째, 그 단어들 중에서 키워드를 찾아라.

셋째, 키워드를 중심으로 다른 단어들을 연결하여 한 문장을 만들어라.

넷째, 그 문장들 사이를 적당한 접속사를 활용하여 논리적으로 연결하라.

위의 (3) '내가 하고 싶은 것'을 주제로 브레인스토밍 한 것을 다시 가져오면 아래와 같다.

(4) 컴퓨터 배우기, 일러스트, 3D, 포토샵, 다른 나라 여행, 책, 오페라 보기, 네일 아트, 박물관, 음악, 커피숍, 영화 보기, 여행 가기, 가죽 공예 배우기, 잠자기, 뮤지컬 보기, 전시회, 인사동 가기, 물감, 패션 공부, 로또 당첨, 붓, 자격증 따기, 색연필, 코트, 니트, 워커, 치마, 쇼핑하기, 미싱기, 부자 되기, 알바, 성형, 눈, 코, 이마, 교정

(4)를 가지고 마인드매핑을 하면 아래와 같다.

(5) 브레인스토밍의 결과 나타난 어휘를 가지고 마인드매핑 한 것

1군: 코트, 워커, 니트, 옷 만들기, 미싱기, 치마, 쇼핑하기, 패션 공부, 네일아트, 성형, 눈, 코, 이마, 교정

2군: 영화 보기, 여행 가기, 박물관, 음악, 전시회, 뮤지컬 보기, 인사동 가기, 다른 나라 여행

3군: 컴퓨터 배우기, 3D, 포토샵, 가죽 공예 배우기, 물감, 자격증 따기, 색연필, 붓

4군: 부자 되기, 알바하고 싶다, 로또 당첨

마인드매핑을 하면서 체계화한 생각들을 모으면 아래의 (6)처럼 한 문장이 만들어진다.

(6) 마인드매핑을 통해 함께 묶인 글감들을 가지고 한 문장을 만든 것

1군: 겨울옷 쇼핑도 하고 싶고, 옷도 만들고 싶다. 패션 공부를 해서 옷도 만들고 재봉틀 쓰는 방법도 배우고 싶다. 그리고 성형해서 예뻐지고 싶다.

2군: 다른 나라나 우리나라에 예쁜 동네나 전시회를 보러 다니면서 많이 보고 느끼고 체험하고 싶다.

3군: 컴퓨터 작업을 할 수 있게 여러 가지 자격증을 따고, 평소 내가 배우고 싶던 공예나 패션 공부를 하고 싶다. 그림 공부도 하고 싶다.

4군: 쉬는 날에 알바도 하고 싶고 잠도 자고 싶은데 시간적 여유를 가지고 책도 보고 바쁘지 않은 하루를 보내고 싶다.

이처럼 브레인스토밍을 한 결과 생성된 글감으로 마인드매핑을 하면 글감이 체계화되고, 한 범주 안에 들어가는 글감들을 엮어 보면 금방 한 문장이 생기며, 그 문장들을 연결시켜 보면 짧은 글이 쉽게 만들어진다.

**연습** 아래의 어휘 중에 하나를 골라 브레인스토밍을 하고 그 결과로 마인드매핑을 해 보자.

카카오톡, 아르바이트, 도서관, 기숙사, 과제, 점심시간, 강의실, 가족, 삼월, 꿈, 친구, 꽃망울, 촛불, 스무 살, 바나나, 양파, 달밤, 키스, 인생, 바닥, 외로움, 늦은 밤, 혼자, 가난, 시선, 아침, 거짓말, 전염, 오만, 드라마, 구경거리, 청초함, 소녀, 머뭇거림, 감시, 그늘, 현기증, 염탐, 추억, 화목, 사랑, 질투, 현기증, 답답함, 못된 놈, 통증, 증세, 대부호, 신비스러움, 시골, 순백색, 소외, 도시인, 옷, 시기심, 불안, 고민

### 3) 자료 모으기

브레인스토밍을 통해 찾은 글감은 그 자체로는 막연하다. 글감을 정한 후에는 남들과 다른 새로운 주제나 논점을 구체적으로 정하기 위해 배경지식을 확대해야 한다. 이를 위해 자료 조사가 필요하다. 앞에서도 설명하였듯이 좋은 글은 선행 자료 조사를 통하여 글의 주제에 대한 자료를 많이 담고 있어야 한다. 꼭 찾아야 할 필수 자료를 찾기 위해서는 찾아야 할 자료의 목록을 만들어야 한다. 참고 문헌, 신문, 논문, 블로그 등 찾아야 할 자료들의 목록을 작성하고 그 목록에 따라 자료를 점검해 나가면서 자신의 글감과 관련된 부분을 표시해 두면 자료를 유용하게 활용할 수 있다.

자료의 목록을 가지고 자료를 찾은 후에는 찾은 자료를 검토하면서 자료에 중요도를 매겨야 한다. 자료가 많을 경우에는 가장 중요한 자료를 먼저 참고하도록 한다. 이 경우 담당 교수나 그 분야의 전문가에게 가장 중요한 일차 자료의 추천을 의뢰하는 것도 지나치게 많은 정보를 가지고 혼란에 빠지지 않는 한 가지 방법이 된다. 또 인터넷 자료를 활용할 경우에는 잘못된 정보가 있을 수 있으므로 이 경우 꼭 신뢰할 만한 인터넷 자료를 찾을 필요가 있다. 뿐만 아니라 찾은 정보의 정확성을 확인해야 한다.

이러한 자료 조사는 한 번 만에 끝나는 것이 아니다. 글쓰기가 구체적으로 진행될수록 자료 조사도 더 구체적으로 할 필요가 있다. 가령, 『사람은 무엇으로 사는가』를 읽고 독후감을 쓰는 경우 일차적으로 브레인스토밍을 통해 글감을 정한 후, 그 글감을 중심으로 글을 쓰기 위해 다시 한 번 『사람은 무엇으로 사는가』를 읽을 필요가 있다는 뜻이다. 이러한 자료 조사는 전체 자료 중에서 주제와 관련하여 필요한 것을 취사선택하는 것으로, 심층 자료 조사에 해당한다.

**연습**

① 만약 브레인스토밍을 통해 '밸런타인데이'(또는 다른 글감)에 대해 쓰겠다고 결정했다면 이와 관련된 자료를 찾아보자.

② 최근에 감명 깊게 본 방송 프로그램이 있다면 브레인스토밍을 통해 글감을 찾자. 그리고 그 글감으로 글을 쓰기 위해 다시 한 번 방송 프로그램을 보고 글을 쓰는데 필요

한 부분을 취사선택해 보자.

### 4) 자료 요약하기

글감과 관련된 자료를 찾은 다음에는 이 자료들을 그대로 베끼거나 단순히 결합하는 것이 아니라 이 정보를 충분히 읽고 이해하여 자기만의 관점으로 새로운 지식 체계를 창출해야 한다. 왜냐하면 자료 자체가 곧 쓰고자 하는 글의 내용은 아니기 때문이다. 내용 생성을 위해 일차적으로 필요한 작업은 자료를 요약하는 것이다. 자료가 저자의 글이라면 요약은 저자의 견해를 재구성한 자신의 글이다. 문학작품을 읽고 독후감을 쓰는 경우나 서평을 쓰는 경우에는 줄거리 요약을 할 수 있다. 인물을 중심으로 줄거리를 요약하는 것도 작품에 대한 정보를 전달하는 데 도움이 된다. 또 설명문과 같은 경우에도 전달하고자 하는 정보를 요약해서 전달할 수 있다.

요약은 자료의 내용을 가장 객관적으로 반영하는 것이며, 글의 핵심을 짧고 간략하게 하는 작업이지만 자료의 글을 축자 요약, 다시 말해서 글자수만 줄이는 것을 의미하지 않는다. 요약은 자료의 핵심 내용을 자신의 언어로 재구성하는 작업을 말한다. 자료를 요약할 때는 아래와 같이 할 수 있다.

첫째, 핵심 개념을 파악해야 한다. 중심 단어와 중심 문장을 찾으면서 중심내용을 파악한다. 중심 내용이란 정보전달 의도나 목표의 핵심적인 내용에 해당하는 것을 말한다.

둘째, 처음부터 세세한 부분까지 다 요약문 안에 포함시키려고 애쓸 필요는 없다. 가장 중요한 내용을 파악하면 반복되는 것 또는 반복되면서도 다르게 표현되는 것들을 찾아서 중심 개념을 파악한다. 중심내용 파악을 위해서는 제목을 눈여겨볼 필요도 있다.

셋째, 핵심 개념을 설명하는 근거를 찾아야 한다. 핵심 개념과 근거 사이에는 반드시 논리적 연결고리가 있기 마련이다.

넷째, 한 문단의 경우 문단의 첫 번째 문장과 마지막 문장을 주목함으로써 저자가 말하고자 하는 핵심 개념을 파악할 수 있다.

다섯째, 이렇게 파악한 핵심 개념과 근거를 연결하여 자신의 언어로 재구성하도록 해야 한다. 처음부터 글로 요약이 되지 않을 때는 말로 먼저 해보는 것도 유용한 방법이다. 이러한 요약은 그 자체로 한 편의 완결성을 지녀야 한다.

여섯째, 글을 요약할 때마다 말미에 자신의 생각을 간략하게 덧붙여 놓도록 한다. 요약을 바탕으로 해서 주관적인 견해가 형성된다. 이 주관적인 견해가 문제의식으로 이어지며, 문제에 대한 대답을 찾는 과정이 바로 올바른 글쓰기 과정이기 때문이다.

**연습 1** '비평의 원칙'이라는 글을 쓰기 위해 아래 자료를 요약해 보자.

하지만 좋은 평과 좋은 비평에 모두 적용할 수 있는 몇 가지 원칙은 제시할 수 있다.

먼저, 비평가는 자신이 평가하는 매체에 애정을 가져야 한다. 영화는 죄다 시시하다고 생각한다면 영화에 대해 써서는 안 된다. 독자는 지식과 열정과 편애를 키워줄 영화광의 글을 읽을 권리가 있다. 비평가가 모든 영화를 다 좋아할 필요는 없다. 비평이란 한 사람의 의견일 뿐이니까. 그러나 비평가는 모든 영화를 보러 갈 때 그 영화를 좋아하게 되기를 바라야 한다. 즐거울 때보다 실망할 때가 더 많다면, 그것은 그 영화가 최선의 가능성을 달성하지 못했기 때문이다. 이는 무엇이든 곱지 않게 보는 것을 자랑으로 삼는 비평가의 경우와는 전혀 다르다. 그는 '카프카적인'이라는 단어를 입 밖에 내는 것보다도 더 빨리 싫증을 느낀다.

둘째, 줄거리를 너무 많이 이야기하지 말아야 한다. 독자가 그것이 재미있을지 판단할 수 있을 정도로만 알려주어야지 독자의 즐거움을 앗아갈 정도여서는 안 된다. 단 한 문장만으로도 그런 일이 벌어질 수 있다. "이 영화는 장난꾸러기 요정 옷을 입힌 세 고아의 도움을 얻어 금 항아리를 숨겨두고 사는 인색한 과부를 혼내주는 기발한 아일랜드 사제의 이야기이다." 나는 이 문장을 읽고 영화를 꼭 봐야겠다는 충동을 느낄 수가 없었다. 연극으로나 영화로나 그런 '꼬마 녀석들'이 나오는 비슷한 이야기를 이미 실컷 보았기 때문이었다. 하지만 나처럼 별나게 굴지 않는 사람들이라면 이 영화를 보러 몰려들 수도 있다. 그렇더라도 줄거리를 구구절절 다 이야기해서, 특히 다리 밑에 사는 괴물이 등장하는 재미있는 부분까지 다 알려줘서 그들의 즐거움을 빼앗지는 말자.

셋째, 구체적인 디테일을 이용하자. 일반적이어서 아무 뜻도 전달하지 못하는 일반적인 표현을 피하자는 것이다. "이 연극은 언제나 매혹적이다"라는 문장은 전형적인 비평가의 문장이다. 그러나 어째서 매혹적이란 말인가? 매혹적인 것에 대한 개인의 생각은 다른 사람들과는 다를 수 있다. 몇 가지 예를 들어서 독자가 나름의 기준으로 판단하게 하자. 다음은 조지프 로지가 감독한 영화에 대한 두 편의 글에서 따온 문장이다.

(1) "품위와 절제를 드러내기 위해 영화는 저속함을 거부하고 열정의 부재를 취향으로 착각한다." 이 문장은 모호하며, 영화의 분위기를 슬쩍 느끼게 해 주기는 하지만 머릿속에 그려볼 수 있는 이미지를 전혀 전해주지 않는다. (2) "로지는 램프 갓에서 불길한 조짐을 찾아내고 테이블 세팅에서 의미를 발견해낸다." 이 문장은 정확하다. 우리는 이 영화가 어떤 종류의 예술영화인지 알 수 있다. 카메라가 계산된 움직임으로 가족의 식탁 위를 천천히 돌아가는 모습이 보이는 듯하다.

서평의 경우에는, 필자가 쓴 말을 그대로 살려 쓰자. 톰 울프의 문체가 화려하고 특이하다고 하지 말고, 화려하고 특이한 문장을 몇 개 인용해 그것이 얼마나 기발한지 독자가 판단하게 하자. 연극 평을 쓸 때 무대장치가 인상적이라고만 하지 말자. 무대 장치가 어떻게 다양한 분위기를 연출하는지, 조명이 얼마나 기발한지, 어떻게 기존의 무대장치와 달리 배우들이 입장하고 퇴장하기 쉽게 하는지 설명하자. 극장에서 여러분이 앉았던 자리에 독자를 앉히자. 그리고 여러분이 본 것을 그들에게 보여주자.

마지막으로 주의할 점은, 모든 비평가들의 화살통 속에 쓸데없이 많은 공간을 차지하고 있는 '넋을 빼놓는', '눈이 번쩍 뜨이는' 같은 황홀한 수식어를 피하는 것이다. 좋은 비평에 필요한 것은 여러분이 보고 생각한 것을 표현할 수 있는 간결하고 생생한 문체다. 현란한 표현은 『보그』(vogue)지가 최근 발견한 기막힌 장소를 공개할 때 즐겨 쓰는 이런 문장을 연상시킨다. "진짜 최고로 매혹적인 코주멜의 아담한 해변에 관한 정보 긴급 입수!"

윌리엄 진서, 『글쓰기 생각쓰기』, 이한중 옮김, 돌베개, 2008, pp. 162-164.

① 먼저 각 문단에서 핵심 주장을 찾아보자.

② 핵심 개념과 동일한 개념이 어떻게 표현되어 있는지를 찾아보자.

③ 위 예문에서 핵심 주장을 뒷받침하기 위한 근거를 몇 가지로 들고 있는지 헤아려 보자.

④ 위 예시문의 중요한 문장이 문장의 맨 앞에 있는지 맨 마지막에 있는지 분석해 보자.

⑤ 이 과정을 거친 후 각각의 문단을 그룹으로 나누어 요약하고, 요약한 것을 서로 발표하면서 비교해 보자.

**연습 2**

① 한 편의 영화를 보고 인물을 중심으로 줄거리를 요약해 보자.

② 다른 사람의 주장을 듣고 요약해 보자.

③ 짧은 기사를 요약해 보자.

### 5) 주제문 작성하기

포괄적인 글감이 정해지고, 그것에 대한 자료를 수집하여 요약하면서 배경지식을 갖추었다면 다음 단계로는 자신이 표현하고 싶은 주제를 분명하게 정해야 한다. 주제란 글을 쓰는 이가 그 글을 통해서 나타내려고 하는 중심 생각과 그 글을 표현하는 의도 및 목적을 말한다. 주제를 잘 전달하기 위해 가장 기본이 되는 효율적인 방법은 주제문을 작성하는 것이다. 주제문을 작성하는 요령은 아래와 같다.

첫째, 주제문은 하나의 완결된 문장으로 진술한다. 주제가 핵심 어휘로 표현될 수 있다면 주제문은 자신의 생각을 명확히 드러내는 문장으로 완결되어야 한다.

둘째, 주제문은 자신의 의견이나 태도를 명확하게 드러내야 한다. '…라고 생각한다, …인 것 같다' 처럼 추정적인 표현은 피한다. 뿐만 아니라 함축적 의미를 지닌 비유적 표현은 사용하지 않으며, 의문문 형식 또한 취하지 않는다.

셋째, 주제문은 하나의 내용을 나타내야 한다. 두 가지 이상의 내용을 담고 있어서는 안 된다.

넷째, 주제문은 구체적일수록 좋다. 범위가 너무 넓고 막연한 것은 피한다. 또 누구나 알고 있는 상식적인 내용은 피한다. 그리고 주제문을 정할 때는 글의 분량을 고려할 필요가 있다. 주어진 글의 분량이 많을 때 지나치게 세부적인 주제를 정한다면 분량을 채우기 힘들며, 주어진 글의 분량이 적을 때 지나치게 광범위한 주제를 정한다면 분량을 초과할 수도 있다.

**연습**

① 다음 주제문 중 한 가지를 골라 글을 쓴다면 어느 것을 고를 것인가? 그 까닭을 말해 보자.

㉠ 공해 문제는 인류에게 심각한 문제를 안겨 주고 있다.

㉡ 대기 오염과 수질 오염은 인류에게 심각한 문제를 안겨 주고 있다.

② 아래 주제문 중에서 가장 바람직한 것은 어느 것인가?

㉠ 사형제도는 폐지되어야 한다고 생각한다.

㉡ 사형제도는 존속되어야 하는가?

㉢ 사형제도는 존속되어야 하는가? 폐지되어야 하는가?

㉣ 사형제도는 폐지되어야 한다.

㉤ 사형제도는 폐지되는 것이 바람직하다.

# 2. 개요 작성하기

내용 생성하기의 단계를 거치면서 주제문이 정해지면 개요 작성하기 단계에서는 주제문을 구체화시키기 위한 개요를 작성한다. 개요를 작성하는 것은 글의 주제와 관련하여 뼈대를 미리 만들어 보는 것을 의미한다. 글의 개요를 작성하는 것은 글에 대한 조감도를 그리는 것과 같다.

글의 개요는 글의 주제를 형상화시킬 수 있는 세부 항목 또는 소주제들을 말한다. 이때 세부 항목은 전체 주제와 연관된 것이어야 한다. 개요를 미리 작성하면 전체 주제와 관련하여 중요한 것을 누락시키는 실수를 하지 않게 된다. 또 개요를 구체적으로 작성하면 세부 항목 사이의 중요도를 한 눈에 파악하게 되어 글의 목차를 정하는 데도 도움이 된다.

주제문과 관련하여 일차적으로 머릿속으로 미리 작성해 보는 개요는 예비 개요에 해당한다. 예비 개요가 처음에 생각했던 만큼 충분하지 않다면 보다 다양한 내용의 개요를 짤 수 있도록 전체 주제를 수정할 수도 있다. 이처럼 글쓰기의 전체 윤곽을 만들어간다는 점에서 개요를 작성하는 것은 글쓰기에서는 매우 중요한 과정이다. 개요는 구성 방식에 따라 요점식과 문장식으로 나눌 수 있다. '항목형 개요'라고도 부르는 '요점식 개요'는 글에 꼭 포함되어야 할 핵심 항목들을 계층화하면서 배열한 것이다. '문장식 개요'라고도 부르는 '서술형 개요'는 요점식 개요의 핵심 항목들을 완전한 문장으로 만든 것을 말한다. 이 때 완전한 문장으로 된 개요는 요점식 개요보다 의미를 더 명확하게 전달하며, 전체 주제와 관련된 각 문단의 소주제문의 역할을 한다. 먼저 요점식 개요의 예를 살펴보자.

**예시 1** 요점식 개요와 문장식 개요의 예

아래의 예시는 동일한 주제문을 가지고 각각 요점식 개요와 문장식 개요로 작성한 것이다.

**1. 요점식 개요**

주제문: 바이오테크놀로지에 대한 입장은 각 종교에 따라 차이가 있다.
개요 1: 불교에서는 생명윤회사상에 입각하여 복제된 육체가 다른 생명에 해만 끼치지 않으면 된다는 입장임
개요 2: 가톨릭은 생명창조의 권위는 하나님만이 가지고 있다고 생각하여 인간 복제를 거부함
개요 3: 개신교도 가톨릭처럼 창조주 하나님의 절대적 권위를 부정한다고 생각하여 인간 복제를 금지함

위의 요점식 개요는 중심 생각을 요점식으로 정리한 것이며, 글의 분량이 긴 경우에는 요점식 개요에서부터 글의 목차를 추출해낼 수도 있다. 요점식 개요의 각 항목을 문장으로 완성하면 아래와 같은 문장식 개요가 된다.

**2. 문장식 개요**

주제문: 바이오테크놀로지에 대한 입장은 각 종교에 따라 차이가 난다.
개요 1: 불교에서는 생명이 윤회하므로 복제된 육체가 다른 생명에 해만 끼치지 않는다면 된다고 생각하여 적극적인 입장표명을 삼간다.
개요 2: 가톨릭에서는 생명 창조의 권위는 하나님만이 가지고 있기 때문에 인간 복제를 거부한다.
개요 3: 개신교에서는 인간 복제는 창조주 하나님의 권위에 절대성을 부정하는 행위이므로 반드시 금지한다는 점에서 가톨릭과 동일한 관점을 취한다.

개요를 작성할 때는 번호 매김이 중요하다. 개요 1, 2, 3은 각각 동등한 무게를 지닌 내용으로 만들어져야 한다. 가령, 위의 개요에서 개요 1의 불교, 개요 2의 가톨릭, 개요 3의 개신교는 대표적인 종교를 개요로 작성했다는 점에서 "바이오테크놀로지에 대한 입장은 각 종교에 따라 차이가 난다."라는 주제문과 관련하여 볼 때 동등한 비중을 지닌 것으로

보인다. 이러한 개요를 통해 글의 내용은 균형을 이루게 된다.

뿐만 아니라 문장식 개요가 완성되면 위의 "바이오테크놀로지에 대한 입장은 각 종교에 따라 차이가 난다."라는 주제문을 가지고 글을 쉽게 쓸 수 있다. 이처럼 개요를 바탕으로 한 문단씩 쓸 때는 개요 중에서 가장 쓰기 쉬운 개요부터, 가장 먼저 쓰고 싶은 개요부터 완성해 나가면 된다. 아래의 글은 위의 개요를 바탕으로 완성된 글이다.

**예시 2** 개요를 바탕으로 완성된 글

바이오테크놀로지에 대한 입장은 각 종교가 추구하는 바에 따라 조금 차이가 있다. 불교적인 관점에서 볼 때는 생명은 윤회적인 것이기 때문에 복제된 육체를 가지고 태어난다 해도 그것은 단순히 업보의 문제일 뿐 다른 생명에 해만 끼치지 않으면 된다는 입장이다. 때문에 적극적인 입장표명은 하고 있지 않은 편이다. 다만 고통을 피하고 육체적 행복만을 추구하려 하는 등 정신세계를 간과하려는 행위에 대해서는 비판적인 자세를 취하고 있다.

그러나 가톨릭에서는 생명창조의 권위는 하나님만이 가지고 있기 때문에 인간복제에 대해 거부의 입장을 분명히 하고 있다. 더구나 생명을 복제한다는 것은 부모 사랑이 결핍된 것으로 하나님의 사랑과 하나님의 모습을 닮은 영성적인 존재로서의 인간의 고귀함과 본성을 부정하려는 행위로 보기 때문이다. 그리고 배아복제의 경우에는 배아 역시 인간으로 분화할 수 있는 세포이므로 하나의 생명체로 간주하여 금지하여야 한다고 주장하고 있다. 유전공학의 문제에 있어서도 치료 목적의 유전자 조작은 허용하지만 기타 우생학적인 목적만을 위한 유전자조작은 자연적인 것에 역행되므로 정당화시킬 수 없다는 입장이다.

개신교의 경우에도 인간복제에 대한 반대 의견은 가톨릭과 동일하다. 즉 인간복제는 창조주 하나님의 권위에 절대성을 부정하는 행위이므로 반드시 금지하여야 한다는 것이다. 그러나 만약 복제인간이 태어난다면 이미 태어난 사람에 대해서는 인권을 인정하고 하나님의 형상물로 받아들여야 한다고 주장한다. 이처럼 인간복제나 동물복제에 대한 의견은 종교계마다 조금씩 다르기 때문에 생명윤리법의 제정에도 다소 혼란이 있다는 것을 주목해야 한다.

유민, 『바이오테크놀로지와 생명윤리』, 계명대학교출판부, 2013, p.145.

완성된 윗글은 [예시 1]의 개요를 글의 설계도로 삼음으로써 불교, 가톨릭, 개신교 중 어느 한 종교의 입장을 빼놓지 않고 골고루 설명할 수 있었다는 사실을 짐작해 볼 수 있다. 이처럼 개요를 작성함으로써 전체 글의 윤곽을 잡을 수 있다는 점에서 개요 작성하기는 내용을 충실하게 쓰기 위해서는 꼭 거쳐야 하는 과정이다. 뿐만 아니라 개요가 글의 골격을 잡고, 윤곽을 미리 그려 보는 행위라면 개요 작성하기는 한 편의 글을 요약하는 것과도 불가분의 관계에 있다. 이제 아래의 한 편의 글을 읽고 이 글을 요약하면서 거꾸로 이 글의 개요를 도출해 보자. 개요를 도출하기 위해서는 먼저 각 문단의 핵심 주장을 요약해야 하며, 요약할 때는 최대한 구체적인 내용을 담을 수 있도록 해야 한다.

**예시 3** 개요 도출하기

### 아는 것이 적으면 사랑하는 것도 적다

① 레오나르도 다빈치.

그는 화가였습니다. 우리에게 너무나 익숙한 〈최후의 만찬〉과 〈모나리자〉와 같은 명작을 남기면서 예술의 황금시대를 주도했습니다. 스푸마토(Sfumato)라고 불리는 대기원근법도 그에 이르러서 정의되었습니다. 그는 건축가였습니다. 그는 건축에 대한 폭넓은 이해를 바탕으로 건축론을 집대성하기도 했습니다. 그는 조각가였습니다. 〈프란체스코 기마상〉의 모델을 만들어 냈습니다. 그는 과학자였습니다. 수학, 물리학, 천문학, 지리학, 토목학, 식물학 등을 연구했습니다. 그는 발명가였습니다. 그는 첫 민간 군사기술자로 각종 기계나 장치를 고안했습니다. 그는 철학자였습니다. '예술과 인생'에 대한 많은 수기를 남겼습니다. 그는 해부학과 생리학에 정통했습니다. 그의 인체해부 묘사는 의학발전에 많은 영향력을 행사하기도 했습니다. 그를 한마디로 규정한다는 것은 불가능합니다. 많은 사람들이 그를 일컬어 '전인(全人)'이라는 의미의 '워모 우니베르살레(L'uomo universale)의 전형'이라고 얘기합니다.

② 무엇보다도 그는 상상력이 탁월한 사람이었습니다. 그는 하늘을 나는 꿈을 실현하고자 했습니다. 〈오르니톱터〉, 〈공중나사〉를 비롯한 많은 비행기구의 설계가 그에 의해 처음으로 정교하게 시도되었습니다. 단지, 하늘을 나는 기구는 '악마의 기계'로 불려, 아쉽게도 설계로만 끝나게 되었다고 합니다. 만약, 그의 수많은 아이디어 스케치가 실제로 제작되었다면, 하늘을 날고 싶은 인간의 욕망은 훨씬 빨리 이루어졌으리라 생각합니다.

③ 그는 '아는 것이 적으면 사랑하는 것도 적다'라고 말했습니다. 단적이나마 그의 생각하는 관점을 엿볼 수 있는 대목입니다. 우리는 여기에서 천재로서의 다빈치가 아니라 범인의 한 사람으로서의 그의 태도를 발견할 수 있습니다. 그의 수많은 학문에 대한 애정과 관심은 결국, 자신이 하고 있는, 혹은 하고 싶은 일에 대한 끊임없는 사랑의 결과라는 얘기가 성립됩니다. 마이클 J. 겔브(Michael J. Gelb)의 저서 『레오나르도 다빈치처럼 생각하기(How to think like Leonardo da Vinci)』라는 책을 보면 '다빈치의 7가지 원칙(천재의 7가지 필수요소들)'을 소개하고 있습니다. 그 중에서 호기심과 실험정신, 불확실성에 대한 포용력, 그리고 연결관계 등의 요소들이 특히 마음에 와 닿았습니다.

④ 삶과 사물에 대한 지칠 줄 모르는 관심과 배움, 그리고 가차없는 질문들은 끊임없는 호기심에서 출발합니다. 호기심은 새로운 것이나 모르는 것을 알고 싶어 하는 마음으로, 이것은 사람들에게 아이디어의 단서를 제공해 줍니다. 심지어 '호기심이 없으면 죽은 것이나 마찬가지다.'라는 말이 있을 정도로 호기심은 상상력에 대한 지대한 역할을 행사합니다.

⑤ 기존의 지식을 의심해 보는 용기와 의지는 실험정신에서 나옵니다. 경험을 통해, 혹은 습관적으로 믿어온 지식을 별다른 저항 없이 받아들이는 것을 우리는 '상식'으로 치부해버리고 맙니다. 하지만 불가능을 가능하게 했던 많은 일들은 바로 이러한 '상식'에 대한 문제제기에서 시작되었습니다. 물론 이러한 문제제기는 필연적으로 실수를 동반할 수 있습니다. 그러나 실험정신을 가진 사람은 실수를 두려워하지 않습니다. 오히려 실수를 통해 배웁니다. 다빈치의 수많은 습작노트도 이러한 실수와 실험정신을 통해 다듬어진 고뇌의 기록들입니다.

⑥ 그는 불확실한 것들과 모호함에 관한 것들도 부정하지 않았습니다. 오히려 그러한 것들을 수용하려는 적극적인 태도를 가지고 있었습니다. 단적으로 모나리자에 사용된 스푸마토 기법은 그의 이러한 태도를 반영한 작업이라고 합니다. 그는 명확하지 않은 윤곽선을 사용하여 부드러움을 표현했습니다. 색채나 명암은 공기와 광선의 변화에 따라 달라 보입니다. 당연히 멀리 보이는 대상은 색채나 명암이 약해지게 되고, 다빈치는 이러한 것으로 거리감을 나타내고자 했습니다.

⑦ 마지막으로 저는 다빈치의 상상력 중에서 주변의 사물과 현상들 사이의 연관성을 발견하려는 그의 시스템적인 사고를 가장 인상 깊게 보았습니다. 좋은 아이디어는 기존의 연결고리로는 생각하기 어려웠던 것들을 연관시켜 보는 것으로부터 출발합니다. 최근 기업들은 일부 학자들과 함께 '통섭(統攝)'에 관심을 두기 시작했다고 합니다. '통섭(Consilience)'이라는 것은 다양한 분야의 학문에서 그것들의 공통점들을 발견하고, 연결시켜 보는 것이라 생각할 수 있습니다. 과거의 지식이 분야별로 영역화되고 전문화되었다면, 이러한 지식들 사이의 경계를 허물어보고, 거기서 새로운 아이디어나 개념을 찾아가는 것이 기업이 '통섭'을 필요로 하는 이유라 판단됩니다. 다빈치는 비록 '통섭'이라는 용어를 몰랐지만, 그 개념을 알고 실천했던 것 같습니다.

⑧ 아는 것이 힘이라고 했습니다. 아는 만큼 보인다고 했습니다. 우리의 가슴을 서늘하게 하는 말들입니다. 정말 내가 몰라서 힘이 없고, 내가 몰라서 보이지 않는다고 생각하면, 왠지 서글퍼집니다. '아는 것이 적으면 사랑하는 것이 적다'라는 레오나르도 다빈치의 말은 그래서 더 가슴에 사무칩니다. 내가 '사랑하는 것이 적다면, 아는 것이 적다'라는 반대 해석이 가능하기 때문입니다.

⑨ 아는 것, 보이는 것, 사랑하는 것, 힘……

21세기는 분명 지식기반 사회입니다. 이전 시대가 T자형 인재의 시대였다면, 지금은 파이(π)자형 인재의 시대라고 합니다. T자를 보면 가로획에 세로획이 한 줄 내려와 있습니다. 즉, 한 분야의 전문가만 되어도 먹고 살만한 시대였습니다. 하지만 지금의 π자형 인재는 최소한 두 개의 분야 이상에서 전문가 수준의 실력을 요구하고 있는 것입니다. π자의 두 개의 세로 획 중 하나는 자신이 하고 있는 분야의 전문가적 지식을 가리킵니다. 나머지 하나는 다른 분야에 관한 전문가급 관심과 실력입니다. 그 나머지 하나는 영어가 될 수도 있고, 컴퓨터 실력이 될 수도 있습니다. 이 속도라면 조만간 문어발형 인재의 시대가 오지 않으리란 법이 없습니다. 자신이 하는 일에 관련된 지식을 넓히고, 자신이 하는 일을 사랑하는 것…

⑩ 그것은 끝없는 호기심과 실험정신으로 열려진 가능성을 탐색하는 일일 것입니다. 기존의 연결고리에서 벗어나, 새로운 관계를 발견해내는 것입니다. 이것이 곧 아는 것이 되고, 사랑하는 것이 되고, π자형 인재를 만들어가는 동력이 될 것입니다.

⑪ 어쩌면 이 시대가 필요로 하는 것은 영웅이 아니라, 다빈치 같은 상상력의 소유자일 것입니다.

임헌우, 『상상력에 엔진을 달아라』, 나남, 2007, pp. 20-21.

개요를 도출하기 위해 예시문의 문단마다 핵심 주장을 요약하면 아래와 같다.

**예시 4** 문단의 핵심 주장 요약하기

① '전인(全人)' 레오나르도 다빈치: 화가, 건축가, 조각가, 과학자, 발명가, 철학자, 해부학, 생리학의 전문가

② 그가 탁월한 상상력으로 시도한 비행기구: 〈오르니톱터〉와 〈공중나사〉

③ 천재라기보다는 자신의 일을 사랑하는 범인으로서의 다빈치의 일곱 가지 원칙 중 네 가지 원칙: 호기심과 실험정신, 불확실성에 대한 포용력, 그리고 연결관계 등의 요소

④ 호기심은 상상력의 원동력

⑤ 실험정신과 실수를 통해 만들어진 습작노트

⑥ 불확실함과 모호함을 수용함으로써 적용한 모나리자의 스푸마토 기법

⑦ 다양한 분야를 연결해보려는 오늘날 '통섭'의 개념과 다빈치의 시스템적인 사고

⑧ '아는 것이 적으면 사랑하는 것이 적다.'라는 레오나르도 다빈치의 감동적인 말

⑨ 21세기라는 지식기반 사회는 최소한 두 개의 분야 이상에서 전문가 수준의 실력을 갖춘 π자형 인재를 요구함

⑩ 호기심과 실험정신, 새로운 관계를 발견하는 능력이 π자형 인재의 원동력

⑪ 이 시대는 다빈치 같은 상상력의 소유자를 요구함

이와 같이 각 문단의 핵심 주장을 요약했다면 각 문단이 대등한 관계인지 혹은 문단 사이에 종속의 관계가 있는지를 분석하여 문단을 계층화시킨다. 위의 문단 요약을 잘 살펴보면 아래와 같은 계층화가 발생하는 것을 알 수 있다. 즉, ④, ⑤, ⑥, ⑦은 ③의 주장을 부연 설명하는 문단으로서 개요를 작성할 때는 ③의 하위 개요로 작성하여 번호 매김을 새로 해야 한다.

**예시 5** 문단 요약 후 요점식 개요 작성하기

① '전인(全人)' 레오나르도 다빈치: 화가, 건축가, 조각가, 과학자, 발명가, 철학자, 해부학, 생리학의 전문가

② 그가 탁월한 상상력으로 시도한 비행기구: 〈오르니톱터〉와 〈공중나사〉

③ 천재라기보다는 자신의 일을 사랑하는 범인으로서의 다빈치의 일곱 가지 원칙 중 네 가지 원칙: 호기심과 실험정신, 불확실성에 대한 포용력, 그리고 연결관계 등의 요소

 i 호기심은 상상력의 원동력

 ii 실험정신과 실수를 통해 만들어진 습작노트

 iii 불확실함과 모호함을 수용함으로써 적용한 모나리자의 스푸마토 기법

 iv 다양한 분야를 연결해보려는 오늘날 '통섭'의 개념과 다빈치의 시스템적인 사고

④ '아는 것이 적으면 사랑하는 것이 적다'라는 레오나르도 다빈치의 감동적인 말

⑤ 21세기라는 지식기반 사회는 최소한 두 개의 분야 이상에서 전문가 수준의 실력을 갖춘 π자형 인재를 요구함

⑥ 호기심과 실험정신, 새로운 관계를 발견하는 능력이 π자형 인재의 원동력

⑦ 이 시대는 다빈치 같은 상상력의 소유자를 요구함

위 개요는 [예시 4]의 ④, ⑤, ⑥, ⑦을 i, ii, iii, iv로 새롭게 번호매김하면서 ③에 소속되

는 것으로 계층화하였다. 뿐만 아니라 ①, ②는 전체 글의 서론 개념에 ④이하는 글을 마무리하는 결론의 개념에 해당하는 것으로 나타난다는 사실을 이해할 수 있다. 이 요점식 개요를 문장식 개요로 확장하면 아래와 같다.

**예시 6** 문장식 개요

① 레오나르도 다빈치를 일컬어 '전인(全人)'이라는 의미의 '워모 우니베르살레(L'uomo universale)의 전형'이라고 얘기하는데, 이는 그가 화가, 건축가, 조각가, 과학자, 발명가, 철학자, 해부학, 생리학의 전문가였기 때문이다.

② 그는 상상력이 탁월하여 〈오르니톱터〉, 〈공중나사〉를 비롯한 많은 비행기구를 처음으로 시도하였다.

③ 그는 천재라기보다는 자신이 하고 있는, 혹은 하고 싶은 일을 사랑하는 범인으로서의 태도를 지녔다.

i 호기심은 상상력에 지대한 영향력을 끼친다.

ii 다빈치는 실험정신과 실수를 통해 수많은 습작노트를 가지게 되었다.

iii 그는 불확실함과 모호함도 적극적으로 수용하여 스푸마토 기법을 모나리자에 적용하였다.

iv 다빈치는 주변의 사물과 현상들 사이의 연관성을 발견하려는 시스템적인 사고를 지니고 있었는데, 이것은 오늘날 다양한 분야의 학문에서 그것들의 공통점들을 발견하고, 연결시켜 보려는 '통섭'의 개념을 일찍 실천한 것과 같다.

④ 이런 점에서 '아는 것이 적으면 사랑하는 것이 적다.'라는 레오나르도 다빈치의 말은 가슴에 사무친다.

⑤ 21세기라는 지식기반 사회는 최소한 두 개의 분야 이상에서 전문가 수준의 실력을 갖춘 $\pi$자형 인재를 요구한다.

⑥ 호기심과 실험정신, 새로운 관계를 발견하는 능력이 $\pi$자형 인재의 원동력이다.

⑦ 이 시대는 다빈치 같은 상상력의 소유자를 요구한다.

이처럼 문단별로 요약한 후 그것을 계층화시켜 개요를 도출해 보면 전체 글의 구조를 파악하게 되어 아무리 긴 글이라도 글의 내용을 쉽게 파악할 수 있다. 따라서 개요를 도출해 보는 것은 독서력을 향상시키기 위해서도 필요한 활동이다.

개요는 글의 분량에 따라 유연하게 작성할 수도 있다. 이를 위해 문장식 개요의 "① 레오나르도 다빈치를 일컬어 '전인(全人)'이라는 의미의 '워모 우니베르살레(L'uomo universale)의 전형'이라고 얘기하는데, 이는 그가 화가, 건축가, 조각가, 과학자, 발명가, 철학자, 해부학, 생리학의 전문가였기 때문이다."를 살펴보자. ①은 레오나르도 다빈치가 전인이라는 사실을 뒷받침하기 위해 화가, 건축가, 조각가, 과학자, 발명가, 철학자, 해부학, 생리학이라는 여덟 개의 핵심 용어를 동원하고 있다. 그러나 글의 분량을 늘이기 위해 개요의 수를 늘여야 한다면 이 여덟 개의 핵심 용어를 가지고 각각의 개요를 작성하면 된다. 즉 ①만 가지고도 여덟 개의 문단으로 글의 분량을 늘일 수 있게 된다. 물론 ①을 여덟 개의 독립된 문단으로 구성할 경우에는 각 항목에 대한 구체적인 자료를 더 조사해야 한다. ①의 여덟 개의 항목을 개요로 작성하면 아래와 같다.

**예시 7**

① 레오나르도 다빈치를 일컬어 '전인(全人)'이라는 의미의 '워모 우니베르살레(L'uomo universale)의 전형'이라고 얘기한다.

i 그는 화가로서의 면모를 지녔다.
ii 그는 건축가로서의 면모를 지녔다.
iii 그는 조각가로서의 면모를 지녔다.
iv 그는 과학자로서의 면모를 지녔다.
v 그는 발명가로서의 면모를 지녔다.
vi 그는 철학자로서의 면모를 지녔다.
vii 그는 해부학자로서의 면모를 지녔다.
viii 그는 생리학자로서의 면모를 지녔다.

이처럼 개요는 분량에 맞추어 글을 조직하고자 할 때도 도움을 준다. 한 편의 글을 쓰기 위해 개요를 작성하는 것은 매우 유용한 작업이지만 실제로 이 과정이 생각보다 쉽지 않다는 것을 알게 된다. 개요의 정의를 이해했다고 하더라도 개요를 작성하기가 힘든 이유는 글을 써 본 경험이 부족하거나, 글의 주제를 분명히 정하지 못했거나, 주제를 정했다 하더라도 그 주제에 대한 자료조사가 불충분하여 선행 지식이 부족하기 때문이다. 그러나 글쓰기의 초보자일수록 개요 작성하기의 과정을 반복 연습하다 보면 의외로 글쓰기를 쉽게 시작할 수 있다. 그것은 개요가 바로 글의 설계도의 역할을 하기 때문이다. 개요를 작성할 때는 아래 사항을 유의해야 한다.

첫째, 요점식 개요와 문장식 개요를 작성할 때는 일관되게 할 필요가 있다.

예시 8

**주제문: 계명대학교의 4월 캠퍼스는 아름답다.**

1. 한학촌 정원의 고풍스러운 봄꽃 풍경
2. 꿈길 같은 쉐턱관 앞 벚꽃 길
3. 해 질 녘 시선을 끄는 본관의 실루엣
4. 박물관 옆 메타쉐콰이어 길을 걸을 때의 호젓한 기분

예시 8 을 개선한 개요

**주제문: 계명대학교의 4월 캠퍼스는 아름답다.**

1. 한학촌 정원의 봄꽃 풍경은 고풍스럽다.
2. 쉐턱관 앞 벚꽃 길은 꿈길 같다.
3. 해 질 녘 본관 실루엣이 시선을 끈다.
4. 박물관 옆 메타쉐콰이어 길을 걸을 때면 벤치에 앉아 책을 읽고 싶다.

개요를 작성할 때는 요점식 개요와 문장식 개요 중 한 가지를 선택하여 일관되게 기술해야 한다. 그런데 [예시 8]은 요점식 개요와 문장식 개요가 섞여 있어 일관성이 결여되어 있다. 개요를 통일시킬 때는 요점식 개요보다는 더 구체적인 내용을 담을 수 있다는 점에서 문장식 개요를 작성하는 것이 좋다. [예시 8]의 요점식 개요만으로는 주제문을

구체적으로 드러내기 어렵다. 이에 반해 [예시 8을 개선한 개요]는 요점식 개요를 모두 문장식 개요로 바꾸어 개요를 일관성 있게 작성하였을 뿐 아니라, 이 문장식 개요들은 "계명대학교의 4월 캠퍼스는 아름답다."는 주제문을 구체적으로 드러내고 있다. 이 문장식 개요들은 한 문단씩 글을 쓸 때 각각 중심 문장의 기능을 바로 할 수 있다.

둘째, 개요를 작성할 때는 개요가 글의 내용을 포괄하는 제목의 기능을 하면서도 동시에 자신이 쓰고자 하는 내용도 함께 구체적으로 드러나도록 해야 한다.[2]

**예시 9**

**주제문: 건축 설계사가 되는 것이 나의 꿈이다.**

1. 꿈을 갖게 된 이유
2. 여태까지 내가 해 온 노력
3. 내가 바라는 혹은 되고 싶은 건축 설계사상
4. 이제부터 내가 해야 할 노력 또는 실천

**예시 9** 를 개선한 개요

**주제문: 건축 설계사가 되는 것이 나의 꿈이다.**

1. 내가 건축에 관심을 가지게 된 계기는 학교 수업 중 배웠던 투시도 덕분이다.
2. 여태까지 내가 해 온 노력은 도서관에 가서 건축 관련 책을 찾아보고, 전시회에 간 것이다.
3. 나는 생태의 개념을 반영하는 설계사가 되고 싶다.
4. 이제부터 내가 해야 할 노력 또는 실천은 건축학 공부 외에 생태학을 함께 공부하는 것이다.

위의 [예시 9]과 [예시 9]를 개선한 개요의 차이를 살펴보면 [예시 9]에서는 각각의 개요가 전체를 포괄하는 제목 또는 목차의 느낌을 줄 뿐 '무엇이 어떠하다'라는 구체적인 정보를 주지 않는다. 개요는 글의 내용을 포괄하면서도 조금만 수정하면 글의 중심문장이 될

2 지현배, 「대학생의 글쓰기 클리닉 사례를 통해 본 '개요 작성' 지도 모형」, 『교양교육연구』, 2013. 4, Vol. 7, No. 2, pp. 449-490 참고.

수 있을 정도의 구체화된 내용을 담아야 한다. 개요는 '무엇은 무엇이다' 또는 '무엇이 어떠하다'의 내용으로 구성되어 있을 때 그 개요만 가지고도 글을 쉽게 쓸 수 있다.

셋째, 개요를 작성할 때는 논리적 맥락이 견고해야 한다.

**예시 10**

**주제문: 지구 온난화 방지를 위한 대책을 수립해야 한다.**

1. 지구 온난화가 심화되고 있다.
2. 온실 가스의 배출이 증가하고 있다.
3. 지구의 기온이 상승하고 있다.
4. 국가 및 개인적인 노력이 필요하다.

**예시 10** 을 개선한 개요

**주제문: 지구 온난화 방지를 위한 대책을 수립해야 한다.**

1. 지구 온난화 속도가 빨라지고 있다.
2. 온실 가스 배출량 증가가 주된 원인이다.
3. 개개인의 에너지 절약을 위한 실천이 필요하다.
4. 국가와 개인 차원의 노력이 병행되어야 한다.

위의 [예시 10]을 살펴보면 "지구 온난화 방지를 위한 대책을 수립해야 한다."라는 주제문을 구체적으로 드러내기 위한 네 개의 개요 중 개요 1과 개요 3은 동일한 내용을 반복하고 있다. 그러나 [예시 10]을 개선한 개요는 개요 1의 현상 → 개요 2의 그 현상의 원인 분석 → 개요 3의 개개인 에너지 절약을 통한 대책 → 개요 4의 국가와 개인 차원의 노력을 주장하는 쪽으로 논리적 맥락을 확장하고 있다. [예시 10]의 개요 1과 개요 3처럼 동일한 내용의 개요를 반복하는 것은 학생들이 흔히 범하는 오류이다. 개요를 작성할 때 이러한 중복의 오류를 방지하기 위해서는 주제문의 내용에 수렴되면서도 각각의 개요가 서로 분명히 변별성을 지니도록 작성하는 것이 좋다.

**연습 1** 아래의 주제문으로 요점식 개요를 작성해 보자. 요점식 개요가 완성되면 그것을 문장식 개요로 다시 작성해 보자.

• **주제문: 나의 중학교 시절은 좋은 기억으로 가득 차 있다.**

① 1학년 때는

㉠

㉡

② 2학년 때는

㉠

㉡

③ 3학년 때는

㉠

㉡

**연습 2** 아래 주제문을 가지고 문장식 개요를 작성해 보자.

• **주제문: 나에게 가장 적합한 직업은 건축기사(또 다른 직업)이라고 생각한다.**

① 어릴 적 나의 소질

㉠ 사례 1

㉡ 사례 2

② 나의 소질에 대한 부모님의 지원

㉠ 사례 1

㉡ 사례 2

③ 미래 사회의 유망 직종

㉠ 사례 1

㉡ 사례 2

**연습 3** 아래 주제문을 가지고 개요를 작성해 보고 다른 학생과 비교해 보자. 이 활동을 2인 1조로 나누어 해 보자.

- **주제문: 대학생활은 고등학교 생활과 다르다.**

①

㉠ 사례 1

㉡ 사례 2

②

㉠ 사례 1

㉡ 사례 2

③

㉠ 사례 1

㉡ 사례 2

**연습 4** 연습한 개요를 바탕으로 짧은 글을 써 보고 그 경험을 서로 나누어 보자.

# 3. 초고 쓰기

처음부터 완벽한 글을 쓰려고 하기 때문에 결국은 아무 것도 쓰지 못하는 경우가 있다. 따라서 글쓰기를 계획한 후에는 일단 초고를 완성하고 나서 이를 바탕으로 고쳐쓰기를 통해 글의 완성도를 높여야 한다. 글쓰기 초보자일수록 처음부터 완벽한 글을 쓰려는 욕심을 버리고, 자신이 계획한 바에 따라서 서툴더라도 글을 완성하는 연습을 하는 것이 중요하다.

대부분의 글은 글 전체의 주제를 밝히는 서론과 주제 내용을 확장시킨 본론, 그리고 자신이 말하고자 한 바를 명확히 정리하는 결론으로 구성된다. 초고 쓰기에는 여러 가지 방법이 있겠지만 여기에서는 서론, 본론, 결론 쓰기 방법을 중심으로 살펴보기로 한다.

대개의 독자들은 글의 앞부분을 읽은 후 이 글을 계속 읽을 것인지 읽지 않을 것인지 결정하기 마련이다. 따라서 서론은 독자의 흥미를 유발할 수 있는 구체적인 내용을 담는 것이 좋으며, 글의 주제와 주요 내용을 어느 정도 드러내어야 한다. 흥미 유발을 위한 서론 쓰기 방법에는 다음과 같은 것이 있다.

첫째, 구체적인 경험이나 예화로 시작한다. 경험이나 예화를 통해 글을 시작할 때에는 그 내용이 구체적이고 새로운 것이어야 효과를 발휘할 수 있다.

(1) ㄱ. 발리에 갔을 때의 일이다. 발리는 세계적인 관광지 중의 하나이므로 적지 않은 차들이

시내를 오가고 있었다. 그런데 교통 신호등도 많지 않고, 무단횡단을 하는 사람도 적지 않았는데도 도로에서 경적을 울리며 지나가는 자동차를 거의 볼 수 없었다. 우리나라와는 달리 운전자들이 여유를 갖고 보행자를 고려하면서 운전을 하고 있었기 때문이다. 왜 우리나라의 도로에서는 경적 소리가 끊이지 않는가? 이제 우리나라의 운전 문화에 대해 생각해 볼 때이다.

ㄴ. '열자(列子)'에 다음과 같은 이야기가 나온다. 중국 제(齊)나라 때 어떤 사람이 금을 훔쳐서 도망가다가 붙잡혔다. 주인이 도둑에게 "야, 이 녀석아. 내가 보고 있는데 금을 훔쳐 가는 놈이 어디 있냐?"라고 하니 도둑이 말하길 "금을 훔칠 때는 금만 보입니다. 옆에 있는 사람이 보이지 않지요."라고 했다고 한다.

둘째, 속담이나 격언, 유명인의 말 등을 인용하면서 시작한다.

(2) ㄱ. 아프리카 속담에 '빨리 가고 싶으면 혼자 가고 멀리 가고 싶으면 함께 가라.'라는 말이 있다. 이제 한국 기업도 지속 가능한 성장을 위해서 중소기업과 함께 가는 지혜를 배워야 한다.

ㄴ. 일본의 영화감독 기타노 다케시는 '가족이란 남이 안 보면 몰래 내다버리고 싶은 것'이라고 했다. 과연 그럴까? 우리의 가족관이 이와 같이 변하게 된 계기는 무엇인지 살펴보자.

셋째, 시사성 있는 화제로 시작한다.

(3) ㄱ. 통계청에 따르면 2010년 우리나라의 전체 가구 중에 2인 가구는 24.3%, 1인 가구는 23.9%라고 한다. 1인 가구가 처음으로 4인 가구 비율(22.5%)을 뛰어넘었다. 1~2인 가구의 증가에 맞춰 우리의 소비 문화에 큰 변화가 따를 것으로 보인다.

ㄴ. 한국교육개발원의 '방학 분산제 실시 적합성 분석 연구'에 따르면 교사, 학생, 학부모의 절반가량이 일 년에 방학을 네 번으로 나누어 보내는 '분산 방학제'에 찬성하는 것으로 나타났다. 분산 방학제의 구체적인 운영 형태에 대한 논의가 필요한 시점이다.

서론에서 우리나라 가구 형태의 변화와 방학을 분산하여 운영하는 것에 관해 제시하는 것은 본론에서 다룰 내용을 위한 전제가 되거나 기초적인 정보를 제공하는 기능을 하게 된다.

넷째, 주제와 관련된 질문으로 시작한다.

(4) ㄱ. 글을 잘 쓰기 위해서는 어떻게 해야 하는가?

ㄴ. 우리나라 사람들이 가장 많이 본 영화는 무엇인지 아십니까?

(4)는 글을 잘 쓰기 위한 방법을 안내하는 글이나 우리나라에서 흥행한 영화의 특성을 분석하는 글의 적절한 도입부라고 할 수 있다. 질문으로 시작하는 것은 독자에게 글의 주제에 대한 관심을 불러일으키는 방법 중의 하나이다.

독자의 흥미를 유발하고 주제를 드러내는 적절한 실마리가 되는 좋은 서론을 쓸 수 있는 방법은 이외에도 여러 가지가 있다. 이런 방법이 의도한 대로의 효과를 발휘하기 위해서는 글 전체의 주제와 긴밀하게 연결되어야 한다.

본론은 전체 주제를 직접 뒷받침할 수 있는 내용으로 구성한다. 본론에서는 여러 개의 문단이 있으므로 본론 내 문단들이 서로 유기적으로 연결되게 쓰고, 각 문단의 분량도 어느 정도 균형을 유지하는 것이 좋다. 한 문단이 통일성이나 긴밀성 그리고 완결성을 갖추어야 하는 것과 마찬가지로 글 전체에서 본론은 특별히 주제와 관련하여 통일된 내용만으로 작성하고, 주제를 드러내는 데 필요한 내용은 빠짐없이 쓰도록 한다. 본론을 쓸 때 고려해야 할 점은 다음과 같다.

첫째, 통일성을 지킨다.

(5) 세계에는 8억 5,000만 명의 굶주리는 사람들이 있다. 그중에 3,000만 명 이상이 '심각한 기아 상태'에 처해 있다. 3초에 한 명꼴로 한 아이가 극심한 굶주림으로 죽어 가고 있다. 이러한 때에 나는 무엇을 하고 있었는가? 지구상에는 현재보다 두 배나 많은 인구도 먹여 살릴 수 있을 만큼 충분한 식량이 생산되고 있다고 한다.

이 글은 장 지글러가 쓴 『왜 세계의 절반은 굶주리는가』라는 책을 읽고 쓴 감상문의 일부로 기아 문제의 현황과 원인에 대한 내용이다. 따라서 위의 문단은 기아 문제의 현황에 대한 내용만으로 통일성 있게 제시되어야 하는데 문단의 중간에 자신이 아무 것도 하고 있지 않았음을 언급하는 내용이 있어 전체 문단의 통일성을 해치고 있다. 그러므로 (5)에서 '이러한 때에 나는 무엇을 하고 있었는가?'를 삭제하는 것이 좋다. 글 전체에서 주제와 무관한 내용이 삽입되어 있다면 글쓴이가 본론에서 말하고자 하는 바가 불분명해질 수 있으므로 주의하도록 한다.

둘째, 완결성을 지킨다.

(6) 우리는 아주 어려서부터 영어 단어의 철자와 소리, 뜻을 정확히 익히기 위해서 노력하지만, 국어에 대해서는 그런 노력을 특별히 하지 않는다. 모르는 영어 단어가 나오면 전자사전이나 휴대 전화를 꺼내 단어를 찾아서 확인하지만, 국어 단어에 대해서는 그렇게 하는 것을 보기 어렵다. 이러한 이유로 고등학교를 졸업한 대학생임에도 그 수준에 맞는 단어를 풍부하게 구사하지 못하는 경우가 적지 않다.

이와 같은 문제를 해결하기 위해 나는 두 가지 방법을 제안하고자 한다. 첫째로는 국어사전을 가까이 두고 모르는 단어가 나올 때마다 찾아보는 것이다. 단어의 형태와 발음, 용례를 충분히 살펴서 해당 단어를 정확하게 사용할 수 있도록 해야 한다. 둘째로는 국어와 관련한 다양한 궁금증을 해결할 수 있는 국립국어원의 국어생활 종합상담실이나 국어 사용과 관련된 정보를 제공하는 관련 사이트를 방문해 궁금한 점이 생길 때마다 답을 찾아보는 일을 게을리하지 않는 것이다.

(6)은 대학생들이 그 수준에 맞는 단어를 구사하지 못한다는 문제를 제시하고 이를 해결하기 위한 두 가지 방안을 제시하겠다고 한 후, 이 두 가지 해결책에 대해서 비슷한 정도로 내용을 제시하고 있으므로 완결성을 갖춘 글이다.

결론을 쓸 때에는 본론에서 쓴 내용을 간단히 요약하고 글 전체의 주제를 다시 한번 강조하면서 마무리한다. 글을 마무리하는 몇 가지 방법을 소개하면 다음과 같다.

첫째, 앞의 내용을 간단히 정리한다.

(7) 이상에서 보다시피 이번에 표준어로 선정된 것들은 일상생활에서 우리가 자주 사용하는

표현인데도 그간 표준어가 아니었기 때문에 혼란이 많았던 것이다. 이번 발표는 표준어 규정이 언어생활을 구속하는 것이 아니라 언어생활을 원활하게 하기 위함임을 다시 한번 보여 주게 되었다.

둘째, 본론 내용을 바탕으로 논의의 결과를 제시한다.

(8) 한글의 이러한 우수성은 오늘날에 이르러서 더욱 그 진면목을 확인할 수 있게 되었다. 오늘날 사용되고 있는 컴퓨터에서 한글은 입력이나 출력이 쉽고 속도가 빠르며 글꼴이 다채로워 글자 생활의 혁명을 가져오게 되었으며, 특히 글자의 입력이 간단하여 휴대 전화에서 메시지 전송의 위력을 유감없이 발휘하고 있다.

(8)은 한글의 우수성에 대해 논의하면서 한글이 입력과 출력이 쉽고 글꼴이 다채로운 등의 이유를 들어 한글의 우수성을 잘 표현하고 있다.

셋째, 앞으로 남은 문제를 제시한다.

(9) 이 연구는 다음과 같은 면에서 남은 과제가 있다. 비슷한말과 참고어휘의 하위 분류의 적절성에 관한 검토가 필요하다. 3만 항목에 대한 정비 결과물을 바탕으로 하위 분류의 타당성을 검증하고, 필요할 경우 하위 분류를 통폐합하거나 더욱 세분화해야 할 것이다. 또한 사전편찬자가 아닌 일반 사용자의 관점에서 관련 어휘 정보를 어떤 방식으로 얼마나 제공하는 것이 유용한지에 대한 검증 또한 필요하다.

보고서나 논문의 마지막 부분에서 연구자는 자신의 연구의 한계를 언급하고 남은 과제를 제시하면서 마무리하는 방법을 사용하기도 한다.

**연습 1** 서론 쓰기의 방법을 활용하여 250자 내외로 서론을 써 보자.

(1) 주제: 내 마음 속에 남은 한 편의 영화
목적: 영화 감상 권유
독자: 친구

(2) 주제: 강의 중 휴대 전화 사용
목적: 강의 중 휴대 전화 사용을 금지하는 방안 마련 촉구
독자: 대학생

**연습 2** 결론 쓰기의 방법을 활용하여 250자 내외로 결론을 써 보자.

(1) 가장 행복했던 순간

(2) 잊을 수 없는 한 마디

(3) 자랑스러운 계명인

(4) 20대의 정치 참여

**연습 3** 자신이 세운 '글쓰기 계획'에 따라 1,000자 내외로 초고를 써 보자.

# 4. 고쳐쓰기

초고는 완성된 글이 아니므로 초고를 쓴 후에는 고쳐쓰기를 통해 글의 완성도를 높이도록 한다. 글을 쓰는 사람은 완벽한 글을 쓰고 싶은 이상을 갖고 있지만, 실제 글쓰기는 글쓴이의 의도나 맥락 등 다양한 요소가 동시에 작용하기 때문에 한 번만에 완벽한 글을 쓰는 것은 쉽지 않다. 따라서 초고를 작성한 후에 일차적으로 완성된 원고를 점검하고 보완하여 글의 완성도를 높일 필요가 있다. 특히 구조가 복잡한 글이나 내용이 전문적인 글일수록 반복적인 수정이 필요하다.

고쳐쓰기를 할 때는 글 전체를 먼저 살피고, 점차 부분을 살핀다. 즉 글을 애초에 계획대로 썼는지 확인하고, 더 나은 구조나 표현이 있는지 검토하며, 잘못된 표현을 바로잡는다. 의도와 다르게 기술되었거나 독자에게 오해가 일어날 여지가 있다면 의도가 정확하게 드러나도록 수정하고 필요한 부분이 빠졌거나 보충할 것이 있다면 그 내용을 보완한다. 고쳐쓰기의 구체적인 방법은 다음과 같다.

첫째, 주제, 독자, 목적에 맞는지 확인한다.

(1) ㄱ. 주제: 다문화 가정의 자녀들이 한국 문화에 적응할 수 있도록 돕는 봉사 동아리를 만들자.

ㄴ. 독자: 우리 학과 학생

ㄷ. 목적: 행동 촉구(동아리 결성 및 활동)

ㄹ. 우리나라에는 현재 많은 수의 다문화 가정이 존재하지만 많은 수의 다문화 가정이 사라진다. 그 이유 중 하나가 문화 적응을 하지 못하기 때문이다. 일단 사람들의 시선이 곱지 않고 말이 달라서 가르쳐 주려고 해도 가르쳐 줄 수가 없다. 다문화 가정 자녀들은 학교에 들어가면 아이들의 놀림감이 된다. 생김새, 말투가 다르기 때문에 같은 또래 아이들로부터 따돌림을 당한다. 또한 사회에서도 차별을 많이 하기 때문에 다문화 가정 자녀들은 탈선을 하기 쉽다. 다문화 가정의 사람들이 한국 사회의 문화에 적응을 하기 위해서는 우리들의 시선을 바꿀 필요가 있다. 그들도 우리랑 같은 사람이라는 생각을 갖고, 그들에게 우리말도 가르쳐 주고 우리 문화를 가르쳐 주면 분명 그들은 쉽게 한국 문화에 적응할 수 있을 것이다. (학생 글)

이 글의 주제, 독자, 목적을 고려하면 (1ㄹ)에서 제시된 글은 행동 촉구라는 목적을 달성하기에 구체성이 부족하다. 다문화 가정 아이들이 겪는 어려움을 제시하는 것은 필요한 일이지만 이들을 위해 우리 학과 학생들이 무엇을 해야 할지에 대한 방안을 제시하지 않고 있다. 즉 초 · 중등 학교에서 문화적 편견을 없애기 위한 캠페인을 한다든지, 다문화 가정 자녀들에게 학습 지원을 한다든지 하는 것을 목적으로 하는 동아리를 결성하여 활동을 하자는 내용이 글에 드러나야 한다.

둘째, 한 문단이 하나의 내용만을 담고 있는지 확인한다.

(2) ㄱ. 이 책을 읽으면서 나는 고등학교 시절 같은 반 친구가 문득 떠오르게 되었다. 그는 TV에서 굶주림에 괴로워하는 사람들을 보고, 우리도 돕자며 반에서 돈을 모아 기부단체에 보내면 어떻겠냐고 한 적이 있다. 그의 제안으로 반에서 기부금을 모으기로 했었는데 그 다음날 대부분의 친구들은 다른 사람들이나 국가, 구호단체들이 알아서 하겠지라며 선뜻 돈을 내지 않았다. 이 책에도 나오듯이 대부분의 사람들은 굶주림과 기아를 막는 것은 필요하지만 필수적이지는 않다고 말한다. 나는 이 책을 읽으며 제3세계 사람들이 겪고 있을 아픔을 알게 되면서 굶주림이나 기아를 막는 것에 대한 우리의 적극적인 도움이 필요하다는 것을 알게 되었고 지금에서야 그때 친구가 했던 행동의 이유를 이해하게 되었다. (학생 글)

ㄴ. 이 책을 읽으면서 나는 고등학교 시절 같은 반 친구가 문득 떠오르게 되었다. 그

는 TV에서 굶주림에 괴로워하는 사람들을 보고, 우리도 돕자며 반에서 돈을 모아 기부 단체에 보내면 어떻겠냐고 한 적이 있다. 그의 제안으로 반에서 기부금을 모으기로 했었는데 그 다음날 대부분의 친구들은 "다른 사람들이나 국가, 구호단체들이 알아서 하겠지."라며 돈을 내지 않았다.

이 책에도 나오듯이 대부분의 사람들은 굶주림과 기아를 막는 것은 필요하지만 필수적이지는 않다고 말한다. 나는 이 책을 읽으며 제3세계 사람들이 겪고 있는 아픔을 알게 되면서 굶주림이나 기아를 막기 위한 우리의 적극적인 노력이 필요하다는 것을 알게 되었고 지금에서야 그때 친구가 했던 행동의 이유를 이해하게 되었다.

(2ㄱ)은 한 문단에 지나치게 많은 내용이 포함되어 있는데 문단의 통일성을 고려하여 다시 쓰면 (2ㄴ)과 같다. 한 문단은 한 가지 내용만으로 통일성 있게 작성하는 것이 좋다. (2ㄱ)은 고등학교 때의 경험과 현재 책을 읽으면서 느낀 점, 이 두 가지를 한 문단으로 쓰고 있는데 이를 (2ㄴ)과 같이 두 개의 문단으로 나누어서 쓰면 한 문단이 한 가지 내용만 표현하게 된다.

셋째, 문단의 내용이 긴밀하게 연결되었는지 확인한다.

(3) ㄱ. 지금도 피나는 노력은 계속된다. 기본적인 실력을 쌓기 위해서 언제나 미적분학과 선형대수학을 공부하고 있고 물리학을 열심히 공부 중이다.

물론 외국인과 능숙한 대화를 할 수 있도록 오픽 공부도 열심히 하는 중이다.

또한 교수님이 내주시는 과제 또한 한번도 늦게 낸 적도 없고 부지런한 모습을 유지하기 위해서 지각이나 결석을 하지 않아서 교수님께 좋은 말씀을 많이 들었다. (학생 글)

ㄴ. 지금도 피나는 노력은 계속된다. 기본적인 실력을 쌓기 위해서 언제나 미적분학과 선형대수학을 공부하고 있고 물리학을 열심히 공부 중이다. 더불어 외국인과 능숙한 대화를 할 수 있도록 오픽(Opic) 공부도 열심히 하고 있다. 무엇보다도 교수님이 내 주시는 과제 한 번도 늦게 낸 적이 없고 지각이나 결석을 하지 않는다.

(3ㄱ)을 문단의 긴밀성을 고려하여 다시 쓰면 (3ㄴ)과 같다. (3ㄱ)은 모두 4개 문장, 3개 문단으로 구성된다. 서로 의미적으로 긴밀한 것끼리는 하나의 문단으로 묶어서 쓰는

것이 좋다. 따라서 (3ㄱ)은 자신이 포기하지 않고 끊임없이 노력하는 사람이라는 점을 주제로 한 개의 문단으로 통합하여 기술하도록 한다.

또한, 문장과 문장이 좀 더 긴밀하게 연결되도록 문장 사이에 적절한 말을 넣어 줄 필요가 있다. 즉, 두 번째 문장과 세 번째 문장 사이에 '더불어' 혹은 '또한'과 같은 말을 넣으면 의미가 분명해진다. 그리고 네 번째 문장에서 과제를 제때 내는 것을 특별히 중요한 점으로 언급하고 있으므로 '무엇보다도'나 '특히'와 같은 말을 넣어 주면 자신이 강조하고자 하는 바가 분명히 드러난다.

넷째, 문장이 간결한지 확인한다.

(4) ㄱ. 그렇게 호텔경영론을 공부하면서 몇 달이 지나고 그렇다면 지금 내가 듣고 있는 호텔경영론은 관광학과보다 나의 장점을 살리지 못하지 않을까? 라는 의심이 들기 시작했다. 대부분의 어른들이나 여러 선배들은 자신의 장점이나 직업 취향, 전공을 살리지 못하고 그냥 일하는 경우가 대부분이라고 했지만 나는 아직 대학생 새내기라서 그런 것일 수도 있지만 자신이 원하는 과목을 열심히 공부하면서 취직을 준비했으면 취직에 조금 불리하게 적용될 수 있거나 급여 또는 환경 차이가 있더라도 자신의 전공을 살려서 취직을 하는 것이 좋을 것 같다고 생각했다. 그래서 이미 1학년 1학기는 호텔경영론만 들었지만 2학기 때부터는 호텔경영론과 관광론을 같이 들으면서 어느 것이 진짜 나의 적성과 장점에 맞는지 다시 한번 생각해보고 외국어도 조금 자신 있는 수준이 아닌 진짜 외국인을 만나도 머뭇거리지 않을 정도로 공부해서 확실한 전공 지식과 외국어 실력으로 조금 더 확실한 취업을 향해 나아갈 것이다. (학생 글)

ㄴ. 그렇게 호텔경영론을 공부하면서 몇 달이 지났다. 나는 "지금 내가 듣고 있는 호텔경영론은 관광학과보다 나의 장점을 살리지 못하지 않을까?" 라는 의심이 들기 시작했다. 대부분의 어른들이나 선배들은 전공을 살리지 못하고 일하는 경우가 많다고 했다. 하지만 나는 아직 대학생 새내기라서 그런 것일 수도 있지만, 내가 원하는 과목을 열심히 공부해서 전공을 살려서 취직하고 싶다. 그래서 1학년 1학기에는 호텔경영론만 들었지만 2학기 때부터는 호텔경영론과 관광론을 같이 들으면서 어느 것이 진짜 나의 적성에 맞는지 다시 한 번 생각해 보려고 한다. 그리고 외국어도 외국인을 만나도 머뭇거리

지 않을 정도로 공부할 것이다. 이렇게 쌓은 확실한 전공 지식과 외국어 실력으로 전공을 살려 취직할 것이다.

(4ㄱ)은 두 개의 문단이 3개의 문장으로 되어 있다. 즉 497자(원고지 2.5장) 분량의 글이 3개의 문장으로 표현되어 있기 때문에 가독성이 떨어진다. 실용문을 쓸 때에는 한 문장이 50~70자 정도가 되게 하는 것이 적당하므로, 250자 내외로 된 한 문단은 7개 내외의 문장으로 나누어서 표현하는 것이 좋다. 특히, 문장이 길어질 경우 자신이 표현하고자 하는 주제가 독자에게 분명하게 전달되기 어려우니 주의해야 한다. (4ㄱ)을 몇 개의 문장으로 나누어서 다시 쓰면 (4ㄴ)과 같다.

다섯째, 문장, 어휘, 표기가 정확한지 살펴본다.

(5) ㄱ. 세종시의 경우 이미 부지가 확보돼 있다는 장점이 있지만 행정 부처 이전을 전제로 한 기존 계획을 변경해야 한다. 이 경우 연구 단지나 대학 단지 등을 조성하는 데 추가 재원이 필요하다.

ㄴ. 세종시의 경우 이미 부지가 확보돼 있다는 장점이 있지만 행정 부처 이전을 전제로 한 기존 계획을 변경해야 한다는 단점이 있다. 이 경우 연구 단지나 대학 단지 등을 조성하는 데 추가 재원이 필요하다.

ㄷ. 운전자가 핸들을 놓쳐 주차된 오토바이에 충돌해 아찔한 상황이 연출되기도 했다.

ㄹ. 운전자가 핸들을 놓쳐 주차된 오토바이에 충돌해 아찔한 상황에 놓였다.

(5ㄱ)의 첫 번째 문장에서 '장점이 있지만'과 호응하는 성분이 없으므로 (5ㄴ)과 같이 '단점이 있다'를 넣으면 보다 균형있는 문장을 쓸 수 있다. (5ㄷ)에 쓰인 '연출'은 어떤 상황이나 상태를 의도적으로 만들어 낸다는 뜻이다. 그런데 (5ㄷ)에서 운전자가 핸들을 놓치는 것은 의도적인 상황이 아니므로 여기에서는 '연출'이라는 말을 사용할 수 없다. 따라서 (5ㄷ)은 (5ㄹ)과 같이 바꾸어 써야 한다.

**연습 1** 다음 초고를 고쳐쓰기 위한 계획을 세우고, 계획에 따라 고쳐 써 보자.

### (1) 대학생활과 리더십

대학교에서 3년 동안 야간학교 동아리에서 활동을 했습니다. 저는 그곳에서 젊은 시절에 공부하지 못했던 어르신들과 학교에 적응하지 못하고 자퇴한 학생들에게 검정고시 수업을 했습니다. 사람들 앞에서 수업을 한다는 것이 리더십이 없이는 무척 힘든 일입니다. 처음에는 어렵고 부담됐습니다. 학생들의 마음을 읽지 못해 소통이 되지 않았습니다. 원인은 저에게 있었고, 학생들의 입장에서 생각하려 노력한 결과 처음에는 어렵고 부담됐던 수업시간이 재미있고 기다려졌습니다. 동아리 활동 2년째 되던 해에는 학생과의 부장을 담당했습니다. 학생들에게 마음으로 다가가려 노력했고 그 해에 검정고시에 80%이상이 합격을 했습니다. 제가 활동한 3년 동안 57명이 검정고시에 합격했습니다. 동아리 활동은 "리더십은 테크닉이 아니라 마음이다."라고 했던 링컨의 말을 확인할 수 있었던 좋은 경험이었습니다. (학생 글)

### (2) 욕심에 관하여

『사람에게는 과연 땅이 많이 필요한가』를 읽고 나는 사람의 욕심에 대해서 생각하게 되었다. 사람의 욕심은 때론 진보와 혁신을 이루어 낼 수도 있지만 한 사람을 파멸로 이끌 수도 있다. 삼성과 애플사의 욕심으로 우리는 많은 진보적이고 혁신적인 전자기기들을 얻었지만 그 이면에는 많은 중소기업들의 파멸이 있었다. 『사람에게는 과연 땅이 많이 필요한가』에서는 농부 빠홈의 땅에 대한 욕심이 자신을 죽음으로 이끈 이야기를 해주며 '욕심을 부리지 말자'라는 교훈을 전해준다.

『사람에게는 과연 땅이 많이 필요한가』의 앞부분에 빠홈이 "그 말이 옳아. 옳은 얘기야. 우리야 어릴 때부터 땅만 파먹고 살아왔으니 어리석은 생각은 할 여유도 없었지. 곤란한 건 단 한 가지 땅이 부족한 점뿐이야. 여기에 땅만 여유가 있다면 난 겁날 게 없어. 악마도 무섭지 않아."라고 하는 부분이 나온다. 나는 여기서 사람의 욕심중 경제적 욕심, 즉 황금만능주의를 생각해 보았다. 나도 여태껏 돈만 있으면 된다는 생각을 가져왔었다. 또한 요즘 세상은 돈이 있으면 정말 할 수 있는 것들이 많다. 하지만 돈으로도 구할 수 없는 것이 있다는 것을 요즘 조금씩 배워가고 있다.

빠홈이 자신의 욕심으로 더 많은 땅을 얻기위해 몸을 혹사시켜가며 계속 걷다가 죽음에 이르는 장면이 나오는데 나는 여기서 '왜 사람의 욕심은 끝이 없는 것일까, 죽음에 까지 이르며 욕심을 충족시키려는 이유가 무엇일까?'라는 생각을 했다. 나도 시험기간에 점수에 대한 욕심으로 밤을 지새워가며 공부를 한 적이 있다. 이처럼 나 이외에도 요즘 사람들은 사회가 원하는 커리어를 몸을 망가뜨리면서 까지 쌓으려한다. 결국, 사람들의 욕심이 끝이 없는 이유는 사회가 갈수록 더 많은 것을 요구하기 때문이 아닐까 라는 결론이 내려졌다.

마지막으로, 이 이야기의 결말인 빠홈이 죽으며 결국 30아르쉰 만큼의 땅밖에 갖지 못한 것을 보고 나는 사람의 욕심의 허무함을 생각하며 '죽을 때는 아무것도 가져가지 못 한다'는 말이 떠올랐다. 나 자신도 지금까지 살아오며 부와 명예에 대한 욕심을 가지며 살아왔지만 다 허무한 것들 이라는 것을 알게되었고 사람들이 모두 욕심의 허무함을 안다면 이 세상은 참 화목하고 정다워질 것 같다는 생각이 들었다. (학생 글)

**연습 2** 자신이 쓴 초고를 고쳐쓰기 위한 계획을 세우고, 고쳐 써 보자.

# 글쓰기의 규칙

III

# 1. 어휘 쓰기

## 1) 어문 규정에 맞는 쓰기

글쓰기를 할 때 어문 규정을 지켜서 글을 쓰면 글쓴이는 자신이 표현하고자 하는 바를 독자에게 정확하게 전달할 수 있다. 또한, 독자 입장에서 국어 어문 규정을 잘 지키지 않은 글을 읽을 때에는 그 내용에도 오류가 있을 것으로 생각해 글을 신뢰하기 어렵다. 특히, 입사 지원서나 보고서와 같이 평가 대상이 되는 글을 쓸 때에는 어문 규정을 지키지 않으면 무성의해 보이거나 지식이 얕아 보일 수 있으므로 주의하는 것이 좋다.

국어 어문 규정은 '한글 맞춤법, 표준어 규정, 외래어 표기법, 로마자 표기법'으로 구성된다. 즉, 표준어를 올바르게 적는 방법에 관한 것인 '한글 맞춤법', 여러 지역어 중 하나를 표준어로 정한 원칙에 관한 것인 '표준어 규정', 외국에서 온 말 중에서 우리말이 된 외래어를 적는 방법에 관한 것인 '외래어 표기법', 외국인들을 위해 우리말을 로마자로 적는 방법에 관한 것인 '로마자 표기법'이다.

한글 맞춤법 제1항에서는 '한글맞춤법은 표준어를 소리나는 대로 적되, 어법에 맞도록 함을 원칙으로 한다.'라고 명시하고 있다. 소리대로 적을 경우 문자 생활이 중심이 되는 현대 사회에서 가독성에 문제를 일으키게 된다. 따라서 '소리대로 적는다'는 것은 소리대로 적을 수 있는 음소문자인 한글의 특성을 밝힌 것으로서, 포괄적인 표현으로 보는 것이 좋고 '어법에 맞게 적는다'는 점을 염두에 두어야 한다. 더불어 한글 맞춤법은 '표준어'를 적는 것에 관한 규정이므로 지역어(방언)의 표기에 관한 규정은 별도로 존재하지 않는다.

한글 맞춤법 규정에는 띄어쓰기와 문장부호와 관련된 내용도 포함되는데, 띄어쓰기의 기본 원칙은 '각 단어는 띄어 쓴다'는 것이다. 해당 어휘가 단어인지 구인지 판별하기 어려운 경우에는 사전을 확인하여 단어라면 붙여서 쓰고, 구라면 띄어서 쓰면 된다. 아래에서는 구체적인 사례별로 어휘를 어문 규정에 맞게 표기하는 방법에 대해서 알아보기로 한다.

### • '으'로 끝나는 용언

(1) ㄱ. 김치를 직접 담가 먹는다.

ㄴ. 그는 열쇠로 서랍을 잠가 두었다.

ㄷ. 주인에게 내일까지 아파트 잔금을 치러야 한다.

'담그다, 잠그다, 치르다' 등을 '담궜다, 잠궜다, 치뤘다'로 잘못 쓰는 경우가 있는데, 이들 단어의 쓰임이 헷갈린다면 단어의 기본형을 생각해 보면 된다. 즉 위의 예에서 '담그+아, 잠그+아, 치르+어야'가 되므로 '담가, 잠가, 치러야'가 된다.

### • 준말

(2) ㄱ. 부지런한 사람이 돼라.(←되어라)

ㄴ. 내가 그렇게 되라고 빌었니?

ㄷ. 저기에 가서 물어보면 돼요.(←되어요)

ㄹ. *이 일은 내일까지 해도 되요.(틀린표현)

'돼'는 '되어'의 준말이다. 따라서 '되어'로 풀 수 있으면 '돼'로 줄여 쓸 수도 있다. (2ㄱ)에서 '돼라'는 '되+어라'이므로 '돼라'를 쓰면 된다. '하'를 통해서 '되'를 이해해도 좋다. (2ㄱ)에서 '돼라'는 '해라'가 쓰일 자리에서 쓴 것이므로 올바른 것이고, (2ㄴ)에서 '되라고'는 '하라고'가 쓰일 수 있는 자리에서 사용한 것이므로 바른 표현이다. (2ㄷ)과

(2ㄹ)에서 '돼요'와 '되요'는 '해요'는 가능하지만 '하요'는 불가능하므로, (2ㄷ)의 '돼요'는 맞지만 (2ㄹ)의 '되요'는 틀린 표현이다. 즉 '하'를 쓸 수 있는 자리에는 '되'를 쓸 수 있고, '해'를 쓸 수 있는 자리에는 '돼'를 쓸 수 있다.

#### • '-던지'와 '-든(지)'의 구별

(3) ㄱ. 어제 얼마나 춥던지 손이 얼어서 글씨를 쓸 수 없었어.

ㄴ. 집에 가든지 학교에 가든지 네 마음대로 해라.

(3ㄱ) '춥던지'에서의 '던지'는 막연한 의문이 있는 채로 뒤에 오는 절의 사실이나 판단과 관련시키는 데 쓰는 연결 어미이다. 반면 (3ㄴ)은 나열된 동작이나 상태, 대상들 중에서 어느 것이든 선택될 수 있음을 나타내는 연결 어미로 주로 '-든지 -든지' 구성으로 쓰인다.

#### • '율'과 '률'의 구별

(4) ㄱ. 우리 운전 학원의 합격률은 100%예요.

ㄴ. 이를 백분율로 환산해 보자.

ㄷ. 선진국일수록 노년층의 비율이 높다.

'ㄴ'을 제외한 모든 받침 있는 단어는 '률'로 적는다. 따라서 (4ㄱ)에서 '합격'은 'ㄱ'으로 끝나기 때문에 '합격률'로 쓰고, (4ㄴ)에서 '백분'은 'ㄴ'으로 끝나는 단어이므로 '백분율'로 쓰며, (4ㄷ)의 '비율'은 받침 없는 말로 끝나므로 '율'로 적는다.

#### • '양'과 '량'의 구별

(5) ㄱ. 염분은 소변에 칼슘양을 증가시키므로 반드시 줄여야 한다.

ㄴ. 오후에는 점차 구름양이 줄겠습니다.

ㄷ. 연간 독서량을 조사해 본 결과는 다음과 같다.

앞말이 고유어나 외래어일 때는 '양'을 쓰고, 한자어일 때는 '량'을 쓴다. 따라서 (5ㄱ)

에서 '칼슘'은 외래어이므로 '칼슘양'으로 쓰고, (5ㄴ)에서 '구름'은 고유어이므로 '구름양'으로 쓰며, (5ㄷ)에서 '독서'는 한자어이므로 '독서량'으로 쓴다.

- **'로서'와 '로써'의 구별**

(6) ㄱ. 언니는 아버지의 딸로서 부족함이 없다고 생각했었다.

ㄴ. 이제는 눈물로써 호소하는 수밖에 없다.

'로서'는 지위나 신분 또는 자격을 나타내며, '로써'는 어떤 일의 수단이나 도구를 나타내는 말이다. 따라서 (6ㄱ)에서는 '딸'이라는 지위, 자격을 나타내므로 '로서'를 써야 하고, (6ㄴ)에서 '눈물'은 호소를 위한 수단이기 때문에 '로써'와 함께 써야 한다.

### 띄어쓰기

- **간**

(7) ㄱ. 이틀간, 한 달간, 삼십 일간

ㄴ. 서울과 부산 간 고속버스가 10시에 출발합니다.

ㄷ. 선배와 후배 간에도 예의를 지켜야 한다.

ㄹ. 공부를 하든지 운동을 하든지 간에 뭐든 열심히 해라.

(7ㄱ)에서와 같이 '간'이 기간을 나타내는 명사 뒤에 붙어 '동안'의 뜻을 나타낼 경우에는 접미사이므로 앞말에 붙여 쓴다. 반면 (7ㄴ)에서와 같이 한 대상에서 다른 대상까지의 사이를 나타내거나 (7ㄷ)처럼 명사 뒤에 쓰여 '관계'의 뜻을 나타내는 경우와 (7ㄹ)과 같이 앞에 나열된 말 가운데 어느 쪽인지를 가리지 않는다는 뜻을 나타낼 때에는 앞말과 띄어서 쓴다.

• **데**

(8) ㄱ. 할 일은 많은데 사람이 모자란다.

ㄴ. 내가 책을 읽고 있는데 전화벨이 울렸다.

ㄷ. 네가 영희를 만난 데가 어디야?

ㄹ. 숙제를 다 하는 데 삼 일이 걸렸다.

ㅁ. 이 연고는 상처 난 데 바르는 약입니다.

(8ㄱ)~(8ㄴ)의 '많은데, 읽고 있는데'에서 '데'는 '-은데'와 '-는데'라는 하나의 어미이므로 앞의 말에 붙여서 써야 하며, (8ㄷ)~(8ㅁ)의 '데'는 의존명사로서 '장소, 일, 것, 경우'의 뜻을 나타내므로 앞의 말과 띄어서 쓴다.

• **지**

(9) ㄱ. 그는 기분이 좋은지 오후 내내 휘파람을 불고 있었다.

ㄴ. 이 일을 시작한 지 벌써 3년이 지났다.

(9ㄱ)에서 '좋은지'의 '지'는 막연한 의문이 있는 채로 뒤에 나오는 절의 사실이나 판단과 관련되는 경우로 앞의 말에 붙여 쓴다. 반면 (9ㄴ)의 '시작한 지'와 같이 어떤 일이 있었던 때로부터 지금까지의 동안을 나타낼 경우에는 앞의 말과 띄어서 쓴다.

• **이다, 하다, 되다**

(10) ㄱ. 일하는 솜씨가 제법이다.

ㄴ. 나는 주말에도 학교 도서관에서 공부한다.

ㄷ. 이 요리에는 여러 가지 재료가 사용된다.

'이다, 하다, 되다'는 앞말에 붙여서 쓴다. 이는 '이다'는 조사이고, '하다'와 '되다'는 접사이기 때문이다.

• **보조 용언**

(11) ㄱ. 우리는 모두 자신의 꿈을 찾기 위해 노력해야 한다.

ㄴ. 그릇을 깨뜨려 버렸다.

보조 용언은 띄어 쓰는 것을 원칙으로 하되, 붙여 쓰는 것도 허용한다. 따라서 '노력해야 한다, 깨뜨려 버렸다'처럼 쓰는 것이 원칙이고, '노력해야한다, 깨뜨려버렸다'와 같이 쓰는 것이 허용된다.

• **단위명사**

(12) ㄱ. 예를 두 가지 들어 보면 다음과 같다.

ㄴ. 한 시간을 기다리다 그냥 갔다.

ㄷ. 여섯 시 삼십 분까지 입실해 주십시오.

ㄹ. 6시 30분까지 입실해 주십시오.

단위명사는 앞의 말과 띄어서 쓴다. 따라서 (12ㄱ)에서 '두 가지'처럼 쓰고, (12ㄴ)에서 '한 시간'으로 쓴다. 단위명사에는 '시, 분, 군데, 개, 대, 마리, 부, 살, 포기, 컵, 켤레, 명, 쪽' 등이 있다. 다만, (12ㄹ)과 같이 단위명사 앞에 아라비아 숫자를 쓰는 경우에는 현실을 고려해 붙여 쓰는 것을 허용하고 있다.

표준어는 교양 있는 사람들이 두루 쓰는 현대 서울말로 정한 것이며, 지역어 중에서도 널리 쓰이는 것은 복수 표준어로 인정한다. 표준어와 표준 발음이 무엇인지 정해 두는 것은 의사소통을 원활하게 하기 위함이다. 아래에서는 주의해야 할 표준어를 몇 가지 살펴본다.

• **수, 숫**

(13) ㄱ. 수소, 수놈

ㄴ. 숫양, 숫염소, 숫쥐

ㄷ. 수캉아지, 수캐, 수키와

'수컷'을 이르는 접두사에는 '수-'와 '숫-'이 있는데, '양, 염소, 쥐'에 대해서만 '숫-'을 쓰고 나머지는 전부 '수-'로 통일하고 있다. 따라서 (13ㄱ)과 같이 '소'나 '놈'이 결합하면 '수소', '수놈'이 된다. 한편, 접두사 '수-' 다음에 격음을 인정하는 것으로는 '수캉아지, 수캐, 수키와, 수탉, 수탕나귀, 수톨쩌귀, 수퇘지, 수평아리' 뿐이다.

- **윗, 위, 웃**

(14) ㄱ. 웃돈, 웃어른

ㄴ. 위짝, 위쪽, 위채, 위층

ㄷ. 윗눈썹, 윗니, 윗도리

'아래, 위' 대립이 없는 단어는 '웃-'을 쓰므로 '웃돈, 웃어른, 웃거름'과 같이 쓴다. 또한 된소리(경음) 앞에서는 '위-'를 사용하여 (14ㄴ) 처럼 쓴다. 그 외에는 모두 '윗-'으로 통일하여 쓰며 '윗눈썹, 윗니, 윗도리, 윗목, 윗입술'과 같이 사용한다.

- **째, 채, 체**

(15) ㄱ. 나무를 뿌리째 뽑았다.

ㄴ. 문을 열어 놓은 채 잠이 들었다.

ㄷ. 보고도 못 본 체 한다.

'째'는 일부 명사 뒤에 붙어, '그대로' 또는 '전부'의 뜻을 더하며, '그릇째, 통째, 밭째'와 같이 쓴다. '채'는 '-은/는 채로', '-은/는 채'의 구성으로 쓰여 이미 있는 상태 그대로 있다는 뜻을 나타내는 말로, (15ㄴ)과 같이 사용한다. '체'는 어미 '-은', '-는' 뒤에 쓰여 그럴듯하게 꾸미는 거짓 태도나 모양이라는 의미로 '척'과 바꾸어 쓸 수 있다.

외래어란 고유어에 상대되는 것으로 다른 언어에서 받아들인 어휘이다. 즉 외래어란 외국에서 들어와 국어로 사용되는 어휘이다. 외래어는 일반적으로 어형이 매우 불안정하기 때문에 외래어 표기에서의 혼란은 고유어나 한자어보다 심하다. 최근 들어, 국어에서 외래어의 비중이 점차 높아지고 있기 때문에 외래어 표기법을 잘 익혀서 사용하는 것은 국어를 정확하게 사용하는 데 필요한 일이다. 다음은 외래어 표기의 주요 원칙인데,

아래의 몇 가지를 주의하면 외래어 표기상의 오류를 줄이는 데 도움이 된다.

첫째, 받침에는 'ㄱ, ㄴ, ㄹ, ㅁ, ㅂ, ㅅ, ㅇ'만을 쓴다. 따라서 '커피숖, 코너킼'과 같은 표기 형태는 모두 틀린 것으로 '커피숍, 코너킥'처럼 써야 한다.

둘째, 격음(된소리)을 쓰지 않는다. 일부 사람들 중에는 영어의 'truck, cup'은 '트럭, 컵'으로 적지만, 프랑스어의 'Paris, café'는 '빠리, 까페'로 적는 경우가 있다. 그런데 모든 언어를 대상으로 해당 언어의 소리가 경음에 가까운지 격음에 가까운지 결정해서 적는 것은 현실적으로 매우 어렵고 비경제적이다. 다만 이미 굳어져 있는 경우인 '빵, 껌, 삐라, 빨치산, 히로뽕'은 예외로 인정하고 있다. 또한 '타이어'와 '베트남어'의 경우 국어와 같이 '평음-경음-격음'의 세 가지 음이 대립되기 때문에 경음 표기를 허용하고 있다. 즉 이전에 '푸켓', '호치민'으로 적어 왔던 것을 현지의 발음을 존중해서 '푸껫', '호찌민'으로 적도록 하고 있다.

셋째, 이미 굳어진 외래어는 관용을 존중하되 그 범위와 용례는 따로 정한다. 이 규정은 오랫동안 쓰여서 굳어진 표현은 관용대로 적도록 하기 위함이다. 외래어 표기 규칙만 엄격하게 적용하면 언어 현실과 크게 다를 수 있기 때문이다. 그 대표적인 예가 '라디오'와 '카메라'이다. 즉 'radio[reidiou]'는 발음 기호에 따라 '레이디오'로 적어야 하고, 'camera[kæmərə]'는 '캐머러'로 적어야 하나 관용을 인정하여 각각 '라디오, 카메라'로 적도록 하고 있다.

넷째, 영어의 [f]는 어두에서는 'ㅍ'으로, 어말에서는 '프'로 적는다. 따라서 '화이팅, 환타지, 후라이팬, 화일'이 아니라 '파이팅, 판타지, 프라이팬, 파일'로 적는다.

다섯째, 'ㅈ, ㅊ' 다음에는 'ㅑ, ㅕ, ㅛ, ㅠ'는 쓰지 않는다. 그리고 [s]는 'ㅅ'으로 [ts]는 'ㅊ'으로 적는다. 그러므로 '텔레비전, 주스, 찬스, 차트'로 적는다.

여섯째, [r]과 [l]은 모두 'ㄹ'로 적는다. 다만 [l]의 경우 단어 사이의 [l]이 모음 앞에 오거나 모음이 뒤따르지 않는 비음(m, n) 앞에 올 때에는 'ㄹㄹ'로 적는다. 이에 '크리닉, 프라자'로 적지 않고 '클리닉, 플라자'라고 써야 한다.

로마자 표기법은 우리말을 로마자로 표기하는 방법을 규정한 것이다. 우리말을 표기하기 위해 로마자를 빌려 오는 것에 불과하기 때문에 로마자 표기가 곧 영어식 표기는 아니라는 점에 유의해야 한다. 로마자를 이용하는 여러 서양 언어에 각자 자기 나름의 표기 규칙이 있듯이 우리말을 표기할 때도 우리 나름의 규칙이 있다.

국어의 로마자 표기는 국어의 표준 발음법에 따라 적는 것을 원칙으로 한다. 로마자를 표기할 때 발음대로 적는 것은, 외국인이 가능하면 국어 발음과 가깝게 발음하도록 하기 위해서다.

로마자는 다음의 〈표 1〉과 〈표 2〉에 따라 표기한다.

| ㅏ | ㅔ | ㅣ | ㅗ | ㅜ | ㅐ | ㅓ | ㅡ | ㅚ | ㅟ | ㅢ |
|---|---|---|---|---|---|---|---|---|---|---|
| a | e | i | o | u | ae | eo | eu | oe | wi | ui |
| ㅑ | ㅖ | ㅛ | ㅠ | ㅒ | ㅕ | ㅞ | ㅘ | ㅙ | ㅝ | |
| ya | ye | yo | yu | yae | yeo | we | wa | wae | wo | |

**〈표 1〉 한글 모음과 로마자 대응쌍**

| ㅈ | ㅉ | ㅊ | ㅅ | ㅆ | ㅎ | ㄴ | ㅁ | ㅇ | ㄹ |
|---|---|---|---|---|---|---|---|---|---|
| j | jj | ch | s | ss | h | n | m | ng | r, l |
| ㅂ | ㅃ | ㅍ | ㄷ | ㄸ | ㅌ | ㄱ | ㄲ | ㅋ | |
| b, p | pp | p | d, t | tt | t | g, k | kk | k | |

**〈표 2〉 한글 자음과 로마자 대응쌍**

(16) ㄱ. 대구 달서구 달구벌대로 1095 계명대학교

ㄴ. Daegu Dalseo-gu Dalgubeoldae-ro 1095 Gyemyeong Univ.

(16)과 같이 표기할 때, 'ㄱ, ㄷ, ㅂ'은 모음 앞에서는 'g, d, b'로 적지만, 자음 앞이나 어말에서는 'k, t, p'로 적는다. 따라서 '달서구'에서 'Talseoku'가 아니라 'Dalseo-gu'로 적는다. 또한 행정 구역 명칭인 '구, 로'는 앞에 붙임표를 써야 한다.

## 2) 올바른 어휘 쓰기

글쓴이가 자신이 표현하고자 하는 주제를 읽는 사람에게 정확하고 효율적으로 전달하기 위해서는 쉽고 정확한 어휘를 사용해야 한다. 글쓰기에서는 문자만으로 자신이 뜻하는 바를 표현해야 하므로 가능한 한 정확한 어휘를 사용하는 것이 중요하다. 올바른 어휘를 선택하기 위해서는 다음과 같은 사항을 고려할 필요가 있다.

첫째, 문맥에 맞는 어휘를 사용한다.

(17) ㄱ. 우리는 국립국어원에 자문을 요청했다.
ㄴ. 버스를 타고 부산으로 놀러 가던 와중에 동창생을 만났다.
ㄷ. 예기치 못한 질문에 곤혹을 느꼈다.
ㄹ. 머리가 좋아서는 상전에게 미움받기 안성맞춤이고 언제나 곤욕을 당하기 마련이다.

(17ㄱ)의 '자문'은 '어떤 일을 좀 더 효율적이고 바르게 처리하려고 그 방면의 전문가나, 전문가들로 이루어진 기구에 의견을 물음'이다. 또한 그 용법을 살펴보면 '자문 위원, 자문에 응하다, 정부는 학계의 자문을 통해 환경 보호 구역을 정하였다.'와 같다. 따라서 (17ㄱ)은 '우리는 국립국어원에 자문했다.'라고 써야 한다. (17ㄴ)의 '와중에'는 '중에'와는 의미가 다르기 때문에 주의해서 사용하여야 한다. '와중'은 '일이나 사건 따위가 시끄럽고 복잡하게 벌어지는 가운데'라는 뜻을 갖기 때문에 (17ㄴ)의 '놀러 가던 와중에'는 '놀러 가다가'라고 쓰는 것이 옳다. (17ㄷ)의 '곤혹'은 곤란한 일을 당하여 어찌할 바를 모른다는 뜻이고, (17ㄹ)의 '곤욕'은 심한 모욕 또는 참기 힘든 일이라는 뜻이다. 이 둘의 의미를 분명하게 구별하여 사용해야 한다.

둘째, 의미가 중복되지 않도록 쓴다.

(18) ㄱ. 우리는 힘들고 어려운 고난의 시기를 잘 극복해 왔다.
ㄴ. 그 광경을 보고 기뻐서 큰 소리로 환호했다.

(18ㄱ)에서 '고난'은 '괴로움과 어려움을 아울러 이르는 말'이다. 따라서 '고난'에 이미 괴로움과 어려움의 의미가 있으므로 (18ㄱ)에서는 '힘들고 어려운'이나 '고난' 중에 어느 한쪽만 남기는 것이 좋다. '고난'은 '고난에 빠지다, 고난을 겪다, 고난을 이겨 내다'와 같이 사용된다. (18ㄴ)에서 사용된 '환호'는 '기뻐서 큰 소리로 부르짖음'을 뜻하며, (18ㄴ)의 '환호'를 풀어서 (18ㄴ)에 넣어서 다시 써 보면, '그 광경을 보고 우리는 기뻐서 큰 소리로 기뻐서 큰 소리로 부르짖었다'가 되어, '기뻐서 큰 소리로'가 중복됨을 알 수 있다. 따라서 (18ㄴ)에서는 '기뻐서 큰 소리로'와 '환호' 중에서 하나를 삭제하여야 의미가

중복되지 않는다.

셋째, 불필요한 피동 표현을 사용하지 않는다.

(19) ㄱ. 보물 지도에 표시가 되어진 곳을 찾아야 한다.

ㄴ. 회사 측이 이를 일방적으로 거부되어졌다.

'되다'는 주어가 스스로 동작하지 않고 남의 동작을 받음을 나타낸다. '-어지다' 구문은 능동사를 피동 표현으로 바꾸는 구실을 하므로 '되어지다'는 이중 피동 표현이 되어 부적절하다. 따라서 (19ㄱ)의 '되어진'은 '된'으로, (19ㄴ)의 '거부되어졌다'는 '거부되었다'로 쓰면 된다.

넷째, 발음이 비슷하지만 의미가 다른 단어는 주의해서 사용한다.

(20) ㄱ. 장마로 강물이 넘어 온 동네가 물바다가 되었다.

ㄴ. 뒤뜰 돌담 너머에 있는 건물이 우리 유치원이다.

ㄷ. 봉투에 우표를 붙여라.

ㄹ. 짐을 외국으로 부쳤다.

ㅁ. 그 건물의 높이가 가늠이 안 된다.

ㅂ. 이기고 지는 것은 대개 외발 싸움에서 가름이 났다.

ㅅ. 여러분과 여러분 가정에 행운이 가득하기를 기원하는 것으로 치사를 갈음합니다.

ㅇ. 바짓단을 늘여서 입어야 했다.

ㅈ. 주차장의 규모를 늘렸다.

ㅊ. 더위에 지친 사람들은 모두 느리게 움직이고 있었다.

ㅋ. 그는 버스 시간에 늦어 고향에 가지 못했다.

(20ㄱ)의 '넘어'는 '넘다'의 활용형이고, (20ㄴ)의 '너머'는 높이나 경계로 가로막은 사물의 저쪽이나 그 공간을 가리키는 명사이다. (20ㄷ)의 '붙이다'는 '붙다'의 사동사로 둘을 떨어지지 않게 한다는 뜻이며, (20ㄹ)의 '부치다'는 편지나 물건 따위를 일정한 수단이나 방법을 써서 상대에게로 보낸다는 뜻이다. (20ㅁ)의 '가늠'은 사물을 어림잡아 헤아

린다는 뜻이고, (20ㅂ)의 '가름'은 승부나 등수 따위를 정하는 일을 뜻하며 (20ㅅ)의 '갈음하다'는 다른 것으로 바꾸어 대신한다는 뜻이다. (20ㅇ)의 '늘이다'는 본디보다 더 길게 한다는 뜻이며, (20ㅈ)의 '늘리다'는 물체의 넓이, 부피 따위를 본디보다 커지게 한다는 뜻이다. (20ㅊ)의 '느리다'는 어떤 동작을 하는 데 걸리는 시간이 길다는 뜻이며, (20ㅋ)의 '늦다'는 정해진 때보다 지난다는 뜻이다.

다섯째, 불필요한 외래어나 외국어 사용을 피한다.

(21) ㄱ. 이번 문화 축제가 낙후된 우리의 놀이 문화를 업그레이드시키는 데 기여하기 바란다.
ㄴ. 일부에서는 검찰과 정권 간의 커넥션 의혹을 제기하고 있는 실정이다.
ㄷ. '베니스의 상인' 을 보면 안토니오와 바사니오는 베스트 프렌드인 것 같다.

(21ㄱ)의 '업그레이드'는 원래 컴퓨터 분야의 전문용어로 사용되다가, 현재에는 일반어로 확대되어 '향상'의 의미를 갖는다. 따라서 (21ㄱ)은 '놀이 문화를 향상하는 데'로 쓰면 된다. '향상하다'가 '실력, 수준, 기술 따위가 나아지다. 또는 나아지게 하다'라는 의미이기 때문이다. (21ㄴ)에서 사용된 '커넥션'은 '두 대상 사이의 관련성, 연결 고리'라는 뜻으로 우리말에서는 주로 비리와 관련되어 두 대상 사이의 관련성을 의심할 때 사용하는 말이다. (21ㄴ)에서 사용된 '커넥션'은 '관련성' 또는 '연관성'으로, (21ㄷ)의 '베스트 프렌드'도 '가장 친한 친구'로 바꾸어 쓸 수 있다. 외래어나 외국어만 존재하고 우리말이 이들을 대체할 수 없는 경우가 아니라면, 가급적 우리말을 사용하는 것이 쉽고 정확한 글을 쓰는 데 도움이 된다.

여섯째, 지나치게 어려운 한자어나 전문용어는 피한다.

(22) ㄱ. 이 약은 서방형 제제이므로 정제를 으깨거나 씹지 말고 그대로 삼키십시오.
ㄴ. 이 환자는 심상성 좌창이 의심된다.

(22ㄱ)은 약품 설명서의 일부인데, '서방형, 제제, 정제'라는 어려운 어휘가 사용되고 있어 그 의미를 정확히 읽어 내기 어렵다. '서방형'이란 '약물이 오랜 시간 서서히 방출되는 형태'를 뜻하고, '제제'란 '의약품을 치료 목적에 맞게 배합하고 가공하여 일정한

형태로 만든 제품'을 말한다. '정제'는 '가루나 결정성 약을 뭉쳐서 눌러 둥글넓적한 원판이나 원뿔 모양으로 만든 약제'로 '약제'와 의미가 같다. 따라서 (22ㄱ)을 좀 더 쉽게 다시 고쳐서 쓰면, '이 약은 천천히 방출되는 약이므로 으깨거나 씹지 말고 그대로 삼키십시오.'가 된다. (22ㄴ)에서 사용된 '심상성 좌창'이란 '보통 여드름'을 의미한다. 전문가인 의사들이 비전문가인 환자를 대상으로 위와 같은 전문용어로 자신의 생각을 표현을 하게 되면, 이들 간에는 전혀 의사소통이 되지 않을 것이다. 현대 사회에서는 전문용어가 전문가 집단에서만 사용되는 것이 아니라, 전문가와 비전문가 사이에서도 통용되는 것이니만큼 전문용어를 쓸 때에는 가급적 쉬운 우리말 표현을 찾아서 쓰려는 노력이 필요하다.

일곱째, 문어체에 적합한 어휘를 사용하고 줄임말을 피한다.

(23) ㄱ. 니 길을 찾아라. 그리구 꿈을 가져라.

ㄴ. 저는 여름방학마다 알바를 하여, 경험을 많이 쌓았습니다.

문어와 구어의 구분이 항상 분명한 것은 아니지만, 사적인 글쓰기를 제외하고는 가급적 문어체를 사용하는 것이 좋다. 이는 격식을 갖추어서 써야 하는 '보고서, 자기 소개서, 업무상의 이메일' 등과 같은 글을 쓸 때 특히 유의해야 한다. (23ㄱ)에서 '니'와 '그리구'는 구어체일 뿐 아니라 잘못된 표기이므로 사용하지 않도록 한다. (23ㄴ)에서 '알바'는 '아르바이트'의 줄임말인데, 대다수가 아는 단어라고 할지라도 격식을 갖추어서 써야 하는 글에서는 줄임말을 쓰지 않는 것이 좋다. 또한, 일부 세대나 집단에서만 사용되는 줄임말이나 신조어는 가급적 사용하지 않도록 한다.

**연습 1** 맞춤법에 맞게 쓴 표현을 골라 보자.

(1) 옆 사람에게 기대시면 {되요, 돼요}.
(2) 그게 말이 {되느냐, 돼느냐}.
(3) 그렇게 말하면 안 {되, 돼}.
(4) 이제 참새만 그려 넣으면 {되요, 돼요}.
(5) 제발 사람 좀 {되라, 돼라}.
(6) 내가 그렇게 {되라고, 돼라고} 빌었니?

(7) 그 일은 잘 {되도, 돼도} 걱정, 잘 안 {되도, 돼도} 걱정이에요.
(8) 자식이 {되서, 돼서} 그게 할 소리냐?
(9) 이래 {뵈도, 봬도} 제가 이런 일을 오래 해 봤지요.
(10) 선생님, 내일 {뵈요, 봬요}.
(11) 아이가 얼마나 밥을 많이 {먹든지, 먹던지} 걱정이 되었다.
(12) {함께든지, 함께던지} 혼자서든지 잘 놀면 되었지.
(13) 동생도 놀이가 {재미있었든지, 재미있었던지} 더 이상 엄마를 찾지 않았다.
(14) 얼마나 {춥든지, 춥던지} 손이 곱아 펴지지 않았다.
(15) {싫든지 좋든지, 싫던지 좋던지} 간에 따를 수밖에 없다.
(16) 어디에 {살든지, 살던지} 고향을 잊지는 마라.
(17) 철수가 정말 노래를 잘 {부르데, 부르대}.
(18) 재석이도 {오겠데, 오겠대}?
(19) 철수 말로는 영희가 그 반에서 제일 {똑똑하데, 똑똑하대}.
(20) 그곳은 경치가 참 {좋데, 좋대}.
(21) 어제 뵈니, 선생님도 이젠 {늙으셨데, 늙으셨대}.
(22) 문을 꼭 {잠가라, 잠궈라}.
(23) 예전에 수희랑 민수가 서로 {사겼대, 사귀었대}.
(24) 이번 대회는 성공적으로 {치렀다, 치뤘다}.
(25) 집에 오는 길에 슈퍼에 {들러, 들려} 주스 좀 사 오너라.
(26) 저 멀리 {날아가는, 날라가는} 연을 보라.
(27) {거칠은, 거친} 벌판으로 달려가자.
(28) {녹슬은, 녹슨} 자전거는 이제 버려야겠다.
(29) 올해의 물가 {상승율, 상승률}은 지난해보다 높다.
(30) 자동차 부품의 국산화 {비율, 비률}이 높아졌습니다.
(31) 여러 방향으로 {분열, 분렬}된 의견을 하나로 모아야 합니다.
(32) 그는 전에 없이 유치하고 {졸렬하게, 졸열하게} 굴었다.
(33) {독자난, 독자란}에 재미있는 글이 실려 있어요.
(34) {펜팔란, 펜팔난}에서 찾아보세요.
(35) 오늘은 {구름양, 구름량}이 유난히 적은 날이라고 해요.
(36) 오늘 해야 할 {작업양, 작업량}을 다 했다.
(37) 날이 갈수록 감자 {배분양, 배분량}이 적어지고 있다.
(38) 그 자리는 {경노석, 경로석}이니 앉지 마세요.
(39) 하루에 5시간 공부하는 것이 나에게는 {중노동, 중로동}이다.
(40) {구년도, 구연도} 달력은 모두 창고에 갖다 놔라.
(41) 역시 {고냉지, 고랭지} 배추가 더 맛있지.
(42) 밀턴의 {실락원, 실낙원}이라는 책 읽어 봤어요?
(43) 항상 {연말연시, 연말년시}가 되면 기분이 들뜬다.

(44) {남존여비, 남존녀비} 사상이 아직도 남아 있다.

### 연습 2 표준어를 골라 보자.

(1) 수꿩, 숫꿩
(2) 수놈, 숫놈
(3) 수강아지, 수캉아지
(4) 수양, 숫양
(5) 윗니, 웃니
(6) 위쪽, 윗쪽
(7) 위층, 윗층
(8) 윗어른, 웃어른
(9) 껍질째, 껍질채
(10) 옷을 입은 채, 입은 째,
(11) 말을 못 들은 체, 들은 채

### 연습 3 외래어 표기법에 맞게 쓴 표현을 골라 보자.

(1) 광고 콘셉트, 컨셉트
(2) 광장 프라자, 플라자
(3) 남산 타우어, 타워
(4) 더블, 떠블 찬스
(5) 대학생 리더십, 리더쉽 캠프
(6) 시외버스 터미널, 터미날
(7) 사과 쥬스, 주스
(8) 파이팅, 화이팅
(9) 잉글리시, 잉글리쉬
(10) 챠트, 차트
(11) 컬러 프린터, 칼라 프린터
(12) 프라이팬, 후라이팬
(13) 티벳 소식, 티베트 소식
(14) 통증 크리닉, 통증 클리닉
(15) 텔레비전, 텔레비젼
(16) 콘트롤 키, 컨트롤 키
(17) 생일 케잌, 케이크
(18) 터어키 여행, 터키 여행

**연습 4** 로마자 표기법에 따라 자신의 이름과 집 주소를 써 보자.

**연습 5** 올바른 어휘 쓰기의 방법을 고려하여, 다음을 고쳐 보자.

(1) 지금까지와는 틀린 옷을 입고 나왔다.

(2) 그는 홀홀단신 상경한 후 어린 나이에 취업했다.

(3) 한글이 세계 5대 언어로 부상하고 있다.

(4) 세계 인구는 산업 혁명 이후 빠르게 성장하였다.

(5) 모델 ○○은 여느 임산부와는 다른 만삭화보를 공개했다.

(6) 22살 한참 꽃다운 나이의 ○○ 씨가 내원했다.

(7) 시험 시간을 30분 늘여서 시험이 1시에 끝났다.

(8) 저 산 넘어에 친구가 살았다.

(9) 계약에 여러 가지 조건을 부치기 마련이다.

(10) 아이들의 상상력과 감수성을 자극하는 팝업북도 할인가에 마련했다.

(11) 드라마 '○○ 시대' 의 티저 포스터가 공개됐다.

(12) 그 문제를 다시 재론하여 보아도 소용이 없다.

(1 3) 우리는 돌이켜 회고해 보건대 형극의 가시밭길을 지나왔다.

(14) 1년 365일 지방 공연이 있어서 언제나 스탠바이 상태로 지내야 한다.

(15) 독도 문제가 매년 두 나라 간에 외교 현안 문제가 되고 있다.

(16) 그리스 희랍 신화는 로마 신화와는 서로 다른 점이 많다.

(17) 우리 사회는 사회적 마이너리티에 대한 편견을 해소해야 한다.

(18) 영화의 한 장면이 자연스럽게 오버랩되었다.

(19) 나는 가족끼리 제주도로 여행을 갔을 때 엄청 행복했다.

(20) 학기 중에는 주로 학식을 먹는다.

# 2. 문장 쓰기

문장은 자신의 감정이나 생각을 표현하는 가장 작은 단위이다. 글은 문장에서 시작하여, 문장으로 끝나므로 문장 하나를 올바르게 쓸 수 있다면 좋은 글을 쓸 수 있는 준비가 된 것이다. 좋은 글을 쓰기 위해서는 글쓴이가 표현하려는 바를 정확하게 담은 문장을 써야 하며 독자가 글쓴이의 의도를 쉽고 정확하게 파악할 수 있는 문장을 써야 한다. 여기에서는 구체적인 사례를 통해 올바른 문장을 쓰기 위해 주의해야 할 점을 살펴보기로 하자.

첫째, 문장 성분이 서로 호응하도록 쓴다. 문장의 주어와 서술어, 목적어와 서술어가 문장 안에서 서로 잘 어울려야, 글쓴이가 말하고자 하는 바를 정확하게 전달할 수 있다.

(1) ㄱ. 내가 주장하는 것은 고전을 열심히 읽어야 한다.

ㄴ. 감상문을 잘 쓰기 위한 방법은 책을 읽은 뒤에 스스로 이야기하고 싶은 바를 정리하고 자신의 경험을 바탕으로 구체적인 사례를 들어가면서 글을 쓰며, 솔직한 내용을 통해 독자에게 감동을 줄 수 있는 내용으로 써야 한다.

ㄷ. 감상문을 잘 쓰기 위한 방법에는 다음과 같은 것이 있다. 첫째, 책을 읽은 뒤에 스스로 이야기하고 싶은 바를 정리한다. 둘째, 자신의 경험을 바탕으로 구체적인 사례를 들어가면서 글을 쓴다. 셋째, 솔직하게 써서 독자에게 감동을 준다.

(1ㄱ)에서 주어부는 '주장하는 것은'이고, 서술부는 '읽어야 한다'이다. 이 둘을 이어서 읽어 보면, '주장하는 것은… 읽어야 한다'가 되어서 문장이 어색하다. 이를 주어부와 서술부의 호응 관계를 고려하여 올바르게 고치면 '내가 주장하는 것은 고전을 열심히 읽어야 한다는 점이다.'처럼 된다. (1ㄴ) 역시 같은 방법으로 주어와 서술어를 찾아서 이어 보면, '방법은 … 써야 한다'가 되어서 호응이 되지 않음을 알 수 있다. 문장을 길게 쓸 수록 주술 호응이 어렵기 때문에 가급적 문장을 짧게 쓰도록 한다. (1ㄴ)을 몇 개 문장으로 나누어서 다시 쓰면 (1ㄷ)과 같다.

둘째, 수식어의 위치에 주의하면서, 올바른 어순으로 쓴다.

(2) ㄱ. 등장인물의 성격에 따라 대사와 몸짓이 잘 전달되는지 생각하며 연극을 감상해 보아야 한다.

ㄴ. 도로명 주소를 사용하면 사람들이 쉽게 정확한 자신의 목적지를 찾을 수 있다.

특별한 의도를 갖지 않는 한, 주어는 문장의 맨 앞에 놓이는 것이 좋다. 따라서 (2ㄱ)에서는 수식어인 '등장인물의 성격에 따라'가 아닌 '대사와 몸짓이'를 문장의 앞으로 이동하여, '대사와 몸짓이 등장인물의 성격에 맞게 잘 전달되는지'라고 쓴다. 이렇게 쓰면 수식어가 피수식어 앞에 놓이게 되므로 이들의 관계가 보다 긴밀해진다. 또한, (2ㄴ)에서 '쉽게'는 '찾을 수 있다'를 수식하는 말이지 '정확한'을 수식하는 것이 아니므로, '쉽게'의 자리를 옮겨 '도로명 주소를 사용하면 사람들이 정확한 자신의 목적지를 쉽게 찾을 수 있다.'로 쓴다.

셋째, 문장에 적절한 조사를 쓴다.

(3) ㄱ. 나무는 자라서 숲을 이루면 경치가 좋아지고 공기가 맑아지기 때문에 사람에게 유익하다.

ㄴ. 이렇게 누적된 핵연료는 방사능 오염수를 통해 건물 지하나 해양으로 유출되면 대규모 재앙으로 연결될 수 있다.

ㄷ. 연구팀은 이번 연구 결과를 국제학회에 발표할 예정이다.

ㄹ. 당시 한국팀은 일본에게 이겨 이미 은메달을 확보해 두었다.

주어 자리에 '이/가' 대신에 '은/는'을 쓰는 경우는 '비교'나 '대조'의 의미를 갖거나 설명이 필요한 때이다. 따라서 (3ㄱ)에서 '나무는'은 '나무가'로 써야 하며, (3ㄴ)의 '핵연료는'은 '핵연료가'로 써야 한다. '에'와 '에서'는 기능과 의미에 차이가 있으므로 잘 구별해서 사용해야 하는데 (3ㄷ)의 '국제학회에'는 '국제학회에서'로 써야 옳다. 조사 '에'와 '에게'는 각각 무정명사인지 유정명사인지에 따라 구별하여 사용하므로 (3ㄹ)에서 '일본에게'는 '일본에'로 써야 한다.

넷째, 올바른 접속 표현을 사용한다.

(4) ㄱ. 행복한 가정을 만드는 방법과 인격 수양의 방법을 비교해 봅시다.

ㄴ. 나의 장래 희망은 어렸을 때부터 해군이 되는 것이었다. 최고의 해군이 되기 위하여 해군사관학교에 진학하고 싶었다. 나의 노력이 부족하여 해군사관학교에 진학을 못하였지만 꿈을 이루고자 하는 열정이 있다. (학생 글)

ㄷ. 나의 장래 희망은 어렸을 때부터 해군이 되는 것이었다. 그래서 최고의 해군이 되기 위하여 해군사관학교에 진학하고 싶었다. 하지만 나의 노력이 부족하여 해군사관학교에 진학하지 못하였다.

(4ㄱ)에서 '과'를 중심으로 '행복한 가정을 만들다'와 '인격 수양의 방법'이 나란히 연결되어 있다. 대개 '와/과'와 같은 접속 표현이 있는 문장은 그 앞뒤가 동일한 방식으로 구성되는 것이 좋다. 즉 앞부분이 절이면 뒷부분도 절로 쓰고, 앞부분이 구이면 뒷부분도 구로 쓰는 것이 좋다. 따라서 (4ㄱ)은 '행복한 가정을 만드는 방법과 인격을 수양하는 방법을 비교해 봅시다.'처럼 쓰는 것이 좋다. (4ㄴ)의 경우에는 문장과 문장 사이에 적절한 연결어가 없어서, 한 문단 내에 있는 문장들이 서로 유기적으로 연결이 되지 않고 있다. 따라서 문장과 문장 사이에 적절한 연결어를 넣어서 다시 쓰면 (4ㄷ)과 같다. 즉, 첫 번째 문장과 두 번째 문장은 인과 관계에 있으므로 이 둘 사이에 '그래서'를 넣고, 세 번째 문장 앞에는 '하지만'을 넣으면 의미가 분명해진다. 또한 세 번째 문장은 두 가지 내용을 포괄하고 있으므로, 이를 둘로 분리하고 뒷부분에 '그러나'를 넣어서 서로 반대의 내용이 연결됨을 분명히 하는 것이 좋다. 이렇게 적절한 연결어를 사용하면 문장 간의 논리적 관계가 확실해지므로, 글쓴이가 표현하고자 하는 바가 분명하게 전달될 수 있다.

다섯째, 꼭 필요한 문장 성분은 생략하지 않는다.

(5) ㄱ. 고개를 끄덕이는 행동을 자주 하면 말하는 사람이 더 잘 말할 수 있고, 사이가 더 좋아집니다.

ㄴ. 전문가를 인터뷰하고 목적에 맞게 정리할 수 있는가?

(5ㄱ)에서는 '고개를 끄덕이는 행동을' 하는 주체가 등장하지 않을 뿐만 아니라, '사이가 더 좋아지는'의 주체가 누구인지도 알 수 없다. 따라서 앞부분에는 '이야기를 듣는 사람이'를 주어로 넣고, 뒷부분에는 '두 사람' 또는 '둘'을 넣어서 문장의 의미를 분명하게 해 줄 필요가 있다. (5ㄴ)의 경우에는 '목적에 맞게'와 호응하는 목적어가 없는데 '전문가를 인터뷰하고 나서 인터뷰 결과를 목적에 맞게 정리할 수 있는가?'로 수정하면 문장의 의미가 분명해진다.

여섯째, 간결하게 쓴다.

(6) ㄱ. 소설의 내용을 생각하면서 소설을 소리 내어 읽어 보자.

ㄴ. 우리나라 섬유의 1/4을 생산하는 이 지역의 공업은 이곳을 중심으로 공업이 이루어진다.

ㄷ. 그 친구와는 여행도 많이 다녔었지만, 두려움 반, 설렘 반으로 여권 사진도 찍고, 여권 발급 받으러 가고, 준비물도 사고, 하나하나 우리 스스로 준비했었던 여행 계획을 세우던 과정 중에 10년 지기 친구와 단 한번도 없었던 다툼을 하기도 했다. (학생 글)

ㄹ. 그 친구와는 여행을 많이 다녔었다. 두려움 반, 설렘 반으로 여권 사진도 찍고, 여권을 발급 받으러 가고, 준비물도 샀다. 하나하나 우리 스스로 준비하고 여행 계획을 세우는 과정에서, 나와 친구는 지난 10년 동안 단 한번도 없었던 다툼도 하게 되었다.

문장 성분을 빠트리지 않고 쓰는 것도 중요하지만, 불필요한 문장 성분이나 중복된 내용은 삭제하여 문장을 간결하게 쓰는 것도 중요하다. (6ㄱ)에서 '소설'은 문장에서 두 번 반복되는데 뒷부분의 '소설'을 삭제하면 문장이 보다 간결해진다. (6ㄴ)에서는 '공업'이 반복되고 있는데, 뒷부분의 '공업이'를 삭제하는 것이 좋다. (6ㄷ)는 문장이 길어지면서, 여러 가지 문제를 안게 된 경우인데 의미에 따라 문장을 몇 개로 나누어서 쓰면 (6ㄹ)과 같다.

일곱째, 추측 표현을 남용하지 않는다.

(7) ㄱ. 제 성격의 장점은 타인에 대한 배려심이 깊다는 점인 거 같습니다.

ㄴ. 태권제를 계기로 많은 것을 배웠고 실력 또한 많이 는 것 같습니다. 시범단 선배들의 노련미에 감탄했고, 아직 내가 많이 부족하다는 것도 느낀 것 같습니다. 정말 많은 것을 배우지 않았나 생각됩니다. (학생 글)

자신의 생각에 대해서 기술하면서 '같습니다'와 같은 추측 표현을 남용하면, 자신감이 부족해 보일 수 있다. 따라서 추측 표현은 자신이 확신할 수 없는 상황에서만 제한적으로 사용하는 것이 좋다. 따라서 (7ㄱ)은 '제 성격의 장점은 타인에 대한 배려심이 깊다는 것입니다.'라고 쓰면 된다. (7ㄴ)의 경우에는 '태권제'를 경험한 후 자신의 느낌을 쓴 글로 추측 표현을 빼고 쓰면 다음과 같다. '태권제를 계기로 많은 것을 배웠고 실력 또한 많이 늘었다. 시범단 선배들의 노련미에 감탄했고, 아직 내가 많이 부족하다는 것도 느꼈다. 정말 많은 것을 배웠다.' 이렇게 쓰면 자신의 생각이 보다 자신감 있게 전달될 뿐 아니라, 문장이 간결해지므로 읽는 사람도 글쓴이가 표현하고자 한 바를 명확하게 이해할 수 있게 된다.

**연습 1** 다음에서 부자연스러운 부분을 찾아, 고쳐 보자.

(1) 비사치기를 하는 방법은 일정한 거리에 선을 그은 뒤에 그 선 위에 네모진 돌을 비석처럼 세워 두고 자신의 말로 상대편의 말을 쓰러뜨려야 한다.

(2) 이 나무는 줄기가 곧게 자라고, 높이는 1미터쯤 자란다.

(3) 초가지붕은 여름에는 뜨거운 태양열을 막고, 겨울에는 효율적으로 열을 가두는 아주 실용적인 집이었다.

(4) 최근 공항 검색대에서는 휴대 수화물에 대한 엄격한 규정을 한다.

(5) 화목한 가정을 이루기 위해 가져야 할 가족 사랑과 예절에 대해 이야기해 보자.

(6) '베니스의 상인' 을 읽고 생각이나 느낌을 글과 그림을 나타내어 보자.

(7) 가장 기본적인 시 읽기의 즐거움은 바로 언어가 주는 즐거움이다.

(8) 우리 학교에는 체력을 기르는 데 도움을 주는 많은 시설이 있습니다.

(9) 이곳은 손님을 맞이하거나 자녀들을 교육시켰던 곳입니다.

(10) 이때는 왕권이 완전히 확립되어진 시기는 아니었다.

(11) 청동기 시대에 만들어진 것으로 추정되는 가장 오래된 해시계가 발견되었다.

(12) 말판에 제시한 내용대로 하지 못하면 말을 뒤로 한 칸 옮깁니다.

(13) 글의 목적과 형식에 따른 글쓰기를 연습하여 활용한다.

(14) 자신이 쓴 글을 퇴고할 때에는 전체 내용을 생각하며 글을 소리 내어 읽어 보는 것이 좋다.

**연습 2** 다음을 올바른 문장 쓰기의 방법을 고려하여 고쳐 써 보자.

**(1) 포기하지 않는 삶**

이 글에서 인상 깊은 구절은 '모든 사람은 자신에 살피는 마음에 의하여 살아가는 것이 아니라 사랑으로 살아가는 것을 깨달았습니다. 이 구절이 인상 깊은 구절로 선택한 이유는 자신의 잘못으로 인해 벌을 받고 있었지만 어려운 상황이었음에도 불구하고 하나님께서 말씀하신 3가지의 뜻을 포기하지 않고 찾는 모습이기 때문에 인상 깊었고 나도 포기하지 말고 인생을 살아야겠다는 생각이 들었다. (학생 글)

**(2) 가르치는 보람**

저는 지난 목요일에 제가 다니고 있던 체육관에서 애들을 돌보았습니다. 애들을 가르치면서 말도 잘 안 듣고 많이 떠들고 해서 힘들었지만 그래도 정말 보람있는 일이라 생각합니다. 아이들 하나하나의 성격을 맞춰 주면서 사람마다 개성이 정말 독특하다는것을 느꼈습니다. 아직 애들을 가르친 지 얼마 되지 않아 조금 부족하고 무엇을 어떤 식으로 가르쳐야 하고 떠들 때에는 어떡해야 할지 잘 몰랐지만 그래도 한 부 한 부 가르치면서 조금씩 애들 가르치는 노하우라든가 그런게 생깁니다. 그중 제일 맘에 드는 하나가 칭찬입니다. 칭찬을 하면 누구나 기분이 좋듯이 아이들도 기분을 좋아하고 더 열심히 할 뿐더러 다른 아이들도 칭찬을 받고 싶어서 더더욱 열심히 합니다. 그리고 저도 기분이 좋습니다. 저는 앞으로도 더더욱 노력할 것입니다. (학생 글)

# 3. 문단 쓰기

## 1) 문단 쓰기의 의미

문단은 형식과 내용을 갖추고 있는 글의 전개 단위이면서 동시에 사고 단위이다. 한 문단은 나름대로의 완결성을 가지고 있기 때문에 그 자체로서 전체적인 기능을 하기도 하고, 여러 문단으로 이루어진 글에서는 문단이 부분으로서 기능한다. 이렇게 문단이 전체와 부분이라는 이중적인 속성을 가지고 있기 때문에 문단 쓰기를 할 때에도 전체로서의 문단과 부분으로서의 문단을 구분해서 각각의 전략에 따라 연습하고 훈련할 필요가 있다.

글을 잘 쓰기 위해서는 어휘와 문장 실력도 물론 좋아야겠지만, 어휘와 문장을 기본단위로 하는 문단 구성력 또한 글쓰기 실력을 가늠하는 중요한 잣대가 된다. 아무리 어휘 선택을 잘 하고 문장을 잘 썼다고 하더라도 문장과 문장 간의 연결과 묶음, 구분과 분리 작업이 제대로 이루어지지 않으면 그 글은 논리적인 흐름과 맥락에 있어서 부자연스럽고, 글의 구성도 산만하며, 불필요한 내용도 글 속에 포함되기 마련이다.

우선 완결체로서 한 문단을 잘 쓰기 위해서는 문단을 구성하는 어휘, 그리고 문장 하나하나의 완성도를 점검해야 하고, 문장과 문장을 잘 연결해야 하며, 자신이 공을 들여서 쓴 문장이지만 불필요한 문장은 과감히 버릴 줄도 알아야 한다. 문장과 문장을 자연스럽게 연결시키기 위한 장치들로는 접속어와 반복어, 그리고 지시어가 있는데, 이 중에서 접속어를 사용할 때 특별히 주의를 기울여야 한다. 그리고 전체 글의 한 부분으로서 문단을 잘 쓰기 위해서는 문단과 문단의 연결과 분리를 정확하게 해야 하며, 문단과 문단 사이의 논리적 전개와 문맥의 흐름이 자연스러운지 신경을 써야 한다. 특정 주제를 가지고 개요에 따라 글을 쓸 경우, 개요의 구성에 따라 문단의 형식과 내용이 정해지는데, 각 문단의 완성도를 고려하여 전체 글을 일차적으로 마무리한 후에는 문단의 개수와 배치를 조절하여 문단을 재구성할 수 있다.

문단 쓰기는 일반적인 글을 쓸 때와 논설문 쓰기를 할 때 어느 정도 구분이 된다. 물론 두 경우 다 각 문단의 구성 요소인 단어와 어휘, 문장의 적절성과 문장과 문장의 자연스러운 연결, 그리고 문장 전개에 있어서의 논리적인 일관성 등을 공통적으로 요구하지만, 개요 작성과 문단 재구성하기, 문단의 주제와 전체 글의 주제 간 상관성 등에 있어서는 상당한 차이를 보인다. 자료와 근거, 그리고 사고의 합작품에 해당하는 논설문을 쓸 때에는 사고의 작용에 의해 유기적으로, 통일성 있게 배치 및 전개할 수 있는 글감을 몇 개 골라 각 관심 대상에 대해 되도록 간결하게 글쓰기를 하는 반면, 일반 글쓰기에서는 단선적이고 직선적인 배치 및 전개가 가능한 글감을 골라 일정한 흐름에 따라 최대한 풍부하고 자연스럽게 글쓰기를 한다. 일반 글쓰기에서는 하나의 핵심어를 중심으로 전개하면 그것이 주제로 발전하고 개요 작성도 논설문의 경우처럼 그렇게 복잡할 필요가 없다. 일반 글쓰기는 개인의 직 · 간접적인 경험을 사고과정을 통해 보편적으로 표현하는 방식이기 때문에 문단 쓰기를 한 후 순차적이거나 글의 자연스러운 전개를 위해 필요시 단순 재배치하는 방식으로 글을 재구성할 수 있다. 그리고 문단을 점검할 때에도 접속어와 반복어, 지시어 사용을 중심으로 문장의 연결과 문맥의 흐름을 점검하면 된다.

### 2) 문단 쓰기의 방법

문장과 문장은 주로 접속 부사나 접속 어미로 연결되는데, '그리고, 그러나, 그래서, 그런데, 그러므로, 그렇지만, 그러면, 게다가' 등이 접속 부사이고 '-고, -나, -서, -데, -므로, -지만, -면, -데다가' 등이 연결 어미에 속한다. 문장과 문장을 연결할 때 적재적소에서 접속 부사와 연결 어미를 다양하게 활용하면 문장으로 구성된 문단은 당연히 그 형식과 내용에 있어서 정리, 정돈되고 자연스러워진다. 문단을 쓰기 위해서는 우선 핵심어를 중심으로 한 문장을 쓴다. 그리고 접속어와 반복어, 지시어를 사용해서 문장과 문장을 연결한다. 접속부사로 연결된 두 문장을 연결 어미를 사용해서 다시 한 문장으로 만들고, 그 다음 한 문단 내에서 접속 부사의 수를 최소화하면서 문장을 정리하고 문단을 다듬는다.

**• 접속어, 반복어, 지시어로 문장과 문장 연결하기**

① 잘못된 것은 바로 잡는 일은 매우 어렵다.

② 그렇지만 누군가는 그것을 반드시 해야 한다.

③ 그런데 아직도 이러한 개혁을 반대하는 사람들이 많이 있다.

④ 왜냐하면 정상화를 위한 개혁을 단행할 경우, 그들이 기득권을 포기해야 하기 때문이다.

⑤ 그렇다면 어떻게 잘못된 것을 바로 잡을 수 있을까?

⑥ 그것을 위해 정부는 확고한 의지를 보여주고 있다.

⑦ 그리고 각종 비리 척결을 통해 개혁 의지를 관철시키고 있다.

⑧ 게다가 국민들은 그것을 긍정적으로 평가한다.

⑨ 하지만 우리 사회에는 잘못된 관행이 아주 깊이 뿌리박혀 있다.

⑩ 그래서 잘못된 것을 완전 바로 잡을 수 있을지에 대해서는 여전히 회의적이다.

**• 접속부사로 연결된 두 문장을 연결 어미를 사용해서 한 문장으로 만들기**

① 잘못된 것은 바로 잡는 일은 매우 어렵다.

② 그렇지만 누군가는 그것을 반드시 해야 한다.

→ ㉮ 잘못된 것은 바로 잡는 일은 매우 어렵지만 누군가는 그것을 반드시 해야 한다.

③ 그런데 아직도 이러한 개혁을 반대하는 사람들이 많이 있다.

④ 왜냐하면 정상화를 위한 개혁을 단행할 경우, 그들이 기득권을 포기해야 하기 때문이다.

→ ㉯ 그런데 정상화를 위한 개혁을 단행할 경우, 기득권을 포기해야 하기 때문에 이러한 개혁을 반대하는 사람들이 아직 많이 있다.

⑤ 그렇다면 어떻게 잘못된 것을 바로 잡을 수 있을까?

→ ㉰ 그렇다면 어떻게 잘못된 것을 바로 잡을 수 있을까?

⑥ 그것을 위해 정부는 확고한 의지를 보여주고 있다.

⑦ 그리고 각종 비리 척결을 통해 개혁 의지를 관철시키고 있다.

→ ㉣ 그것을 위해 정부는 확고한 의지를 보여주고 있고, 각종 비리 척결을 통해 개혁 의지를 관철시키고 있다.

⑧ 게다가 국민들은 그것에 대해 긍정적으로 평가한다.

→ ㉤ 게다가 국민들은 그것을 긍정적으로 평가한다.

⑨ 하지만 우리 사회에는 잘못된 관행이 아주 깊이 뿌리박혀 있다.

⑩ 그래서 잘못된 관행을 완전히 바로 잡을 수 있을지에 대해서는 여전히 회의적이다.

→ ㉥ 하지만 우리 사회에는 잘못된 관행이 아주 깊이 뿌리박혀 있어서 그것을 완전히 바로 잡을 수 있을지에 대해서는 여전히 회의적이다.

### • 접속 부사의 수를 최소화하고 문장 정리하기

① 잘못된 것은 바로 잡는 일은 매우 어렵지만 누군가는 그것을 반드시 해야 한다.

② 그런데 정상화를 위한 개혁을 단행할 경우, 기득권을 포기해야 하기 때문에 이러한 개혁을 반대하는 사람들이 아직 많이 있다.

→ 그런데 정상화를 위한 개혁을 단행할 경우, 기득권을 포기해야 하기 때문에 이것을 반대하는 사람들이 아직 많이 있다.

③ 그렇다면 어떻게 잘못된 것을 바로 잡을 수 있을까?

④ 그것을 위해 정부는 확고한 의지를 보여주고 있고, 각종 비리 척결을 통해 개혁 의지를 관철시키고 있다.

⑤ 게다가 국민들은 그것을 긍정적으로 평가한다.

⑥ 하지만 우리 사회에는 잘못된 관행이 아주 깊이 뿌리박혀 있어서 비정상적인 관행을 완전히 정상화할 수 있을지에 대해서는 아직까지 회의적이다.

→ 하지만 우리 사회에는 잘못된 관행이 아주 깊이 뿌리박혀 있어서 그것을 뿌리째 뽑아버릴 수 있을지에 대해서는 여전히 회의적이다.

### • 정리된 문장으로 문단 쓰기

잘못된 것은 바로 잡는 일은 매우 어렵지만 누군가는 그것을 반드시 해야 한다. 그런데 정상화를 위한 개혁을 단행할 경우, 기득권을 포기해야 하기 때문에, 이것을 반대하는 사람들이 아직 많이 있다. 잘못된 것을 바로 잡기 위해 정부는 확고한 의지를 보여 주고 있고, 각종 비리 척결을 통해 개혁 의지를 관철시키고 있다. 게다가 국민들은 그것을 긍정적으로 평가한다. 하지만 우리 사회에는 잘못된 관행이 아주 깊이 뿌리박혀 있어서 그것을 뿌리째 뽑아 버릴 수 있을지에 대해서는 여전히 회의적이다.

### • 문단 다듬기

잘못된 것은 바로 잡는 일은 매우 어렵지만 누군가는 그것을 반드시 해야 한다. 그런데 정상화를 위한 개혁을 단행할 경우, 기득권을 포기해야 하기 때문에, 이것을 반대하는 사람들이 아직 많이 있다. 정부는 잘못된 것을 바로 잡기 위해 전례 없는 확고한 의지를 보여 주고 있고, 각종 비리 척결을 통해 그 의지를 관철시키고 있다. 게다가 국민들은 그것을 긍정적으로 평가한다. 하지만 우리 사회에는 잘못된 관행이 아주 깊이 뿌리박혀 있어서 그것을 뿌리째 뽑아 버릴 수 있을지에 대해서는 여전히 회의적이다.

**연습 1** 다음의 순서에 따라 '스마트폰은 문명의 이기이다.'라는 주제문으로 한 문단 쓰기를 해 보자.

① 접속어, 반복어, 지시어로 문장과 문장 연결하기
② 접속부사로 연결된 두 문장을 접속 어미를 사용해서 한 문장으로 만들기
③ 접속 부사의 수를 최소화하고 문장 정리하기

④ 정리된 문장으로 문단 쓰기
⑤ 문단 다듬기의 단계를 거쳐 한 문단 완성하기

### 3) 문단 쓰기의 실제

문단은 사실과 의견으로 구성되어 있고, 글의 성격에 따라 사실과 의견의 비중을 조절할 수 있다. 예를 들면, 설명문 문단 쓰기에서는 사실에 대한 정보의 양이 많고, 연설문 문단 쓰기에서는 사실과 의견이 균형을 이루어야 하며, 감상문에서는 의견에 해당하는 부분이 비교적 많다. 문단의 첫 문장을 사실로 쓸 경우와 의견으로 쓸 경우, 전개되는 문장과 문장들을 연결해서 정리한 문단의 성격은 다른데, 그만큼 문단 쓰기에서 첫 문장은 중요하다.

**〈사실〉**

① 계명대학교는 1954년에 문을 열었다.
② 계명아트센터 객석은 1954개이다.
③ 계명대학교는 외국인 선교사들이 초석을 놓아 그 위에 세워진 고등교육기관이다.
④ 계명대학교 동산의료원은 1899년에 설립된 제중원을 모태로 출발하였다.
⑤ 2014년은 계명대학교 개교 60주년이 되는 환력의 해였다.
⑥ 환력의 해를 맞이하여 계명대학교는 제중원 설립 년도를 기준으로 개교 60년의 역사를 창립 115년의 역사로 재정립하였다.
⑦ 계명대학교는 잘 가르치고, 잘 배우고, 잘 나누는 대학이다.

**〈의견〉**

⑧ 계명인이 된 것에 대해 자랑스럽게 생각한다.
⑨ 대학생으로서 스펙과 인성을 동시에 쌓고 이웃을 위해 봉사하는 삶을 살 것이다.
⑩ 타불라 라사(Tabula Rasa: 흰 종이 상태)에 그려 넣을 계명인의 얼굴을 찾아야겠다.
⑪ 환력의 해에 명문 사학으로 거듭 태어난 계명대학교의 미래는 밝을 것이다.
⑫ 앞으로 100년, 계명의 미래를 우리가 책임질 것이다.
⑬ 세상을 향해 빛을 여는 계명인이 될 것이다.

10개 문장 중에서 ①번을 첫 문장으로 하고 사실 중심의 한 문단 쓰기를 해 보면 다음과 같다.

계명대학교는 1954년에 문을 열었다. 그래서 계명아트센터 객석이 1954개이다. 계명대학교는 외국인 선교사들이 초석을 놓아 그 위에 세워진 고등교육기관이다. 그리고 계명대학교 동산의료원은 1899년에 설립된 제중원을 모태로 출발하였다. 2014년은 계명대학교 개교 60주년이 되는 환력의 해였다. 환력의 해를 맞아 계명대학교는 제중원 설립 년도를 기준으로 계명대학교 개교 60년의 역사를 창립 115년의 역사로 재정립하였다. 계명대학교는 잘 가르치고 잘 배우고 잘 나누는 대학이다. '진리와 정의와 사랑의 나라'라는 교육이념과 국가 지원 여러 가지 사업에 참여하고 있는 것이 그 사실을 증명해 준다.

그리고 ⑧번을 첫 문장으로 하고 의견중심의 한 문단 쓰기를 해 보면 다음과 같다.

계명인이 된 것에 대해 자랑스럽게 생각한다. 왜냐하면 계명대학교가 잘 가르치고, 잘 배우고, 잘 나누는 대학이라고 생각하기 때문이다. 대학생으로서 스펙과 인성을 동시에 쌓고 이웃을 위해 봉사하는 삶을 살 것이다. 그래서 타불라 라사에 그려 넣을 계명인의 얼굴을 반드시 찾아볼 것이다. 그것이 2014년 환력의 해를 맞아 115년의 역사를 자랑하는 사학으로 거듭 태어난 계명대학교의 밝은 미래를 준비하는 일일 것이다. 계명인이 된 이상, 앞으로 100년, 계명의 미래를 우리가 책임질 것이며 세상을 향해 빛을 여는 데 앞장 설 것이다.

이렇게 사실과 의견을 나타내는 문장을 어떻게 결합해서 배치하고 전개하는가에 따라 그 문단의 성격이 정해진다. 물론 사실과 의견을 골고루 반영해서 한 문단 쓰기를 할 수도 있다.

계명인이 된 것에 대해 자랑스럽게 생각한다. 왜냐하면 계명대학교가 잘 가르치고, 잘 배우고, 잘 나누는 대학이라고 생각하기 때문이다. '진리와 정의와 사랑의 나라'라는 교육이념과 국가 지원 여러 가지 사업에 참여하고 있는 것이 그 사실을 증명해 준다. 계명대학교는 1954년에 문을 열었다. 그래서 계명아트센터 객석도 1954개이다. 2014년은 계명대학교 개교 60주년이 되는 환력의 해였다. 환력의 해를 맞아 계명대학교는 1899년에 설립된 제중원을 모태로 출발한 계명대학교 동산의료원의 창립 년도를 기준으로 개교 60년의 역사를 창립 115년의 역사로 재정립하였다. 그 결과 계명대학교는 115년의 역사를 자랑하는 사학으로 거듭태어난 셈이다. 대학생으로서 스펙과 인성을 동시에 쌓고 이웃을 위해 봉사하는 삶을 살 것이다. 그래서 타불라 라사에 그려 넣을 계명인의 얼굴을 반드시 찾아볼 것이다. 그것이 계명대학교의 밝은 미래를 준비하는 일일 것이다. 계명인이 된 이상, 앞으로 100년, 계명의 미래를 우리가 책임질 것이며 세상을 향해 빛을 여는 데 앞장 설 것이다.

결국 문단 쓰기는 사실과 의견을 어떻게 구체적으로 표현하고 사실과 의견의 양을 어떻게 늘리느냐에 따라 그 내용과 분량과 개수가 정해진다. '사실+사실, 사실+의견, 의견+사실, 의견+의견'으로 이루어진 문장을 보다 더 구체적으로 쓰면 문단의 길이는 늘어나기 마련이고 사실과 의견의 개수를 늘리면 그것이 바로 문단의 개수와 연결된다. 그리고 이때 선후관계, 대등관계, 대립관계, 예시관계, 부연관계, 대치관계, 인과관계, 주장과 근거관계, 전제와 반론 관계, 문제제시와 해결관계 등을 염두에 두고 사실과 의견을 배치하거나 전개하면 문단은 훨씬 더 긴밀한 조직을 갖게 된다.

**연습** '스마트 폰은 문명의 이기이다.'라는 문장을 가지고 사실+사실, 사실+의견, 의견+사실, 의견+의견으로 연결된 문장을 만들어 보고 문장들을 연결하여 한 문단 쓰기 연습을 해 보자.

핵심어나 주제 중심의 한 문단 쓰기 연습을 통해 문단 쓰기를 잘 할 수 있으면 한 문단을 여러 개 만들어 글의 성격에 따라 '도입-전개-마무리' 또는 '서론-본론-결론'의 구성으로 한 편의 글을 완성할 수 있다. 아래의 글은 수필의 형식으로 자유롭게 쓴 글인데, 문단을 구분하지 않고 배치해 놓았다.

〈교양세미나와 글쓰기〉 과목의 마지막 과제가 주어졌다. 자유로운 글쓰기이다. 어떤 형식의 글을 어떤 주제로 쓸까 많은 고민을 했다. 결론은 지금 내가 쓰고 있듯 '수필'을 쓰기로 했고, 한 학기동안 수강한 〈교양세미나와 글쓰기〉 과목을 들으며 느낀 점과 조금 더 성장한 나의 모습에 대해서 쓰기로 결정을 했다. 수업을 하며 내가 얻은 것이 크게 세 가지가 있다. 첫 번째는 싫어하던 글이 좋아졌다는 것이다. 원래 나는 '글쓰기'라는 말만 들으면 경악하는 사람이었다. 이유는 간단하다. 글 쓰는 것을 싫어하고 쓰더라도 잘 안 써져 흥미가 없었기 때문이다. 지금 생각해보면 어릴 때의 경험이 글을 싫어하는데 한몫하였다. 글을 썼는데도 불구하고 수상을 하지 못했다거나 잘 썼다는 칭찬을 받지 못하는 등 성취감을 느끼지 못했고 그 점이 자연스레 글쓰기는 '지루하고 따분한 것'이라고 치부해 버리게 된 것이다. 이랬던 글쓰기가 수업을 하면서 싫은 것에서 괜찮은 것으로 인식이 바뀌었다. 수업을 통해 많은 형태의 글을 접하고 직접 써 봄으로써 못 써도 내 생각이 들어가 있고, 또 자꾸 쓰다보면 글쓰기 실력이 늘게 된다는 것을 알게 되었다. 비록 〈교양세미나와 글쓰기〉 수업은 종강했지만 앞으로도 자주 글을 써보며 점점 더 좋은 글을 쓸 수 있게 노력할 것이다. 두 번째는 좋은 교수님을 만나게 된 것이다. 보통 수강하는 수업들의 교수님은 수업에만 충실하시고, 제자라기 보단 수강생이라고 생각하시는 경향이 큰 것 같다. 하지만 OOO교수님은 다르셨다. 한 명 한 명 애정으로 돌보아 주시고 많은 관심을 쏟아주셨다. 그런 교수님의 마음 때문일까. 교수님이 말씀하신대로 첫 강의 때 우리의 모습과 종강을 할 때 우리의 모습은 달랐다. 수군수군 떠들던 사람이 없어졌고, 폰을 보는 사람이 줄었고, 수업시간에 하는 활동에 열정적으로 하는 우리로 어느새 바뀌어 있었다. 나 또한 수업시간의 활동에 열심히 참여하였고 그러다보니 글쓰기를 싫어하던 마음도 없어졌으니 말이다. 교수님께 감사하다고 전하고 싶다. 마지막으로 세 번째는 친구가 생긴 것이다. 그 친구와 나는 입학을 하면서 알게 되고 인사를 하는 순간부터 동갑이라는 이유로 자연스레 친구가 되긴 했다. 하지만 진심이 담긴 진짜 친구라고 할 수 없었다. 그러던 그 친구와 〈교양세미나와 글쓰기〉 수업을 하면서 서로의 생각을 알게 되었고, 사적으로 이야기도 나눴다. 그러다보니 서로 모르던 면도 알게 되었고 적어도 나에게는 가까이 두고 싶은 친구가 되었다. 또한 그 친구로부터 많이 배워 그로 인해 깨달은 점도 많다. 그 중 한 가지를 말하자면, 친구가 나에게 "나는 그 사람이랑 이야기 나눠 보기 전까진 그 사람을 판단하지 않아."라는 말을 한 적이 있다. 나는 내가 그렇지 않다고 생각을 했지만 나도 모르게 남을 판단할 때 외형적 요소 혹은 첫인상만 보고 판단하는 경향이 있었다. 그 친구가 나에게 콕 집어 "넌 이런 부분이 잘못 됐어."라고 하는 것은 아니지만, 그 친구의 행동과 말을 통해 배우는 점이 많다. 참 고마운 친구다. 이러한 세 가지 점을 통해서 더 성장한 나를 볼 수 있었다. 좋은 교수님을 만나 글에 흥미가 생겼고, 더 깊은 생각을 갖게 되었으며 또한 좋은 친구를 만나 많은 것을 배워 변화된 나의 모습을 보게 된 것이다. 〈교양세미나와 글쓰기〉는 나에게 힘들었지만 그래서 값진 강의였고 감사한 강의다!

(학생 글)

이 글은 도입-전개-마무리로 구성되어 있고, 전개도 세 부분으로 이루어져 있는 비교적 구성이 잘 갖추어진 글이다. 글의 구성을 일목요연하게 볼 수 있기 위해 우선 문단 나누기를 해 본다.

〈교양세미나와 글쓰기〉 과목의 마지막 과제가 주어졌다. 자유로운 글쓰기이다. 어떤 형식의 글을 어떤 주제로 쓸까 많은 고민을 했다. 결론은 지금 내가 쓰고 있듯 '수필'을 쓰기로 했고, 한 학기동안 수강한 〈교양세미나와 글쓰기〉 과목을 들으며 느낀 점과 조금 더 성장한 나의 모습에 대해서 쓰기로 결정을 했다.

수업을 하며 내가 얻은 것이 크게 세 가지가 있다. 첫 번째는 싫어하던 글이 좋아졌다는 것이다. 원래 나는 '글쓰기'라는 말만 들으면 경악하는 사람이었다. 이유는 간단하다. 글 쓰는 것을 싫어하고 쓰더라도 잘 안 써져 흥미가 없었기 때문이다. 지금 생각해보면 어릴 때의 경험이 글을 싫어하는데 한몫하였다. 글을 썼는데도 불구하고 수상을 하지 못했다거나 잘 썼다는 칭찬을 받지 못하는 등 성취감을 느끼지 못했고 그 점이 자연스레 글쓰기는 '지루하고 따분한 것'이라고 치부해

버리게 된 것이다. 이랬던 글쓰기가 수업을 하면서 싫은 것에서 괜찮은 것으로 인식이 바뀌었다. 수업을 통해 많은 형태의 글을 접하고 직접 써 봄으로써 못 써도 내 생각이 들어가 있고, 또 자꾸 쓰다보면 글쓰기 실력이 늘게 된다는 것을 알게 되었다. 비록 〈교양세미나와 글쓰기〉 수업은 종강했지만 앞으로도 자주 글을 써보며 점점 더 좋은 글을 쓸 수 있게 노력할 것이다.

두 번째는 좋은 교수님을 만나게 된 것이다. 보통 수강하는 수업들의 교수님은 수업에만 충실하시고, 제자라기 보단 수강생이라고 생각하시는 경향이 큰 것 같다. 하지만 OOO교수님은 다르셨다. 한 명 한 명 애정으로 돌보아 주시고 많은 관심을 쏟아주셨다. 그런 교수님의 마음 때문일까. 교수님이 말씀하신대로 첫 강의 때 우리의 모습과 종강을 할 때 우리의 모습은 달랐다. 수군수군 떠들던 사람이 없어졌고, 폰을 보는 사람이 줄었고, 수업시간에 하는 활동에 열정적으로 하는 우리로 어느새 바뀌어 있었다. 나 또한 수업시간의 활동에 열심히 참여하였고 그러다보니 글쓰기를 싫어하던 마음도 없어졌으니 말이다. 교수님께 감사하다고 전하고 싶다.

마지막으로 세 번째는 친구가 생긴 것이다. 그 친구와 나는 입학을 하면서 알게 되고 인사를 하는 순간부터 동갑이라는 이유로 자연스레 친구가 되긴 했다. 하지만 진심이 담긴 진짜 친구라고 할 순 없었다. 그러던 그 친구와 〈교양세미나와 글쓰기〉 수업을 하면서 서로의 생각을 알게 되었고, 사적으로 이야기도 나눴다. 그러다보니 서로 모르던 면도 알게 되었고 적어도 나에게는 가까이 두고 싶은 친구가 되었다. 또한 그 친구로부터 많이 배워 그로 인해 깨달은 점도 많다. 그 중 한 가지를 말하자면, 친구가 나에게 "나는 그 사람이랑 이야기 나눠 보기 전까진 그 사람을 판단하지 않아"라는 말을 한 적이 있다. 나는 내가 그렇지 않다고 생각을 했지만 나도 모르게 남을 판단할 때 외형적 요소 혹은 첫인상만 보고 판단하는 경향이 있었다. 그 친구가 나에게 콕 집어 "넌 이런 부분이 잘못 됐어"라고 하는 것은 아니지만, 그 친구의 행동과 말을 통해 배우는 점이 많다. 참 고마운 친구다.

이러한 세 가지 점을 통해서 더 성장한 나를 볼 수 있었다. 좋은 교수님을 만나 글에 흥미가 생겼고, 더 깊은 생각을 갖게 되었으며 또한 좋은 친구를 만나 많은 것을 배워 변화된 나의 모습을 보게 된 것이다. 〈교양세미나와 글쓰기〉는 나에게 힘들었지만 그래서 값진 강의였고 감사한 강의다!

그리고 나누어진 단락을 중심으로 각 단락의 개요를 뽑아낼 수 있으며 핵심어와 주제문 또한 찾아낼 수 있다.

① 도입- 〈교양세미나와 글쓰기〉 과목을 들으며 느낀 점과 조금 더 성장한 나의 모습

② 전개- 첫 번째는 싫어하던 글이 좋아졌다는 것이다.

- 두 번째는 좋은 교수님을 만나게 된 것이다.

- 세 번째는 친구가 생긴 것이다.

③ 마무리- 〈교양세미나와 글쓰기〉는 나에게 힘들었지만 값진 강의였고 감사한 강의다.

**연습** 다음 글을 읽고 각자 문단 나누기를 해 보자. 그리고 각 문단의 핵심어를 찾아 주제문을 만든 후 글의 개요를 작성해 보자.

처음 '과제'라는 이름으로 다가왔던 이 작업이 그리 반갑지만은 않았다. 글쓰기에 익숙하지 않았기 때문에 글을 쓸 자신도 없고, 과제를 제대로 할 수 없을 것이라는 생각이 지배적이었기 때문이다. 그런데 막상 과제를 받고 나니 설명문이나 서사문보다 오히려 묘사문을 한 번 써 보겠다는 욕심이 생겼다. 이런 글을 써 보고 싶은 마음이 내 안에 있었을지도 모른다는 생각이 들어서 쉽지는 않겠지만 묘사문을 써 보기로 결심했다. 그리고 묘사문의 대상으로 음악공연예술대학 건물을 선택했다. 많은 곳 중에 굳이 이곳을 선택을 한 이유는 내가 속해 있고, 가장 자주 다녀서 잘 아는 곳이고, 특히 계명대학교 캠퍼스 중에서 가장 아름답다고 생각했기 때문이다. 음악공연예술대학 4층 연습실 창문을 통해 보이는 운동장 쪽 하늘은 구름 한 점 없이 깨끗했다. 밝고 맑은 햇볕이 운동하는 사람들에게 손을 뻗어 응원을 하는 듯 내리 쬐었고 가끔 반짝반짝거리며 나에게도 찡긋 눈인사를 하였다. 그러다 연습을 마칠 때쯤 다시 보고 싶어서 눈길을 돌리면 새파랬던 하늘이 달 뒤에 숨을 듯이 짙은 색깔로 바뀌어 어두워져 갔다. 음대 뒤쪽으로 난 길을 걷다가 디귿(ㄷ) 자 모양으로 생긴 건물 하나를 만났는데, 음악공연예술대학의 어느 다른 건물 보다 훨씬 더 웅장하게 서 있었다. 그런데 가만히 있으면 집어삼킬

것 같은 기세로 나를 노려보고 있어서 그 건물을 품고 있는 듯한 잔디밭으로 눈길을 돌렸다. 디근 자 건물 세 면에 다 걸쳐져 있으면서 그 건물에 둘려 싸여 있는 연두색 잔디는 건물의 기세에 아랑곳하지 않고 아주 편안하고 인자한 표정을 짓고 있었다. 숲 속 작은 동물들이 마구 뛰어 놀아도 될 것 같았고, 동네 꼬마 녀석들이 동물들과 함께 이리 저리 뛰어다녀도 될 것 같았다. 주변에 놓인 벤치에 앉아 재잘거리는 사람들의 이야기 소리는 마치 새들이 짹짹거리며 노래하는 것 같았다. 어느새 나는 숲 속의 잔치에 초대된 것 같은 기분이 들었다. 한참을 숲 속 축제의 흥겨움에 취해 있었다. 그 길에서 나와 음악공연예술대학 건물 안으로 다시 들어갔다. 새로 생긴 1층 카페에 가 보았더니 그곳에서는 또 다른 세계가 펼쳐졌다. 무채색으로 차갑게 느껴졌던 음대 바깥 건물과 달리 그곳은 투명한 유리로 되어 있어 따뜻함과 알록달록함이 함께 묻어 나왔다. 사람들이 각자 책 한 권씩과 커피 한 잔을 가지고 담소를 나누는 광경에 이끌려 나도 자연스레 동참하고 있었다. 카페를 빠져 나온 지 한참이 되었는데, 아쉬운 듯 커피 향이 한참 동안 내 주위를 맴돌았다. 이렇듯 내가 음악공연예술대학에 대해 느낀 점들이 있었지만 글로 다 표현할 수 없는 것들도 너무 많았기에 아쉬웠고, 이번 기회를 통해 이런 글을 적는 경험을 해보고 묘사문에 대해서도 더 알게 되어서 굉장히 좋았다. 그리고 우리 학교에 대해서도 사랑하는 마음을 더 많이 가지게 된 것 같다. 다음에 기회가 된다면 더 많은 것을 보고 더 많이 느껴서 원하는 것을 글로 다 표현할 수 있으면 좋겠다.

(학생 글)

# 글의 서술 방식

IV

지금까지 글쓰기의 과정과 글쓰기의 규칙을 공부하면서 한 편의 글을 완성했다면, 이제 좋은 글을 쓰기 위해서는 글의 서술 방식을 알 필요가 있다. 좋은 글은 사고와 표현이 결합된 글이다. 이 장에서는 생각을 잘 서술하고 표현하기 위한 방법, 즉 글쓰기의 수사학적인 측면을 생각해 보도록 한다. 수사학은 바로 아리스토텔레스의 정의를 빌면 "주어진 주제에서 설득하기에 가장 적합한 것을 찾아내는 기술 또는 능력"[1]을 다룬다고 할 수 있다. 따라서 다른 사람의 마음을 움직이는 설득력 있는 글을 쓰는 방법을 모색해야 한다.

우리는 영국의 대문호인 셰익스피어의 『베니스의 상인』을 예로 생각해 볼 수 있다. 르네상스 시기를 대표하는 작가 셰익스피어는 천재적인 문장력으로 독자를 감동시킨다. 아래 예시는 수사력이 뛰어난 셰익스피어의 대표작인 『베니스의 상인』에서 샤일록의 대사 중 일부를 발췌한 것이다.

> 그는(안토니오)는 날 모욕했고, 내 사업을 방해해
> 내가 오십만 더컷이나 손해 보게 했고,
> 내 손실을 보고 비웃었고
> 내 이익을 두고 조롱했으며,
> 내 민족을 조소했고 거래를 방해했으며,
> 나와 친구들을 이간질했고,
> 내 적들을 충동질했소.
> 그 이유가 무엇이요? 난 유대인이요.
> 하지만 유대인은 눈이 없소?
> 유대인은 손도 오장육부도 없고,
> 사지와 감각도 없고
> 욕구와 감정도 없단 말이요?

1 박성창, 『글쓰기의 수사학』, 서울대학교 교수학습개발센터 글쓰기 교실, 2004, p. 2에서 재인용.

우리 유대인도 당신네 기독교인들처럼
같은 음식을 먹고, 같은 무기에 상처를 입고,
같은 병은 같은 약으로 치료되고,
당신들처럼 여름이면 덥고
겨울이면 똑같이 추위를 느끼죠.
유대인은 찔러도 피가 나지 않소?
당신들이 간지럽게 해도
우리 유대인들은 웃지 않고,
독약을 먹어도 죽지 않을 것으로 아시오?
당신들이 우리에게 부당한 짓을 해도
복수하지 않을 것으로 생각하시오?
다른 일에 있어서도 우린 당신들과 같소.
이 일에 있어서도 우린 당신들을 닮았소.[2]

샤일록의 이 대사는 "유대인도 당신들과 동일한 사람이다."라는 단순한 한 문장으로 요약될 수 있다. 그러나 셰익스피어는 구체적인 예를 가져오면서 분노로 가득 찬 샤일록의 내면을 표현하고 있다. 이처럼 수사력을 갖춘 문장은 자신이 하고자 하는 말을 설득하는 데 매우 중요하다. 정확한 문장이 정보를 주고받는 의사소통의 기본이라 할 수 있다면 글의 목적에 맞는 서술 방식은 글 전체를 살아있게 만든다. 글의 목적에 맞는 서술 방식을 찾는 과정이야말로 글쓰기를 통해 상상력을 키울 수 있는 좋은 훈련 과정이며, 이 과정을 거치면서 비로소 우리는 글쓰기의 쾌감과 성취감을 체험할 수 있다. 글이 설득력을 지니기 위해서는 한 가지 형태의 서술방식 보다는 서사, 묘사, 설명, 논증 등의 방식을 골고루 활용하는 것이 좋다.

2 윌리엄 셰익스피어, 『베니스의 상인』, 김종환 역주, 계명대학교 출판부, 2013, pp. 104-105.

# 1. 서사

서사란 사건이나 행동의 추이를 서술하는 방법을 말한다. 서사는 일이나 사건의 흐름을 시간 순서대로 기술하는 서술 방식이라는 점에서 인간의 모든 활동과 관련된다고 할 수 있다. 따라서 서사는 신문의 사건 기사나 취재 일지, 그리고 역사 기록물 등에서 많이 활용된다. 서사는 실제로 일어난 일을 이야기하는 경험적 서사뿐 아니라 허구에 바탕을 둔 문학적 서사로도 사용된다. 문학의 여러 장르 중 서사에 가장 많은 기반을 두고 있는 것이 바로 소설이다.

**예시 1** 문학적 서사

초상집에서 날밤까지 새우고 온 뒤끝이라 최가는 그날 하루를 어떻게 때웠는지 몰랐다. 점심나절에는 회사창립기념 등반대회를 하던 중 오른발 회목을 접질려서 아킬레스 힘줄이 찢어지고 그 통에 복사뼈까지 탈구 · 함몰한 어느 회사의 중역이 실려 왔다기에, 수하의 전공의와 전문의 하나씩을 데리고 달굿대 엮듯이 쇠붙이 부목을 허벅지까지 대는 시술을 두 시간쯤 진두지휘했다. 환자의 사회적 지위에 맞춰 그처럼 요란하게 호들갑을 떠는 시술 행위도 병원 경영의 한 요령이었다.

그 이튿날 아침에는 술기운을 깡그리 빼놓겠답시고 아파트 인근의 자투리 공원에서 제자리 뜀뛰기로 십오 분쯤 땅을 다지자 이내 종아리에 알이 박혔다. 시장 안의 점포도 팔아치우고 그동안 여기저기에다 사재기해둔 다섯 군데 이상의 부동산에서 거둬내는 임대료로 마름처럼 뒷짐 지고 살아가던 형이 술병으로 명을 줄이자 뒤이어 모친까지 고질병의 조짐을 패악치듯 드러내던 금세기 벽두만 하더라도 어둑새벽에 일어나 그처럼 팔다리를 흔들고 구르면 짬이 날 때마다 마냥 즐겨 듣던 여러 선율이 최가의 귓바퀴에서 떨어지지 않았고, 동호인들끼리 힘을 모아 꾸려가는 단란주점형 재즈 카페로 달려가 색소폰을 불고 싶었다. 이제는 그런 규칙적인 일상이 늙어감에 따라 하나씩 빠져가는 이빨처럼 허물어지는 것이 언짢고, 며칠씩이나 빼먹은 그 일과 중의 하나를 다시 바꿔놓으려면 역정이 머리끝까지 불쑥불쑥 치솟았다. 음악 듣기와 악기 연주에의 몰입이야말로 유전자가 몰아올 여러 증상의 수치를 조절하는 관건임을 그는 오래전부터 자각하고 있었다. 그러나 그 즐김을 가로막고 있는 심신의 다양한 바로미터를 통해 그는 적잖은 나이를, 갈수록 가당찮은 생업을 절감하며 힘없는 울화를 잠재웠다.

그 다음날 오후에서야 주독이 거의 빠졌는지 뿔뿔이 뛰놀던 몸통과 사지와 머리가, 번개처럼 희번덕거리던 생각·잡념·의식·감정 등등이 겨우 부조(不調)* 기미를 지워가서 최가는 다소 진정했다. 챙겨야 할 일이 잔뜩 밀려 있었다. 우선 동업자 하나와 중고차 매매업을 하다가 들인 밑천까지 털어 먹고 전단지·가철박이 책자·무가정보지·지역신문 따위에 실을 지면용 광고의 대행업을 하겠답시고 출자 형식의 자본금을 일 년 거치로 빌려달라며 손을 벌리던, 처족이지만 처가 성씨와는 다른 사무장 이가를 불러들였다.

*부조 : 날씨나 건강의 상태가 고르지 못함

김원우, 『모서리에서의 인생독법』, 강, 2008, pp. 105-106.

위 예시문은 소설 작품의 일부라는 점에서 허구에 바탕을 둔 문학적 서사의 예를 보여준다. 만연체로 된 예시문을 자세히 보면 주인공의 행보가 시간 순서대로 잘 드러난다는 사실을 알게 된다. 예시문에서 시간의 흐름에 따른 주인공의 상태를 잘 알려주는 부분은

'점심나절에는', '그 이튿날 아침에는', '그 다음날 오후에서야' 등이다. 예시문의 문장이 다소 길고, 내용이 복잡해보여도 이런 표지에 주의하여 읽다보면 글의 전체 흐름을 쉽게 파악할 수 있다. 서사는 이처럼 시간과 공간 속에서 인물들이 만들어 가는 사건의 추이를 잘 설명하는 데 초점을 맞추고 있으며, 각각의 사건의 추이에는 논리적인 연관성이 있다는 사실을 알 수 있다.

**예시 2** 신문 속 사건의 서사

**化學物 운반선, 화물선과 충돌... 유독물 2만여t 실은 채 日로 떠내려가**

부산 앞바다에서 화학제품 운반선이 대형 화물선과 충돌한 뒤 화재가 나 표류하다 일본 영해로 떠내려갔다.

29일 오전 2시 15분쯤 부산 태종대 남동쪽 9.2마일 해상에서 울산을 떠나 시험 운항하던 바하마 국적 화물선 그래비티 하이웨이(GRAVITY HIGHWAY · 5만 5000t · 승선원 64명)호의 오른쪽 앞부분과 홍콩 국적 화학제품 운반선 마리타임 메이지(MARITIME MAISIE · 2만9211t · 승선원 27명)호 왼쪽 옆부분이 충돌했다. 화학제품 운반선은 유독성 화학물질 2만9337t을 싣고 28일 밤 11시 울산항을 출항, 중국으로 가던 중이었다. 충돌로 화학제품 운반선 왼쪽 측면 중앙에 지름 7~10m가량의 구멍이 나면서 불길이 치솟았다.

신고를 받은 부산 해양경찰서는 경비정 16척, 소방정, 헬기 등을 급파해 화학제품 운반선 선원 27명을 모두 구조했다. 선원 64명이 탄 화물선은 앞부분에 불이 났으나 자체 진화한 뒤 인근의 부산 감천항 수리 조선소로 이동했다. 화학제품 운반선에는 살충제 · 접착제 · 합성고무 용도의 인화성 물질이 실려 있어 해경은 화재 진압에 어려움을 겪다 사고 발생 8시간 만인 오전 10시쯤 큰 불길을 잡았다. 하지만 이 운반선은 불이 완전히 꺼지지 않은 상태에서 동력을 잃고 표류하다 오후 7시 30분쯤 일본 대마도 북동쪽 11마일 지점까지 떠내려가 일본 영해로 들어갔다.

해경은 "사고 선박의 나머지 탱크 18개에는 독성 화학물질이 실려 있다. 불이 완전히 꺼지지 않은 상황에서 다른 탱크들에 불이 붙으면 화재와 함께 폭발 사고가 발생, 배가 두 동강 나거나 탱크가 파손될 수 있기 때문에 화학물질이 바다로 유출될 개연성도 완전히 배제할 수는 없는 상황"이라고 말했다.

해경은 일본 해상보안청과 협의, 화학제품 운반선 처리는 해상보안청이 맡기로 하고 운반선을 일본 측에 인계했다. 해경은 선장과 항해사 등이 국내에 있기 때문에 사고 원인 등에 대한 관련 수사를 맡기로 하고, 정확한 사고 경위를 조사하고 있다.

권경훈, 조선일보, 2013. 12. 30.

실제 일어난 일을 이야기하는 위 신문기사도 시간성을 중요하게 생각하는 서사의 방식으로 서술되고 있다. 따라서 기사문을 읽어 보면 어떻게 해서 사건이 시작되어 어떻게 종결되는 지를 이해할 수 있다. 기사문의 핵심 내용을 시간과 장소의 표지에 따라 파악해 보면 사건은 29일 오전 2시 15분쯤 일어났으며, 사고 발생 8시간 만인 오전 10시쯤 큰 불길을 잡았으나, 불이 완전히 꺼지지 않은 상태에서 오후 7시 30분쯤 일본 대마도 북동쪽 11마일 지점까지 떠내려가 일본 영해로 들어갔다는 것이다. 이와 같은 서사 기법을 활용하여 아래 글을 써 보자.

**연습 1** 어제 하루 동안 내가 겪은 일을 서사 방식으로 표현해 보자. 이야기를 시간 순서대로 쓸 때는 각각의 사건에 논리적 연관성이 있도록 주의하자.

**연습 2** 최근 우리 사회의 관심을 끄는 사건을 시간 순서대로 써 보고, 그 사건의 원인과 결과를 살펴보자.

**연습 3** 시간적 · 공간적 · 논리적 순서를 생각하면서 한 편의 기행문을 써 보자.

# 2. 묘사

서사가 시간의 흐름과 밀접한 관련이 있는 서술 방식이라면 묘사는 어느 한 순간 포착된 사물의 두드러진 특징을 마치 사진을 찍거나 그림을 그리듯 보여 주면서 그 사물의 본질을 전달하려는 문장이다. 어떤 대상을 글로 읽었을 때 그 대상을 그림으로 그려낼 수 있다면 그 묘사문은 성공한 것이다. 이러한 묘사는 문학 작품에서 많이 사용된다. 문학작품에서 묘사가 많이 활용되는 것도 묘사를 통해 작가의 개성과 창의성이 담길 수 있기 때문이다. 만약 소설이 객관적인 정보를 전달하는 것을 목적으로 하는 설명을 중심으로 전개된다면 독자는 그 소설을 지루하게 느낄 수 있다. 사건이 펼쳐지는 공간적 배경에 대한 묘사, 인물의 외모에 대한 묘사, 그리고 인물의 심리 묘사에 이르기까지 다양한 묘사를 통해 대상은 구체적이며 입체적으로 선명하게 드러나게 된다. 소설이 마치 실제 이야기처럼 읽히는 것도 묘사의 서술 방식 덕분이다.

**예시 1**

해질 무렵이면 빛이 새어드는 그 살문은 창 없는 문으로 바뀐다. 길이와 넓이가 집 정면만한 작은 정원은 도로변의 담과 옆집 담으로 에워싸여 있다. 마치 자신을 완전히 감추어 버리기라도 하듯이 등나무 망토를 입은 것 같은 옆집은 그림 같은 효과를 불러 일으켜 파리 시내 보행자들의 시선을 끌고 있었다. 이 담들은 모두 과수장과 포도나무로 덮여 있는데, 갸름하고 먼지 낀 포도 열매는 보케르 부인에게는 매년 걱정거리였지만, 그녀가 하숙인들과 재미있게 나눌 수 있는 대화거리이기도 했다.

오노레 드 발자크, 『고리오 영감』, 이은숙 옮김, 계명대학교출판부, 2008, p. 13.

위 예시문은 프랑스 작가 발자크의 『고리오 영감』의 배경이 되는 하숙집을 묘사한 것이다. 이 중에서 가장 묘사가 잘 된 부분을 찾아보면 '마치 자신을 완전히 감추어 버리기라도 하듯이 등나무 망토를 입은 것 같은 옆집은'이다. 이 묘사를 통해 독자는 책을 읽는 것이 아니라 그림을 보는 것처럼 선명하게 소설의 배경을 상상할 수 있게 된다. 머릿속의 그림이 실체처럼 구체성을 띠게 된다는 말이다.

이러한 묘사는 인물을 보여주는 데도 활용된다. 소설에서도 인물의 외모나 심리를 묘사할 때 묘사를 많이 활용하지만, 기행문을 쓸 때도 낯선 곳의 인물은 묘사를 통해 살아난다. 아래 예시는 19세기말 프랑스 외교관인 이폴리트 프랑뎅이 조선을 여행했을 때 그의 눈에 포착된 조선인을 묘사한 대목이다.

예시 2

애초에 한국인은 흰 피부, 발육이 좋은 신체와 큰 키, 그리고 옅은 황갈색의 머리칼과 수염을 조상(祖上)으로부터 이어받았다. 그들은 자신들이 지닌 신체적 우수성에 자부심을 가졌고, 이러한 자부심은 그들의 민족성에 용맹성을 불어 넣었다. 한국인이 가진 생동감 있는 눈빛과 유연한 신체의 움직임은 몽골계 선조로부터 이어받았던 것이다.

끌라르 보티에 · 이뽈리트 프랑뎅, 『프랑스 외교관이 본 개화기 조선』,
김상희, 김성언 옮김, 태학사, 2002, pp. 13-14.

아래 예시는 19세기말 프랑스 시인인 조르주 뒤크로가 러시아를 거쳐 조선을 방문했을 때 그의 눈에 포착된 조선 여성을 묘사한 대목이다. 이 문장들은 우리가 그림을 그려볼 수 있을 정도로 조선 여성을 세밀하게 묘사하고 있다.

예시 3

인생의 고달픔을 겪는 것은 아낙네들이다. 그녀들은 나이가 들어 가면서도 검은 눈의 광채와 행동거지의 위엄을 잃지 않는다. 그 중에서도 아주 아름다운 여인들은 감탄할 만한 이마의 선, 대담함으로 가득 찬 눈썹의 곡선, 생기 있는 시선, 빈정거리는 듯한 코, 작은 입, 달걀형의 턱을 하고 있다. 아주 섬세하면서도 연약해 보이는 이 아름다움은 시간이 흐름에 따라 약간 둔화됐지만 결코 쇠락하지 않는, 아주 오래된 이 민족의 특성인 듯하다.

최미경, 『가련하고 정다운 나라』, 눈빛, 2006, pp. 74-75.

뒤크로의 이런 묘사는 당시 대부분의 프랑스 문헌들이 조선의 아낙네들을 추하게 묘사하는 것과는 달리 조선 여성의 아름다움을 조각해 낸다. 이와 같은 묘사는 어떤 지식을 관념으로 전달하지 않고 구체적인 실례를 통해 전달하는 효과를 자아낸다. 글이 구체성을 띠고 다채로운 표현으로 활력을 지님으로써 훨씬 설득력을 갖게 되는 것이다. 이밖에도 우리는 아래의 묘사적 서술 방식에서 감성이 깨어나는 것을 느낄 수 있다.

예시 4

**눈 깜짝할 사이**

전신에 뾰루지가 터진 듯 빨간 꽃을 다닥다닥 붙인 홍매화 한 그루가 꽃샘추위를 견딘 피로감을 시위하고 있었다. (중략) 생명이라기엔 푸석푸석한, 차마 잎사귀라고 이름 붙이기 어려운 깨알 같은 것들이 저희들끼리 뭉치고 있었다. 하루에도 몇 번씩 교차되는 삼월의 비와 햇빛 사이에서, 나와야 할 때를 정확히 알아 나뭇가지에 가뿐하게 매달려 있는 새순들은 쉽게 포기하지도, 섣불리 다른 자리로 옮겨 가지도 않는 정녕 힘 있는 것들이었다. (중략) 밤새 꽃망울을 더 터트린 벚꽃과 개나리와 백일홍으로 나른함이 생기로 바뀐다. 쏟아지는 시선과 탄성으로 사월은 한껏 부풀어 오를 테다. 출퇴근길을 함께 달리는 먼 산 숲에 연둣빛 불이 붙을 날도 이제 머지않았다.

이은숙, 영남일보, 2009. 3. 27.

**예시 5**

싸락눈이 문풍지를 때리고 있었다.
시렁에 매달린 메주가 익어가던 안방 아랫목에는 갓 탯
줄 끊은 동생이 포대기에 싸인 채 고구마처럼 새근거리고 있었다.

장옥관, 『그 겨울 나는 북벽에서 살았다』, 문학동네, 2013, p. 14,
'꽃 찢고 열매 나오듯'의 일부

**예시 6**

카메라 렌즈에도 담기지 않을 정도로 맑은 사람의 눈 (학생 글)

**연습** 다음 중 하나를 골라 묘사의 방식으로 글을 써 보자.

① 계명대학교 캠퍼스 중 마음에 드는 장소

② 내 기억 속의 여행지

③ 가장 친한 친구의 모습(눈, 입, 미소 등)

④ 부모님의 모습

⑤ 재미있게 본 영화의 주인공

# 3. 설명

대상에 자기 느낌을 담아내는 묘사나 사건을 시간 순서대로 서술하는 서사와는 달리 설명은 정확한 정보를 전달하는 것을 목적으로 한다는 점에서 가장 객관적인 내용을 담는다. 설명의 주된 목적은 개념을 사전식으로 전달하는 데 있다. 아래 예시는 르네상스 미술의 주요 개념인 원근법을 설명하는 문장들의 실례를 보여 준다.

**예시 1**

르네상스의 미술을 이야기할 때 빼 놓을 수 없는 것이 원근법이다. 원근법이란 삼차원적인 대상을 이차원의 평면에 재현하여, 눈에 보이는 이미지와 직접 시지각을 주는 대상이 일치하도록 하는 과학이다. 원근법에 의한 재현이 자연에 충실하기 위해서는 화가는 대상의 기하하적 구조를 보이는 선 원근법뿐 아니라 대상과의 거리에 따라 변하는 빛이나 색채의 농담을 보여주는 대기 원근법에도 통달하여야 한다. 한마디로 미술작품을 보는 관객은 화가가 위치한 거리, 바로 그 장소에 위치하여 시점을 공유한다는 것이다. 어원상 'perspective'라는 단어는 '분명히 보다(Optiké, perspicere)'라는 더 넓은 의미를 가졌으며, 고대와 중세에서는 시지각현상을 조사하여 이를 규칙의 형태로 진술하는 학문으로, 궁극적으로는 기하학 이론으로 발전되었다. 원근법은 중세에 들어와 오늘날의 의미로 정립되어 철학자나 수학자가 아닌 예술가의 관심거리로 부상된 것이다.

지오르지오 바자리 저, 『르네상스 미술의 명장들』, 박일우 편역, 계명대학교 출판부, 2008, pp. 266-267.

예시문에서 보듯이 어떤 개념에 대한 설명을 목적으로 하는 문장은 글쓴이의 주관적인 느낌을 최대한 배제한 채 객관적인 지식만을 간단명료하게 전달하려고 할 뿐이다. 이제 음악에 대해 설명하는 한 가지 예시를 더 살펴보도록 한다.

예시 2

5. 20세기 음악

• 일반적인 특징

20세기의 음악은 많은 형식이 나타나고 보수적인 것에서부터 아주 급진적인 악파에 이르기까지 아주 폭이 넓었다. 특히 1910년에서 1930년 사이에 씌어진 많은 작품들은 급진적인 실험 정신으로 아주 가득 차 있다. 그리고 1930년에서 50년 사이의 음악은 낭만주의 시대의 음악과 20세기의 급진적인 음악이 혼합되어 나타나는 현상을 볼 수 있다.

김 돈, 『일반인을 위한 서양음악의 이해』, 계명대학교 출판부, 2006, p. 244.

위 예시문에서 번호 5는 이 글이 각 시대별 음악의 특징을 설명하는 글 중 다섯 번째[3]를 차지한다는 정보를 전해 준다. 글쓴이는 20세기 음악의 특성을 자신의 주관적인 감상이나 해석 또는 비평적 견해를 배제한 채 건조체에 가까운 문장으로 설명한다.

3 앞부분은 르네상스, 바로크, 고전주의, 낭만주의를 설명한다.

**연습 1** 르네상스와 르네상스인이 각각 무엇을 의미하는지 설명해 보자.

그러나 이처럼 개념을 사전식으로 설명하고자 할 때, 글쓴이의 입장이 반영되기도 한다. 아래 예시는 소나무를 다양한 관점으로 설명한다. 『한국민족문화대백과사전』에서는 소나무를 아래와 같이 설명한다.

**예시 3**

### 소나무

소나무과 소나무속에 속하는 상록교목.

주로 솔나무 · 송목 · 적송 · 육송 등으로 부르며, 송유송(松油松) · 여송(女松) · 자송(雌松) · 청송(靑松) 등으로도 부른다. 학명은 *Pinus densiflora S. et Z.*이다. 높고 굵게 크는 나무로서 우리나라의 나무 가운데 은행나무 다음으로 큰 몸집을 갖고 있다.

잎은 바늘모양으로 짧은 가지 끝에 2개씩 뭉쳐나며, 밑부분은 엽초(葉鞘:입깍지)에 싸여 있다가 이듬해 가을 엽초와 함께 떨어진다. 겨울눈은 적갈색으로 은백색을 띠는 해송과 구별된다.

나무껍질의 빛깔은 대체로 위쪽은 적갈색이고 아래는 흑갈색이나 개체에 따라 차이가 있다. 꽃은 암수 한 그루로 5월에 피는데, 수꽃에 해당하는 소포자엽(小胞子葉)은 긴 타원형으로 새 가지의 아랫부분에 붙고, 암꽃에 해당하는 대포자엽은 계란 모양으로 새 가지의 끝에 붙는다.

꽃가루는 노랗고 공기주머니를 가지고 있어 멀리까지 전파되며, 다음해 가을에 솔방울이 익고 인편(鱗片)이 벌어지면서 씨가 땅으로 떨어진다. 솔방울은 계란형으로 길이 4×5㎝, 지름 3×4㎝이나 나무의 나이에 따라 크기에 차이가 심하다.

씨에는 날개가 달려 있는데 얇은 막질이며, 그 빛깔과 모양은 한 개체 내에서는 차이가 거의 없고 개체간에는 차이가 크다. 수분(受粉)은 첫해의 5월중에 이루어지기 시작하나 수정(受精)은 이듬해 5월중부터 이루어진다.

수분이 된 뒤에는 어린 솔방울의 인편이 유착되어서 전체적으로 밀폐된다. 일반적으로 40~50년생이 되면 종자 결실량이 크게 떨어진다.

소나무속은 잣나무 · 누운잣나무 · 섬잣나무 · 백송이 속하는 단유관아속(單維管亞屬)과 소나무 · 해송이 속하는 쌍유관아속(雙維管亞屬)으로 크게 나누어진다. 또 소나무는 종자의 날개가 길어서 피나스타절(Section Pinaster)에 속하며, 또 침엽이 한 다발에 2개, 봄에 자란 줄기나 가지가 단일절(單一節)이고, 솔방울은 개열성(開裂性)이라서 라리키오네스아절(Subsection Lariciones)에 속한다. 해송과 분류상의 위치는 같다.

우리나라에 자라는 소나무류로서 이와 비슷한 것에 만주흑송이 있다. 소나무는 해송과 자연잡종을 잘 만든다. 그 잡종송을 간흑송(間黑松)이라 하는데 대체로 줄기가 곧고 빠르게 자라며 형질이 우량하다. 소나무와 해송의 분포경계, 즉 해안 가까운 곳에 이러한 잡종송이 흔히 발견된다.

해안을 따라 분포해 있는 해송의 유전자는 이러한 잡종과정을 통해서 소나무가 자라는 내륙 쪽으로 전파되어 가는 유전자확산(遺傳子擴散) 현상을 나타낸다.

한국학중앙연구원, 『한국민족문화대백과사전』12권, 1993.

한편, 『종교학대사전』에서는 소나무를 아래와 같이 설명한다. 이 설명은 위 예시문과는 다른 관점에서 소나무를 정의한다.

예시 4

### 소나무

그리스 신화에 의하면, 소나무는 요정의 한 사람 피티스(Pitys)가 화신한 나무라고 한다. 그녀는 목신 판과 북풍의 신 볼레아스에게 동시에 사랑 받았는데, 판의 사랑을 받아들였기 때문에, 볼레아스로 불어 날려가서 슬픈 대지의 여신 가이아에 의해서 소나무가 되었다고도, 판을 피하기 위해서 변신했다고도 한다. 또한 고대 그리스의 이스토미아제에서는 승리의 심벌로서 소나무 가지가 선물되었다고도 하며, 로마인은 삼림과 황폐한 땅의 신 실바누스의 나무로 보았다. 유럽에서는 소나무를 전나무와 혼동하는 경우가 많으며, '불사', '장수', '영원한 젊음' 등의 상징적인 의미도 공통되어 있다. 소나무는 미국으로 이주한 청교도들의 표장도 되는데, 그들은 소나무를 각인한 〈소나무 화폐(pine-tree money)〉를 주조했다. 또한 메인주는 Pine Tree State라고 하며, 주장(州章)으로 소나무를 이용하고 있다. 소나무는 송풍이 나기 때문에 고대에 바람과 대화하는 식물이라고도 믿었으며, 또한 높은 산이나 해안 등 강풍이 부는 지역에 즐겨서 심었다고 하여서 켈트인은 호언의 상징으로 하였다. 꽃말은 〈가련〉, 〈대담과 성실〉.

종교학사전 편찬위원회, 『종교학대사전』, 1998.

한편, 생태역사학자는 생태역사학의 관점에서 소나무를 설명한다.

예시 5

한국인에게 소나무는 어머니와 같은 존재다. 소나무로 집을 짓고, 관을 만드는 등 이 나무는 한국인의 삶과 맥을 같이 했다. 솔잎으로는 송편도 빚어 먹었고 지붕에 던져 벌레를 막았다. 충남 연기군에서는 보름달에 청솔가지를 꺾어 지붕에 얹었는데, 이렇게 하면 지붕이 썩지 않고 노래기가 생기지 않았다. 2월에는 노래기 바늘주기 풍속이 있었다. 지네처럼 생긴 노래기가 지붕에 번성했는데 소나무 가지를 꺾어 "노락각시 바늘 받어."라고 소리치며 초가지붕 위로 던지면 노래기가 사라진다고 믿었다. 솔방울은 문인들의 사랑방을 향기롭게 해주는 기호품으로 인기가 높았다. 당말송초의 문헌인 『청이록靑異錄』에 "신라의 솔방울에는 몇 가지 등급이 있는데, 그중에서 옥각향이 가장 좋다."라는 기록이 보이며, 그 옥각향이란 것은 바로 솔방울의 일종이다.

강판권, 『역사와 문화로 읽는 나무사전』, 글항아리, 2010, p. 34.

"한국인에게 소나무는 어머니와 같은 존재다."라는 문장은 비유에 기대고 있다. 설명은 비유 또는 비교에 기대어 정보를 전달할 수도 있다. 이처럼 예시문들은 동일한 '소나무'를 설명하지만 글쓴이의 주관적 관점에 따라 각각 다른 정의를 새롭게 내리고 있다는 사실을 보여 준다. 이런 재정의에는 설명하는 자의 창의적 사고가 반영되어 있다.

### 연습 2

아래 단어들을 사전적 의미로 설명해 보자. 또 자신의 관점으로 재정의해 보자.

| 〈예시〉 | 사전적 정의 | 자신의 관점으로 재정의하기 |
| --- | --- | --- |
| 사랑 | | 영혼이 닮아가는 것 |
| 손녀 | | 할머니의 해피 케이크 |
| 외로움 | | 늦은 밤 혼자 듣는 발라드 |
| 깃털 | | 입대 한 달 만에 떠나버린 여자친구 |
| 눈물 | | 인생의 바닥에서도, 인생의 꼭대기에서도 불쑥 고개를 들이미는 아이 |
| 전공, 결혼, 가족, 사회, 꿈, 성공, 돈, 명예, 용기, 행복, 말, 공부 등 | | |

위 예시에서 '사랑은 영혼이 닮아가는 것'으로 설명한다면 이것은 비유적인 설명이다. 이처럼 글쓰기는 사물이나 개념에 나름대로 이름을 붙이는 것이다. 이런 식으로 그동안 수없이 되풀이되어 익숙해진 개념들, 다시 말해 스스로의 사고과정을 거칠 여유도 없이 받아들인 개념들을 자신의 관점으로 재정의 하다 보면 그것이 바로 창의적 글쓰기의 출발점이 된다.

# 4. 논증

논증은 자신이 옳다고 생각하는 명제에 대하여 적절한 근거를 제시하여 그것이 왜 옳은지를 밝히고 독자를 설득하는 것을 주된 목적으로 하는 서술 방식을 말한다. 대학 학업에서 작성하는 리포트나 논문도 '설득'하려는 목적을 지니고 있다. 묘사가 글쓴이의 감성을 적극적으로 반영한다면 논증은 냉철한 이성적 작용을 반영한다. 논증을 잘하기 위해서는 주제문이 분명해야 한다. 주제문을 중심으로 자신의 주장을 펼치기 위해서는 객관적인 자료 조사가 필요하다. 자신의 주관적인 생각이나 막연한 느낌만으로는 상대편을 설득할 수 없기 때문이다. 설득을 목적으로 하는 논증의 서술 방식은 최대한 간결하고 단호한 느낌을 주는 것이 바람직하며, 핵심 개념에 대한 설명을 포함해야 한다.

요즘 이슈가 되고 있는 존엄사에 대해 반대 입장을 나타내는 아래 예시는 논증의 바람직한 유형을 보여준다.

예시 1

**'생명연장치료 중단' 권고안에 빠진 것들**

대통령직속 자문기구인 국가생명윤리위원회 산하 '무의미한 연명치료 중단 제도화 특별위원회'가 지난 20일 '무의미한 연명치료 중단 권고안'을 공개했다. 5차례의 논의를 통해 '의사 2인 이상이 의학적으로 회생 가능성이 없고 원인 치료에 반응하지 않으며, 급속도로 악화돼 임종 단계에 접어들었다고 판단된 환자에 대해 심폐소생술 · 인공호흡기 · 혈액투석 · 항암제와 같은 치료를 자기 결정권에 따라 혹은 가족의 동의로 중단'하도록 한 내용은 타당해 보인다. 그러나 이 권고안은 이후 반드시 포함되어야 할 몇 가지 과제를 우리에게 숙제로 던져주고 있다.

첫째, 임종 환자에 대한 관리 지침이 마련되어야 한다. 권고안 내용이 주로 치료 중단에만 초점이 맞춰져 환자 중심의 배려가 아니라 방어적인 측면이 더 강조되었다. 예를 들어 연명치료 중단에 대한 내용만 있지, 임종 환자를 의학적으로 그리고 인간적으로 어떻게 돌볼지에 대한 내용이 빠져 있다. 임종 단계에선 품위 있게 삶을 마무리하는 것이 중요하다. 이를 위해선 통증 등 증상 관리와 함께 신체적 · 정신적 · 사회적 · 영(靈)적인 배려와 인간적인 나눔이 반드시 필요하다. 이를 위해서는 죽음을 종말이 아닌 삶의 완성으로 바라보는 시각의 전환이 전제되어야 한다. 또 의료 현장에서 이를 적용할 수 있는 '임종 환자 관리 지침'이 마련되어야 한다.

둘째, 사회적 안전장치를 위한 정책이 나와야 한다. 사회경제적 부담이 자기 의사 결정에 영향을 미친다는 사실을 고려할 때 사회적 안전장치가 마련되지 않으면 이 권고안은 실효성을 거두기 어렵다. 치매나 암을 앓고 있던 노부모들이 자녀들에게 부담을 주고 싶지 않아 동반 자살하는 사건도 있었다. 이런 사례도 있듯이 연명치료 중단 권고안은 생명을 경시하는 풍조를 조장할 수 있다. 그래서 연명 치료를 중단할 때는 국가가 국민의 생명을 포기하는 것이 아니라 죽음만큼은 품위 있게 마무리할 수 있도록 책임진다는 믿음이 전제되어야 한다.

치료 중단은 쉽다. 그러나 돌봄의 제도를 만드는 것은 어렵다. 간호 인력이 필요하고 재정이 뒷받침되어야 한다. 비참한 죽음은 남은 가족에게 미련과 죄책감을 준다. 특히 가족이나 정부가 경제적 이유로 환자를 포기한 것과 같은 인상을 주지 않아야 한다. '치료의 중단'이 아닌 환자를 위한 '올바른 치료의 선택'이 되어야 한다. 연명치료 중단의 윤리적인 측면이 논란이 되었던 선진국에서는 이미 임종 환자 돌봄을 국가 어젠다로 제시하고 호스피스 제도를 발전시켰다. 캐나다는 국회가 나서서 '캐나다인의 권리'로서 연방정부가 5개년 계획을 세우고 매년 그 실적을 국회에 보고하게 했다.

셋째, 권고안을 의료 현장에 적용했을 때 예상되는 부작용에 대한 분석과 대처 방안이 마련되어야 한다. 본인의 의사와 달리 환자 가족들의 합의로 처리되었을 때는 여러 문제가 발생할 수 있으므로 어떤 상황이 일어날지에 대한 자료를 제시함으로써 국민의 불안감을 잠재워야 한다. 특히, 돌봄의 대안이 제시되지 않은 상황에서 이 예측은 정책을 실현하는 데 매우 중요하다.

현재의 권고안은 임종 환자의 돌봄에 대한 안전장치가 마련되지 않은 채, 연명치료의 중단만 선택하도록 암묵적으로 강요하고 있다는 인상을 지울 수 없다. 정부는 임종 환자가 삶을 아름답게 마무리할 수 있도록 호스피스를 제도화하고 사회 · 경제적 지원을 위한 안전장치를 서둘러 마련해야 한다.

윤영호, 조선일보, 2013. 5. 25.

위 예시를 분석해 보면 다음과 같은 개요를 도출할 수 있다.

주제: '생명연장치료 중단' 권고안에 빠진 것들

주제문: '생명연장치료 중단' 권고안에는 더 포함되어야 할 사항이 있다.

도입부: '생명연장치료 중단' 권고안은 반드시 포함되어야 할 몇 가지 과제를 우리에게 숙제로 던져 준다.

첫째: 임종 환자에 대한 관리 지침이 마련되어야 한다. (사례 제시)

둘째: 사회적 안전장치를 위한 정책이 나와야 한다. (사례 제시)

셋째: 권고안을 의료 현장에 적용했을 때 예상되는 부작용에 대한 분석과 대처 방안이 마련되어야 한다.

맺음말: 정부는 임종 환자를 위한 사회 · 경제적 지원을 위한 안전 장치를 서둘러 마련해야 한다.

예시는 "'생명연장치료 중단' 권고안에는 더 포함되어야 할 사항이 있다."라는 문장을 주제문으로 삼고, 각각의 개요에 따라 논리를 전개하고 있다. 이 글에서 개요는 각 문단의 중심 문장의 역할을 하고 있으며, 각각의 문단은 두괄식으로 구성되어 주장을 강하게 전달하고 있다. 뿐만 아니라 각각의 주장은 '예를 들어'에 뒤이은 사례와 더불어 타당성을 확보한다. 존엄사를 찬성하는 아래 학생의 글 또한 논증의 예를 보여 준다.

예시 2

### 존엄사를 찬성한다

사람들은 옛날부터 불로장생을 꿈꿔왔다. 이러한 인간의 욕망으로 의학 기술은 빠르게 발전되었다. 그 결과 병에 걸린 많은 사람들은 현대 의학 기술로 인해 다시 건강해질 수 있는 기회를 얻었다. 분명 의학 기술의 발달은 인간에게 삶의 질을 높일 수 있는 매개체 중 하나인 것은 확실하다. 하지만 경제 성장과 함께 국민의식이 성숙해짐에 따라 존엄한 죽음에 대해 깊게 생각하게 되었다. 그래서 존엄사는 현대 사회적 논의의 떠오르는 주제가 되었다.

존엄사란 인간으로서 지녀야 할 최소한의 품위와 가치를 지키면서 죽을 수 있게 하는 행위이다. 존엄사는 윤리적, 종교적, 법적, 의학적 문제들이 복합적으로 얽혀 있어 오랫동안 논란이 계속 되고 있다. 하지만 요즘은 무의미한 연명 치료가 신체 침해 행위로서 오히려 인간의 존엄과 가치를 해하는 것이라 하여, 존엄사는 여러 나라에서 폭넓게 인정하는 분위기이다. 나는 이러한 시대적 흐름에 따라 존엄사에 대해 깊게 생각해보았고, 여러 차례의 생각 끝에 존엄사는 반드시 필요하다고 결론을 내렸다. 여기 내가 존엄사를 찬성하는 몇 가지 이유가 있다.

첫째, 환자의 예후나 삶에 도움이 되지 않는 치료는 무의미한 연명 치료이다. 전혀 개선될 의지가 없는 무의미한 생명의 연속은 환자뿐만이 아니라 그 가족에게도 고통으로 다가갈 수 있다. 병원은 죽음에 가까운 단계에 다다른 환자를 살리기 위해 산소마스크를 끼우고, 튜브를 몸에 삽입한 채 여러 기계로 생명을 연장시킨다. 하지만 기계의 연결선을 제거하는 순간 환자는 목숨을 잃을 것이다. 이러한 무의미한 생명 연장 치료는 병원의 이익 창출의 도구일 뿐, 생명 존엄에 대해서

병원이 주장하는 것은 구실에 불과하다. 본인과 가족이 생명 유지 장치에 대해서 거부했다면 생명 유지 장치를 해서는 안 된다.

둘째, 존엄사는 환자와 가족들의 정신적, 경제적 부담을 덜어 준다. 사람의 목숨 값은 무한이라고는 하지만, 현실적으로 볼 때 환자의 치료에 들어가는 비용은 가족들에게 부담이 갈 수 밖에 없다. 물론 환자가 치료를 해서 살 수 있을 때는 문제가 되지 않는다. 하지만 최선의 의학적 치료를 다하였음에도 회복 불가능한 사망의 단계에 이르렀을 때는 환자 본인뿐만 아니라 가족들도 정신적, 경제적으로 굉장히 고통스럽고 모두가 지치게 된다. 회복 가능성으로 하는 치료가 아닌 현 상태를 유지하기 위하여 이루어지는 무의미한 연명 치료를 중단하고 자연적 죽음을 받아들임으로써 환자의 존엄성을 지키고 가족들의 심적 부담을 덜 수 있다.

셋째, 사람은 자신의 삶에 대한 자기 결정권이 있다. 사람에게 살 권리가 있다면 삶을 매듭짓는 죽을 권리도 반드시 필요하다. 죽음의 단계에 다다른 환자에게 여러 기계에 의해 무의미하게 생명을 연장시키는 것이 과연 환자에게 행복한 삶이 될 수 있을까. 대표적 사례로는 2009년 2월 19일, 김수환 추기경은 기계에 의해 목숨을 늘리는 모든 연명 치료를 거부하고 조용히 삶을 마감했다. 추기경은 평상시 '말기 환우들의 영혼과 육체, 인간으로서의 존엄성을 마지막까지 지킬 수 있도록 도움을 주는 일이야말로 가장 숭고한 것' 이라고 말해 왔다. 결국 그의 뜻을 존중해 준 사람들 덕분에 추기경은 자신의 소망대로 인간의 존엄성을 지키는 죽음을 맞이할 수 있었다. 많은 환자들은 흔히 "이렇게 사느니 차라리 죽는 것이 편하겠다."라는 말을 한다. 환자가 인간으로서의 존엄과 가치 및 행복을 추구할 수 있는 권리에 기초하여 자기 결정권을 행사하여 존엄사를 선택했을 때 기계에 의해 생명이 연장되는 것보다 행복하게 삶을 끝내는 방법이라고 생각하면 환자의 의사를 존중해 주어야 한다.

인위적 행위에 의해 죽음을 앞당기는 안락사와 다르게 존엄사는 질병에 의한 자연적 죽음으로 인간의 최소한의 품위를 지키면서 생을 마감할 수 있는 안락사와는 다른 개념의 단어이다. 이러한 존엄사의 의미로 존엄사에 대해 긍정적으로 생각하는 사람들이 점점 늘고 있다. 자연의 법칙에 따라 삶을 끝내고 싶어도 현대 의학 기술의 발달로 인해 무의미하게 연장해 주는 삶은 인간에게 더 고통스러운

짐을 주는 것과 같다. 인간의 목숨은 그 어떤 것보다 소중하다. 하지만 그만큼 사람의 행복할 권리와 자신의 삶의 결정 또한 존중받아야 한다. 그러므로 존엄사를 허용하되, 엄격한 조건을 두는 것이 좋다. 많은 고난과 역경이 있을 지라도 인간의 존엄을 지키기 위해 사회는 그 합의점을 찾아야 할 것이다.

(학생 글)

"존엄사를 찬성한다."는 이 글은 도입부에서 논제의 배경과 핵심 용어를 설명하면서 저자의 입장을 명확히 표명하고 있다. 글쓴이는 자신의 입장을 첫째, 둘째, 셋째로 나누어 명쾌하게 전달하고 있을 뿐 아니라, 사례를 동반하여 각각의 주장을 설득해 나가고 있다. 글쓴이의 주장이 설득력을 지닌다면 그것은 바로 자신의 입장을 주장하기 위한 풍부한 지식과, 논리적인 흐름과 비교적 잘 정돈된 문장 덕분이라고 할 수 있다. 뿐만 아니라 이 글에 배어 있는 다소 감성적인 호소도 글쓴이의 주장에 설득력을 더해 주는 요인이 된다.

**연습 1** 아래 주제를 가지고 논증의 방식으로 글을 써 보자.

① 주제 1: 국가에 의한 강제 절전은 중단되어야 한다.

② 주제 2: 동성결혼은 합법화되어야 한다.

③ 주제 3: 여성가족부는 폐지되어야 한다.

**연습 2** 위의 주제를 가지고 논증문을 완성한 후, 서로 반대 입장을 가진 학생끼리 2인 1조가 되어 짧은 토론을 해 보자.

# 정보전달을 위한 글쓰기

V

# 1. 정보전달을 위한 글쓰기의 의미

현대사회를 특징짓는 용어 가운데 대표적인 것이 바로 정보사회라는 말이다. 정보사회에서는 정보 자체가 사회적 가치를 갖는다. 즉, 정보가 화폐가치를 가지며 자본이 되는 사회이다. 오늘날 현대인은 정보의 홍수 속에서 필요한 정보를 수집하고, 자신의 정보를 정확하게 전달할 것을 요구받고 있다. 현대인은 다른 사람이 가지고 있는 정보를 수집하여 자신의 정보 수준을 향상시키기도 하고, 자신의 정보를 전달하는 과정에서 정보의 생산과 유통에 참여하게 된다. 이런 정보의 생산과 유통 과정에서 자신이 알고 있는 정보를 다른 사람들이 이해할 수 있도록 설명하고 전달하는 능력은 매우 중요하다.

정보전달을 위한 글쓰기를 할 때는 다양한 정보를 수집하고 정리하여 독자에게 제공하는 능력이 요구된다. 단순히 수집한 정보를 전달하는 것에 그치지 않고, 수집한 정보를 분석하고 독자의 요구에 부합하도록 재구성해야 한다.

이때, 정보의 진실성에 관심을 기울여야 한다. 정보전달을 위한 글쓰기에서 핵심적인 요소는 글을 쓰는 사람이 다루는 정보이다. 따라서 진실한 정보를 수집하는 것은 정보전달자의 핵심적인 의무이다. 수많은 정보 가운데 진실한 내용을 수집하고, 정보를 과장하거나 축소하지 않고 있는 그대로 전달하기 위한 노력을 기울여야 한다.

수많은 정보 속에서 어떤 정보를 선택하고, 선택한 정보를 어떻게 표현할 것인가의 문제는 정보전달을 위한 글쓰기에서 결코 쉽지 않은 과제이다. 이런 과제를 달성하기 위해서, 정확성, 객관성, 간명성, 책임성 등의 요소를 갖추어야 한다. 이 요소의 구체적인 내용에 대해서 알아보도록 하자.

정보전달을 위한 글쓰기에서는 무엇보다 정보의 정확성이 중요하다. 왜냐하면 정보전달을 위한 글쓰기에서 글의 주된 내용은 정보이기 때문이다. 따라서 정보전달자는 정보의 정확성을 확보하기 위하여 노력을 아끼지 말아야 한다. 이때 고려해야 할 것은 다음과 같다.

첫째, 정보의 양과 질이다. 정확한 정보를 전달하는 일이 모든 정보를 포함해야 한다는 것은 아니며, 정보의 질에 있어서도 반드시 높은 수준을 요구하는 것은 아니다. 정보를 전달받아야 하는 대상의 요구에 따라서, 그리고 그들의 정보 수용 능력의 수준에 따라서 정보의 양과 질을 결정해야 한다. 너무 많은 양의 정보를 전달하고자 하거나, 지나치게 전문적인 정보를 포함하면 제대로 된 정보전달에 실패할 수 있다는 점을 정보전달자는 유념해야 한다.

둘째, 정보에 대한 흥미를 상실하지 않도록 주의한다. 아무리 정확한 정보라고 하더라도 독자들이 흥미를 가질 수 없는 정보라면 정보전달의 목적을 달성하기가 어렵다. 유용한 정보란 독자들이 필요로 하는 것이며, 독자가 필요로 하는 정보란 흥미를 끌 수 있는 것이라는 점을 잊지 말자.

셋째, 정확성을 담보하기 위해서 육하원칙을 고려한다. 육하원칙은 '언제, 어디서, 누가, 무엇을, 어떻게, 왜'로 구성된다. 육하원칙은 기사문 작성의 가장 기본적인 요소이다. 기사문의 생명이 정확성이라는 점을 고려한다면, 육하원칙이 가지는 의미를 쉽게 이해할 수 있다. 육하원칙에 따른 정보의 제공은 가장 합리적이고 정확하게 정보를 이해하는 데 도움을 준다.

정보전달을 위한 글쓰기에서는 전달하고자 하는 정보의 객관성을 반드시 확보해야 한다. 사실에 대한 정보를 전달하기 위한 글에서 객관적인 정보를 확보하는 것은 매우 중요하다. 그렇다면 객관성을 확보하는 방법에는 무엇이 있을까? 객관적인 정보를 수집하기 위해서는 다양한 정보를 검토하는 노력이 선행되어야 한다. 정보를 폭넓게 수집하여 분석하고, 정보를 얻은 통로를 정확하게 밝혀야 한다. 정확한 출처는 정보의 객관성을 확보할 수 있는 한 가지 방법이다.

이처럼 사실에 대한 정보를 전달하기 위해서는 객관성을 확보하는 것이 가장 중요한 요소이다. 반면, 정보전달의 효과를 높이기 위해서 주관적 해석을 가미할 수도 있다. 이 점은 매우 모순된 것으로 보일 수도 있지만, 자신의 주관적인 느낌이나 입장이라는 것을 밝히면서 정보를 전달하는 것은 독자들의 이해를 돕는 방법일 수 있다. 예를 들어, 최근 얼리 어답터(early adopter)들의 활동은 소비자들의 정보 수집에 실질적으로 기여하는 바가 크다. 그들은 자기 취향과 상품 소비 경험을 솔직하게 밝히면서, 쏟아지는 신상품에 대해서 상품 후기를 제공하고 있다. 주관성이 개입된 정보전달을 위한 글쓰기이지만, 그들이 제공하는 정보는 신뢰받고 있고 소비에 직접적인 영향을 미치는 면이 있다는 점도 고려하자.

정보전달을 위한 글쓰기의 문체는 간결해야 한다. 간결한 문체는 힘이 있고, 정확한 내용을 전달하는 데에 있어서 효과적이다. 지나친 수식이나 과장된 표현은 사실적인 정보를 전달하는 과정에서 신뢰를 확보하는 데에 부정적인 영향을 미칠 수 있다. 따라서 정보를 전달하는 글쓰기에서는 간결하고 명확한 표현을 하도록 해야 한다.

간결한 문체를 쓰기 위해서는 한 문장에 하나의 생각을 표현하는 것이 좋다. 이런 문체는 가독성을 높일 수 있으며, 전달하고자 하는 바를 명확하게 전달하는 효과를 갖는다. 정보전달을 위한 글쓰기에서는 정보의 이해를 돕는 쉽고 정확한 어휘를 활용하고, 단순한 문장으로 표현하여 길고 짧은 문장을 리듬감 있게 배치할 필요가 있다. 정보의 수준을 확보하기 위해서 지나치게 어려운 어휘를 사용하면 정보전달에 오히려 방해가 될 수 있으며, 간결한 문체로 작성한다고 해서 짧은 문장을 반복적으로 배치하면 글이 지루해지기 십상이다.

모든 글에서 글쓴이는 자기 글의 내용에 대한 책임감을 가져야 한다. 특히 정보전달을 위한 글쓰기에서는 글쓴이의 책임성은 특히 더 중요하다. 글쓴이가 전달하는 정보가 부정확하거나 미비한 내용이라면, 글쓴이를 신뢰하고 정보를 수용한 독자들은 피해를 입을 수 있기 때문이다. 따라서 정보의 출처를 명확하게 제시해야 한다. 자신이 생산한 정보가 아니라, 타인의 정보를 인용할 경우에는 원작성자를 밝혀야 한다. 그렇지 않을 경우, 저작권 또는 표절과 관련한 윤리적인 문제를 야기할 수 있다.

타인이 생산한 정보를 활용하여 정보를 전달하고자 할 때는 정보를 유포하는 자신의 책임성을 인식하고 있어야 한다. 따라서 정보가 가지는 성격이나 정확도 등을 면밀히 분석하고 자기 정보로 활용하도록 해야 하며, 이때도 자기가 생산한 정보가 아니라면 정보의 출처를 명확하게 밝혀야 한다. 최근에는 인터넷에서 쉽게 정보를 수집하고 그 정보를 마치 자신의 생각이나 관점인 것처럼 활용하는 경우가 있다. 이런 자세는 매우 위험한 범법 행위가 될 수 있다.

# 2. 정보전달을 위한 글쓰기의 방법

정보전달을 위한 글쓰기의 일차적인 단계는 정보 수집의 단계이다. 정보 수집 단계에서 확인해야 할 사항은 다음과 같다. 먼저, 정보전달의 목적을 파악한다. 정보전달의 목적은 다양하다. 예를 들어서, 기사문과 역사적 사실을 기술한 사료 등은 사실 전달을 목적으로 하는 것이다. 그리고 상품 안내서, 법규 설명, 입시 요강 등 어떤 것에 대한 정보 자체를 설명하는 것을 목적으로 하는 것이 있다. 그 밖에도 여러 나라의 사회복지정책에 대한 비교, 다양한 가족 형태에 대한 소개, 상품 정보 비교 등 지식의 폭을 넓히는 것을 목적으로 하는 정보전달도 있다.

정보를 수집할 때는 정보를 전달할 대상을 정확하게 파악해야 한다. 독자가 누구인가에 따라서 정보의 양과 수준을 결정해야 하기 때문이다. 또한 글쓰기를 시작하기 전에 독자의 수준과 흥미도 등을 고려한 글쓰기 계획을 수립해야 한다. 수집할 정보의 내용과 깊이는 정보전달의 대상에 따라서 달라질 수 있다.

정보를 수집할 때, 정보 수집의 범위를 파악해야 한다. 오늘날에는 다양한 정보 수집 경로가 있다. 인터넷, 신문, 방송, 책 등 정보의 홍수는 현대인을 혼란에 직면하게 한다. 그러므로 정보전달을 위한 글쓰기에서 정보 수집의 범위를 어느 수준으로 결정할 것인지는 매우 중요하다. 고급 정보를 수집하고자 하고 정보의 객관성과 정확성을 높이고자 한다면, 정보 수집의 범위를 넓게 잡고 총체적으로 수집한 후에 유용한 정보를 선택하도록 한다. 그러나 정보를 많이 수집한다고 해서 반드시 적합한 정보를 얻는다는 보장을 할 수는 없기 때문에, 글쓰기를 시작하기 전에 정보 수집의 범위를 어느 정도 설정해두는 것이 바람직한 방법이다.

정보를 수집한 다음 단계로는 수집한 정보를 분류하고 체계화하는 것이다. 정보를 수집해보면 많은 정보가 병렬적으로 뒤섞여 있는 경우가 허다하다. 그렇기 때문에 자기가 필요로 하는 정보는 스스로 수집해서 분류하고 체계화 하는 과정이 필요하다. 정보를 수집했다고 해서 모든 정보를 무조건 자신의 글에 수용하는 것이 아니라, 수집한 자료 가운데 신뢰할만한 가치가 있는 자료를 선별하고, 자신이 전달하고자 하는 정보에 부합하는 자료를 재구성하는 과정이 필요하다.

정보전달을 위한 글쓰기를 실행하고 마지막으로 완성 단계에서 유의할 사항은 다음과 같다. 첫째, 정보의 성격을 이해하고 종합하도록 한다. 수집한 정보를 병렬적으로 제시하는 것이 아니라 주제에 부합하도록 체계적으로 구성하고, 한 발 더 나아가 글쓴이가 수집한 정보를 종합하여 새로운 정보를 제공한다면 글의 수준을 높일 수 있다. 정보전달을 위한 글쓰기의 목표를 객관적인 정보를 수집해서 전달하는 역할로 제한하지 않고, 좀 더 능동적으로 정보를 해석하고 종합하는 것으로 설정해 볼 수 있다.

둘째, 정보전달의 표현법을 다양하게 구성해 본다. 사실에 대한 단순한 설명에 그치는 것이 아니라, 정보의 비교와 분석 그리고 묘사 등 다양한 표현법을 활용할 필요가 있다. 이때, 그림이나 사진 등을 활용하면 독자의 이해를 도울 수 있고 흥미를 유발하기에도 용이하다.

셋째, 정확한 정보를 사용했는지 검토해야 한다. 정보전달을 위한 글쓰기의 완성 단계에서는 자신이 사용한 정보가 왜곡되거나 과장된 면은 없는지 확인하는 과정이 필요하다. 정보전달을 위한 글쓰기의 생명은 정확한 정보를 전달하는 것이다. 따라서 글쓰기의 완성 단계에서는 전달한 정보에 대해 검증을 한다는 자세로 글을 다시 한 번 검토해 보는 것이 바람직하다.

# 3. 정보전달을 위한 글쓰기의 유형

정보전달을 위한 글쓰기의 종류에는 설명문, 보고문, 기사문, 제품 사용 설명서, 조사 · 답사 보고서, 실험 · 관찰 보고서, 안내문, 역사적 사료 등 객관적인 사실이나 관찰의 결과 등을 알려주는 글이 속한다. 여기서는 설명문, 보고문, 기사문을 중심으로 살펴볼 것이다.

## 1) 설명문

### (1) 설명문의 개념과 특성

설명문은 자신이 가지고 있는 정보를 독자에게 알려주고, 독자의 이해를 돕는 것을 목적으로 하는 글이다. 그러므로 설명문은 자신의 주관적인 입장보다는 객관적인 정보를 바탕으로 작성하는 것이 바람직하다. 물론 글쓰기 과정에서 완전히 주관적인 입장을 배제할 수는 없겠지만, 설명문의 본래 목적을 달성하기 위해서 객관적인 사실을 근거로 하면서 하나의 주제에 대한 일관성을 유지하는 글쓰기를 하도록 한다. 만약 설명문을 작성하는 과정에서 주관적인 입장이 포함되었다면, 그 사실을 분명히 밝히도록 한다.

이때 독자의 수준과 관심을 고려하면서 독자의 입장에서 글을 쓰도록 한다. 독자가 정보에 대해서 모른다는 전제하에 쉽고 정확한 문장으로 표현하면 이해를 돕는 데 효과적이다. 설명문의 형식은 머리말(서론), 몸말(본론), 맺음말(결론)로 구성된다. 머리말에서는 설명하고자 하는 대상과 설명 방법을 소개하고, 몸말에서는 머리말에서 제기한 내용을 체계적으로 작성하며, 맺음말에서는 설명한 정보의 의미와 미처 다루지 못한 내용 등을 기술한다.

### (2) 설명문 작성 방법

설명문을 작성하는 방법은 비교하기, 분석하기, 대조하기, 분류하기, 예시하기, 정의하기, 인용하기 등 다양하다. 여기서는 비교하기와 분석하기를 중심으로 설명문 작성 방법을 살펴보기로 하자.

#### 가) 비교하기

비교란 어떤 대상을 다른 대상과 서로 견주어서 공통점과 차이점을 살피는 것이다. 비교는 전달하려는 정보를 더욱 명확하게 할 수 있는 방법이므로, 정보전달을 위한 글쓰기에서 빈번하게 활용되는 표현법이다. 비교하기는 전달하려고 하는 정보를 단순히 설명하는 것에서 나아가서, 다른 대상과의 공통점과 차이점을 중심으로 설명하기 때문에 더욱 풍부한 정보를 전달할 수 있으며 정보의 질을 높이는 효과가 있다. 비교를 활용한 글쓰기에서는 다음과 같은 사항을 유의해야 한다.

첫째, 비교 대상의 정합성을 파악한다. 비교하고자 하는 대상이 같은 기준과 범주를 적용할 수 있는지 평가한다. 가령 동양 문화의 특징에 대한 정보전달을 목적으로 설명하는 글을 작성할 때는 동 · 서양의 문화적 차이를 쉽게 비교할 수 있는 음악, 미술, 건축, 음식, 의복 등을 비교 대상으로 선택하는 것이 효율적인 방법이다.

둘째, 비교 대상의 정보를 수집한다. 비교를 활용한 글쓰기를 잘하기 위해서는 비교 대상에 대한 정확한 정보를 수집해야 한다. 이미 전달하고자 하는 정보가 있기 때문에 그 기준에 따라서 일관성 있는 정보를 수집하고 설명한다.

셋째, 비교 대상의 정보를 분석한다. 비교 대상에 대해 수집한 정보를 분석하여 객관성, 정확성, 간명성 등을 기준으로 설명한다. 이때 정보 분석과 활용에는 책임이 따른다는 것을 잊어서는 안 된다. 그러므로 개인적인 정보에 대한 평가와 느낌을 설명할 때는 자신의 주관적인 입장이라는 것을 밝히도록 한다.

넷째, 공통점과 차이점 가운데 부각시킬 요소를 선택한다. 공통점과 차이점 가운데 어떤 요소를 비교하는 것이 정보전달에 있어서 효과적이고 목적에 부합하는지 판단한다. 예를 들어서, 한의학의 현대화에 대한 정보를 전달하기 위한 설명문에서는 서구 의학의 전문화와의 공통점을 중심으로 설명하는 것이 목적 달성에 효과적일 수 있다. 반면 한의학의 특수성에 대한 정보를 전달하기 위한 설명문에서는 서구 의학과의 신체관, 치료법 등의 차이점을 중심으로 비교하면 된다. 물론 전달하려는 정보의 목적에 따라서 공통점과 차이점을 모두 비교하여 설명할 수도 있다.

다섯째, 비교한 내용을 체계적으로 제시한다. 모든 글에서 요구되는 바이지만, 비교를 중심으로 한 정보전달 글쓰기의 경우 정보의 양이 증가하기 때문에 체계적으로 내용을 구성하면 독자의 이해를 돕는 데 용이하다. 다음 사례문은 서양 의학과 동양 의학의 차이점을 비교한 글이다.

**의학에서의 동서양 차이**

서양 의학은 수천 년 전부터 이어져 내려온 분석적 전통을 가지고 있다. 문제를 일으키는 신체 부분을 찾아내어 그 부분을 떼어내거나 고치는 '적극적인 개입'이 서양 의학의 특징이다. 이미 고대 그리스 때부터, 몸을 각 부위별로 해부하기 시작했고, 이런 해부학은 지난 500여 년 동안 눈부신 발전을 거듭해왔다.

그러나 동양 의학에서 '해부'라는 개념은 19세기 전까지만 해도 생소한 것이었다. 동양 의학은 서양 의학보다 훨씬 종합적이기 때문에 수술과 같은 적극적인 개입은 거의 하지 않는다. 건강은 몸 안에 존재하는 기(氣)들의 균형으로 유지되며, 질병은 약초와 같은 자연산 치료제의 힘으로 치유해야 한다고 믿는다.

리처드 니스벳, 『생각의 지도』, 최인철 옮김, 김영사, 2003, pp. 203-204.

윗글이 전달하고 있는 정보를 정리해 보면 다음과 같다. 첫째, 서양 의학은 분석적 전통을 가지고 있는 반면, 동양 의학은 종합적 전통을 가지고 있다. 둘째, 서양 의학은 몸에 대해 적극적 개입을 시도하는 특징이 있는 반면, 동양 의학은 적극적 개입은 거의 하지 않는다. 셋째, 서양 의학에서는 해부학이 발전했으며, 동양 의학에서는 19세기 전까지 해부라는 개념은 생소한 것이었다. 넷째, 서양 의학은 수술이 발전한 반면, 동양 의학에서는 약초와 같은 자연산 치료제가 발전했다.

윗글은 서양 의학과 동양 의학의 차이점을 첫째, 두 의학의 전통, 둘째, 몸과 질병에 대한 개입방법, 셋째, 발전한 학문 영역, 넷째, 시술 방법 등을 중심으로 비교하고 있다. 물론 서양 의학과 동양 의학은 이외에도 다른 차이점과 공통점도 가지고 있을 것이다. 이 글에서는 차이점을 중심으로 서양 의학과 동양 의학의 특징을 대조함으로써 두 의학의 특징을 분명하게 이해시키는 정보를 제공하고 있다.

### 나) 분석하기

분석이란 한 마디로 설명할 수 없는 어떤 것에 대해서 다각도로 풀어서 논리적으로 내용과 이유를 밝히는 것이다. 그러므로 분석이란 어떤 대상을 구성하고 있는 요소를 부분으로 나누어 설명하는 방법이다. 예를 들어서, 인체를 이해하기 위해서 인체를 하나의 구조로 보고 인체를 구성하는 머리, 팔, 다리, 몸통 등의 각 요소를 부분적으로 나누어서 기능과 특징을 분석하는 설명문을 작성할 수 있다. 분석을 활용한 글쓰기에서는 다음 사항을 유의하여야 한다.

첫째, 분석하고자 하는 대상의 전체와 부분의 연관성을 전제로 해야 한다. 분석을 활용한 글쓰기에서는 분석하고자 하는 대상과 각 요소의 상호연관성을 밝혀야 한다. 예를 들어서, 인체에 대한 설명을 하기 위해서 머리, 팔, 다리, 몸통 등의 기능과 특징을 분석할 때, 인체와 머리, 팔, 다리, 몸통의 연관성을 전제로 그것의 상호연관성을 밝히도록 한다.

둘째, 분석하고자 하는 대상을 구조적으로 분명하게 구분할 수 있어야 한다. 물리적이든 개념적이든 분석할 대상이 구조적으로 쉽게 구분되는 것일수록 분석을 활용한 설명문을 작성하기가 쉽다. 예를 들어서, 국화는 꽃, 잎, 줄기, 뿌리 등으로 구조적으로 쉽게 구분할 수 있으므로, 각 요소를 분석하여 국화에 대한 설명을 하기가 용이하다.

셋째, 논리적 일관성을 유지해야 한다. 논리적 일관성은 분석을 활용한 글쓰기에서만 강조할 부분은 아니지만, 분석을 활용한 글쓰기에서는 분석 대상에 대한 논리적 일관성을 유지하는 것이 중요하다. 분석을 통해서 독자에게 설명하고자 하는 것의 목적에 부합하게 논리적으로 일관된 입장을 견지하는 글을 써야 한다. 이때, 주관적 입장이 개입하는 것을 주의하고 객관적이고 정확한 정보를 활용해야 한다.

다음 사례문은 유학에서 말하는 위기지학과 위인지학의 공부 목적을 분석한 글이다.

**위기지학과 위인지학**

유학에서는 공부를 두 가지로 구분합니다. 즉 자기를 위한 공부와 다른 사람을 위한 공부가 그것입니다. 자기를 위한 공부는 위기지학(爲己之學)이라고 하고 다른 사람을 위한 공부는 위인지학(爲人之學)이라고 합니다. 말만 보면 위기지학은 이기적인 공부인 것 같고, 위인지학이 이타적인 공부라고 생각할 수 있습니다. 그렇지만 유학에서는 위기지학만이 진정한 공부라고 합니다.

위기지학이란 공부를 통해 자신의 삶의 태도나 가치관이 변화한 것을 말합니다. 그 공부를 통해 자신이 인격적으로 보다 성숙하게 된 것을 말합니다. 반면 위인지학은 남에게 보이기 위한 공부, 돈과 지위와 명성을 얻기 위한 공부를 말합니다. 『맹자』에 반구저기(反求諸己)라는 말이 있습니다.

인(仁)한 자는 활 쏘는 것과 같으니 활을 쏘는 자는 자신을 바로 한 후에 발사하여 발사한 것이 맞지 않더라도 자신을 이긴 사람을 원망하지 않고 돌이켜서 자신에게서 찾을 뿐이다.

이것이 위기지학의 태도입니다. 활을 쏘아 과녁을 빗나가면 많은 사람들은 날씨를 탓하고 활과 화살을 탓하고, 주변에 있는 사람들을 탓합니다. 그러나 이렇게 잘못을 밖에서만 찾을 경우 나는 결코 더 나은 인간으로 성장할 수가 없습니다. 왜냐하면 잘못된 밖의 것만 바꾸면 되지 나 자신이 바뀔 필요가 없기 때문입니다.

위기지학은 이와 같이 어떤 문제가 발생할 때 그 원인을 자신에게서 찾는 공부입니다. 그러나 현대 학문은 항상 그 원인을 대상에서 찾습니다. 왜냐하면 현대 학문은 연구자와 대상을 분리하는 것, 즉 객관성을 기본 원리로 삼고 있기 때문입니다. 그렇기 때문에 현대 학문을 연구하는 사람들은 그 연구와 자신의 삶이 괴리될 수밖에 없습니다. 아무리 훌륭한 연구 업적을 쌓은 사람이라고 하더라도 그 연구 업적과 그 사람의 됨됨이가 일치하지 않는다면 무슨 소용이 있겠습니까?

정재걸, 『오래된 미래교육』, 살림터, 2010, pp. 20-21.

윗글이 전달하고 있는 정보를 분석해 보면 다음과 같다. 첫째, 유학의 공부에는 위기지학과 위인지학이라는 두 가지 요소가 있다. 둘째, 위기지학은 자기 스스로를 위한 공부이며, 자신의 태도나 삶의 가치를 변화시키고 바로 잡는 것을 목적으로 하는 것이다. 셋째, 위인지학은 사람들이 인정하는 것을 얻기 위한 공부이며, 돈과 지위 그리고 명예 등을 얻는 것을 목적으로 하는 것이다. 넷째, 현대 학문은 위인지학에 초점을 맞추고 있으며, 이로 인해서 발생하는 공부로 인한 소외 현상이 있다.

윗글은 현대 학문이 안고 있는 문제를 분석하기 위해서 유학공부의 위기지학과 위인지학을 분석하여 설명하고 있다. 여기서는 현대 학문의 연구자가 학문의 대상과 자신을 분리함으로써 외적으로 훌륭한 연구 성과를 거두는 것이 연구자의 인간적인 성장에 영향을 미치지 못하는 점을 분석적으로 설명하고 있다. 이것은 현대인이 공부는 열심히 하지만, 공부의 목적이 남에게 보이기 위한 것에 초점을 맞춤으로써 나타나는 문제를 잘 설명하고 있다.

### (3) 설명문 쓰기 연습

**연습 1** 다음은 동서양의 미에 대한 관점을 비교한 글이다. 글을 읽고 다음의 질문에 대답해 보자.

**동서양의 미**

동서양은 사상적으로 세계를 바라보는 미적 시각이 다르므로 다음과 같이 다르게 나타날 수밖에 없는 세 가지가 있다. 그것은 서양은 물질의 '채워짐'과 '명료함' 그리고 '나를 중심으로 사물을 보는 세계관'을 가졌지만, 동양은 비움의 '허와 실의 상생'과 '모호함'을 추구하고 '자연을 중심으로 하는 세계관'을 갖는다. 그러므로 아름다움을 표현하는 '회화', '건축'은 서양과 동양을 비교함으로써 미를 형성하는 가치관의 영향이 다음과 같이 나타난다.

회화에서, 서양은 화면을 가득 채움으로써 빛과 칼라의 명료함과 드러냄을 주체로 삼았고, 동양의 본질은 공간의 모호함과 자연을 중심에 두고 나타나는 균형과 조화를 지향하는 매개자로 보는 세계관으로 여백의 미를 중시하였고 두루두루 넘어가는 곡선미를 표현하였으며 중봉을 으뜸으로 여겨 기운과 생동함을 먹(墨)의 농담(濃淡)으로 표현하였다.

건축공간에서, 서양은 기둥과 벽면을 중시해 실체를 확보해 갔고, 동양은 지붕선과 처마선이 자연의 선을 따라 조화를 이루고자 하였고 허공을 담아내는 창과 문을 통해 공간과 공간을 전이시켰다.

문정필, 『현대건축과 사회』, 서우, 2013, pp. 301-305.

① 서양의 세계관과 동양의 세계관은 어떤 특징을 가지고 있는가?

② 동서양의 '회화'와 '건축'에 나타나는 미의 비교를 통해서 얻은 정보를 가지고 설명문을 써 보자. 글을 쓸 때는 개요를 먼저 작성한 후, 머리말, 몸말, 맺음말 등의 설명문의 형식을 잘 고려하여 쓰도록 하자.

**연습 2** 다음은 외모지상주의에 대해 분석한 글이다. 글을 읽고 다음의 질문에 대답해 보자.

**외모지상주의와 자본주의 사회의 가치**

자본주의 사회를 움직여나가는 힘의 원동력은 무엇일까? 그것은 바로 자본가의 이윤에 대한 동기이다. 어떻게 해야만 자본가의 이윤은 달성될 수 있는 것일까? 상품의 생산을 증가시키고 소비를 촉진시켰을 때, 자본가의 이윤은 달성된다. 그러므로 자본가들이 이윤을 얻기 위해서는 생산을 증대시켜야할 뿐만 아니라 자신이 만들어낸 제품에 대한 소비자의 욕망을 창출하여야만 한다. 자본가들은 소비자의 욕망을 만들어 내기 위해서 다양한 방법을 동원한다. 광고는 가장 대표적인 수단이다. 화장품 광고를 보면서, 사람들은 나도 저 화장품을 쓰면 저 모델처럼 아름다운 외모를 갖게 될 것이라는 환상을 갖게 된다. 자본가들은 또한 끊임없이 새로운 유행을 창출한다. 유행하는 치마의 길이를 늘이기도 하고 줄이기도 한다. 할인 판매나 할부 판매, 사은품의 증정 같은 것들도 소비를 촉진시키기 위한 수단이다.

그 결과 소비자들은 새로운 상품을 갖고 싶다는 강한 욕망을 갖게 된다. 이러한 과정은 복잡하고 다양하게 진행된다. 그리하여 자본주의 사회에 사는 우리는 자기 스스로를 욕망을 충족시키고자 하는 존재로 인식하게 된다. 이러한 과정이 완료되었을 때, 우리는 자본가들이 생산해 놓은 다양한 욕망을 소비하게 되고, 욕망의 노예가 된다.

이런 자본주의 사회의 메커니즘과 외모지상주의의 몸 신화 사이에는 밀접한 관련이 있다. 자본가들이 생산해내는 상품 중에서 많은 것들이 우리들의 외모를 치장하는 것과 관련되어 있다. 대표적인 것이 의상과 화장품이다. 자본가들은 패션쇼와 같은 수단을 통해서 끊임없이 새로운 의상의 유행을 창출해낸다. 유행이 지난 옷을 걸치고 다니는 사람은 웃음거리가 되며, 유행에 뒤지지 않기 위해서는 끊임없이 새로운 의상을 구매하고 소비해야만 한다. 화장품 회사들은 아름다운 외모를 갖고 있는 모델들을 총동원하여 자신들의 제품을 소비하면 모델들과 같이 아름다운 외모를 갖게 될 것이라고 광고한다.

이러한 과정을 거치면서, 사람들은 패션쇼에 나오는 모델이나 화장품 모델을 이상화하고 그들의 외모를 선망하고 추구하게 된다. 결국 외모지상주의의 몸 신화가 만들어지게 된다. 일단 외모지상주의의 몸 신화가 사람들에게 각인되면, 사람들은 자본가들이 원하는 대로 그들이 만들어낸 상품들을 적극적으로 소비하게 된다.

결국 자본주의 사회에서 만들어지는 인간의 욕망과 그러한 욕망의 추구는 파괴적인 결과를 초래하게 된다. 이것은 우리들의 삶의 관심이 욕망을 추구하는 데만 치중되게 함으로써, 결과적으로 참된 자기에 대한 각성을 어렵게 만들며, 참된 자기로부터의 도피를 도와주는 최면제와 같은 역할을 하게 된다.

이에 따라서 자본주의 사회에서는 욕망 충족의 대상인 상품을 신과 같이 떠받드는 물신주의가 생겨나게 되며, 물신주의는 황금만능주의 풍토로 확대된다. 그 결과 정신적인 가치를 경시하고 모든 것을 물화시키게 된다. 특히 한국 사회는 프로테스탄티즘과 같은 경제윤리(근검, 절약, 근면)가 부재하고, 인륜과 도덕을 중시하는 전통문화가 약화되어 황금만능주의가 더욱 심화되는 경향을 볼 수 있다. 이렇게 하여 외모지상주의의 몸 신화가 만들어지는 것이다.

성광수 외, 『몸과 몸짓 문화의 리얼리티』, 소명출판사, 2003, pp. 311-312.

① 위 예시문의 머리글에서는 외모지상주의의 어떤 문제점을 제기하고 있는가?

② 몸글에서 분석하고 있는 외모지상주의의 원인은 무엇인가?

③ 윗글을 모델로 하여, 오늘날 청년실업문제가 발생하는 원인을 분석하는 설명문을 작성해 보자. 글을 쓸 때는 개요를 먼저 작성한 후, 머리말, 몸말, 맺음말 등의 설명문의 형식을 잘 고려하여 쓰도록 하자.

## 2) 보고문

### (1) 보고문의 개념과 특성

보고문은 특정 대상이나 주제에 대해 조사, 실험, 답사, 연구한 결과를 정리하여 보고하는 글이다. 보고문은 타인에게 제출할 목적으로 작성하는 문서로서의 기능을 강조할 때는 보고서로 불리는데, 대학에서는 주로 수업 과제로 제출하는 보고서가 이에 속한다.[1] 보고문은 정보를 객관적이고 논리적으로 전달한다는 점에서는 설명문과 유사하나, 다음의 특성들로 인해 설명문과는 구분된다.

첫째, 보고문은 연구 방법과 문제 제기, 연구 과정 등을 명확하게 제시하는 글이다. 설명문이 특정 대상에 대한 정의나 특성 등을 주로 설명하는 글이라면, 보고문은 그러한 내용을 포함하면서도 그 대상을 연구한 방법이 문헌조사인지 혹은 답사, 실험, 설문조사 등의 방법을 취했는지에 대해 알려주어야 하는 글이다.

둘째, 보고문은 특정한 형식과 구성을 갖추어 써야 하며, 그 형식이 시각적으로도 잘 드러나야 한다. 보고문은 목차, 서론, 본론, 결론, 참고 문헌 등의 정형화된 구성의 틀을 가급적 따라야 하며, 필요할 경우에는 항목을 나누는 다양한 구분 방식을 활용할 수도 있다. 또한 구성의 단위들이 눈에 잘 띌 수 있도록 로마자 숫자나 아라비아 숫자와 함께 표기하고, 소제목 등을 달아 전반적인 내용을 쉽게 알아볼 수 있도록 해야 한다.

셋째, 보고문에서는 작성자가 연구 주제에 대한 평가의 방식으로 자신의 의견을 표명할 수 있다. 설명문은 객관적인 사실만을 전달하는 글이지만, 보고문은 본문에서 자신이 옳다고 여기는 의견을 지지하기도 하고, 맺음말에서 글의 주제에 대한 자기 입장을 밝히거나 문제 해결 방안 등을 제시하는 방식으로 의견을 개진할 수 있다.

보고문의 종류에는 주제를 연구하는 방법에 따라서 조사 · 답사 보고문, 실험 · 관찰 보고문, 학술 · 연구 보고문 등이 있다. 이 단원에서는 이러한 보고문들을 쓰기 위한 가장 기초적인 연습 방법으로 요약보고문 쓰는 법을 자세하게 다뤄보고자 한다.

### (2) 요약보고문 작성 방법

#### 가) 자료 요약하는 방법

요약보고문은 주어진 참고 문헌에서 글의 중요한 논지를 정확하게 파악하고 핵심 내용

1 학술적 글쓰기의 일종으로서의 보고서 쓰기에 대해서는 〈교양세미나와글쓰기〉 수업의 교재인 『교양글쓰기』에서 좀 더 상세하게 다루고 있다. 교재 『교양글쓰기』에서는 보고서의 정의와 종류 이외에도 보고서 작성법, 보고서 표지, 목차, 본문, 인용과 참고문헌 작성하기 등 보다 전문적인 내용이 기술되어 있다.

을 체계적으로 요약한 후 보고문의 양식에 맞춰 정보들을 자신의 언어로 재구성하는 글이다. 조사나 답사, 실험 등을 전제로 하는 다른 보고문에 비해 사전 자료 수집에 시간을 많이 할애하지 않아도 된다는 이유로 쉬운 글이라고 생각할 수도 있으나, 요약보고문은 학술적인 글을 쓰기 위한 가장 기초적이고 필수적인 글인 만큼 충분한 연습을 필요로 한다.

요약보고문을 쓰기 위해서는 연구 주제와 관련된 문헌 자료들을 효과적으로 요약하는 연습부터 해야 한다. 이 작업을 수행하기 전에 먼저 요약이란 무엇이며, 요약을 어떻게 해야 하는지부터 알아보자. 요약은 핵심 내용과 정보를 선별해 낸 후 압축해서 새롭게 조합하는 서술 방법을 이르는 말이다. 장문의 문장을 두 세 문장으로 요점을 간추리거나 한 권의 책을 단 한 페이지로 핵심 내용을 압축하는 것이 바로 요약의 기술이다. 대학에서 보고서를 쓸 때 가장 많이 요구되는 글쓰기 방식이기도 하고, 특히 대부분의 발표문은 자료의 핵심어를 중심으로 한 요약으로 이루어진다.

보고문을 쓸 때 참고 자료의 내용을 직접 인용이 아닌 간접 인용의 방식으로 활용하고자 한다면 반드시 유의해야 할 사항이 있다. 글쓴이의 문장을 원문 그대로 사용할 수 있는 직접 인용과는 달리 간접 인용의 경우에는 단 한 문장이라도 원문 그대로 사용하면 표절이나 무단 도용이 되어 저작권법을 어기게 된다는 점이다. 학생들이 제출하는 대학 보고서 대부분이 참고 자료의 일부 내용들을 문장 하나 바꾸지 않고 그대로 발췌하여 엉성하게 짜깁기한 글이라는 점은 무척 우려스러운 일이다. 이런 실수를 미연에 방지하기 위해서라도 요약하기 훈련을 통해 타인의 문장을 자신의 문체로 자연스럽게 바꿔가며 필요한 곳에 유용하게 활용하는 연습을 끊임없이 해야 할 것이다.

요약을 잘 하기 위해서는 다음의 몇 가지 단계를 밟아가며 연습할 필요가 있다. 이 모든 단계에서 반드시 명심해 둬야 할 것은 단 한 문장이라도 원문과 똑같이 써서는 안 된다는 것이다.

1단계는 글의 핵심 내용을 파악하기 위해 밑줄을 그으면서 독서를 하는 요약 준비 단계이다. 글을 차분하게 읽어 내려가면서 자신이 중요하다고 생각되는 부분에 줄을 긋는 것만으로도 핵심내용은 어렵지 않게 찾아낼 수 있다.

2단계는 단락별로 핵심 내용들을 간추려 보는 1차 요약의 단계이다. 줄친 부분의 문장들에서 반복되어 사용된 핵심 용어들을 최대한 활용하여 글의 내용을 압축하고 문장들을 줄여나간다. 이 단계에서 각각의 단락이 나타내고자 하는 글의 목적이나 성격 등을 한두 가지의 핵심어로 정리해 두면 나중에 글의 전체적인 구조를 한 눈에 볼 수 있어 용이하다.

3단계는 단락별로 정리된 핵심 내용들 중에서 유사한 정보들은 서로 통합시키고 중요한 정보만 선별하여 10문장 내외의 하나의 문단으로 짧게 요약하는 2차 요약의 단계이다. 이 단계에서는 문장과 문장 사이에 접속사를 적절하게 사용하여 문장을 자연스럽게 연결할 필요가 있다.

4단계는 요약한 내용을 중요도에 따라서 배열하고 분류한 후, 그것을 바탕으로 요약 보고문을 작성해 보는 단계이다. 이 과정에서 쓰고자 하는 주제에 대한 다양한 자료들을 모아서 요약 정리한 후 서로 비교하고 분석해 본다. 그렇게 해서 얻어낸 결과를 통해 새롭게 알게 된 지식을 정리하고 그에 대한 자신의 생각도 밝혀보도록 한다.

다음의 글은 안병영 교수가 저서 『세계화와 자유주의』에서 우리나라의 교육 문제에 대해 적은 글이다. 이 글을 요약보고문의 기초 자료로 활용하기 위하여 요약하기 1, 2, 3 단계에 맞추어 핵심내용을 정리해 보도록 하겠다.

### 교육기회의 불평등

세계화의 거센 물결과 이에 따른 신자유주의의 이념이 우리 사회 곳곳에 스며들면서 교육 분야에서도 온통 경쟁력과 효율성이라는 잣대가 위세를 떨치고 있다. 그 결과 교육의 형평성에 대한 사회적 관심은 뒷전으로 밀리고 있다. 얼마 전 한국에서 교육기회의 불평등이 크게 심화되고 있고, 이를 통해 사회적 지위와 부의 세습화가 이뤄지고 있다는 충격적인 분석이 나왔다. 그런데 그 사회적 파장은 의외로 작았다.

'서울대 2000학년도 신입생 특성조사 보고서'에 따르면, 서울대의 경우 전문직이나 고위관리직 학부모를 둔 학생이 급증하고 있는 데 반해, 생산직 근로자나 농어민 자녀의 입학률은 급감하는 추세라고 한다. 이에 따라 고급 관리직 종사자가 자녀를 서울대에 보낼 가능성은 생산직의 30배가 넘는다는 추정치가 나왔다. 그런가 하면 최근 한 조사연구에 따르면, 일반계 고교의 서울대 진학률은 서울 강남이 가장 높고, 강북의 어느 구는 강남구의 10분의 1도 안 되는 것으로 나타났다는 것이다. 더욱 우리를 우울하게 만드는 것은 가계별 사교육비 지출이 이러한 편차를 만들어낸다는 점이다.

결국 사회경제적으로 유복한 가정에서 태어난 자녀는 풍성한 문화 환경에서 성장할 뿐만 아니라 고액과외에 힘입어 상대적으로 손쉽게 명문대학에 진학할 수 있게 된다. 그리고 이들은 학벌사회가 제공하는 사회적 프리미엄의 도움으로 보다 빨리 출세의 사다리를 오른다. 불우한 환경에서 태어난 사람과는 출발점 자체가 다른 것이다.

서유럽 대부분의 나라에서는 누구나 의지와 능력만 있으면, 박사학위를 취득할 때까지 무료로 공부할 수 있다. 자식 등록금 때문에 부모 허리가 휘는 우리와는 천양지차가 있는 것이다. 자본주의 사회가 자기 정당화를 하기 위해서는, 적어도 뒤진 계층의 자녀에게도 교육 기회의 평등화를 통하여 사회적 계층상승이 가능하도록 적극적으로 길을 터주어야 한다. 그래서 대표적 자유주의 국가인 미국도 대학입학, 취업 등에서 사회적 약자에게 일정 쿼터를 주는 '적극적 조치(affirmative action)'를 제도화하고 있고, 개개 대학차원에서도 학생들의 대표성과 다양성을 높이기 위해 적잖은 정책을 고안하고 있다.

한국에서는 '신분 세습화'의 주범이 바로 학벌사회인 점을 고려할 때, 일류대라는 간판이 지니는 부당한 사회적 특권과 특혜를 없애는 일이 가장 중요하다. 아울러 교육재정의 확충을 통해 학교교육을 내실화함으로써 사교육에 대한 의존도를 줄이는 것이 문제해결의 대도(大道)이다.

보다 구체적으로는 우선 불우한 집안 출신의 자제들에게 장학제도를 확대하고, 저소득층에 교육비를 지원해야 한다. 또한 정보화 사회 도래라는 시대적 상황을 감안할 때, 정보 통신 관련 정보나 기술에의 접근에서 소득계층 간에 정보격차가 빚어지지 않도록 줄기차게, 세심한 정책적 관심을 기울이지 않으면 안 된다. 과외비를 많이 쓰는 학생에게 크게 유리한 시험위주의 대입전형은 마땅히 지양하여야 한다. 그러나 대입전형을 다양화, 특성화하는 경우에도 새로운 방식이 가난해도 머리 좋고 공부에 의욕 있는 학생에게 어떤 영향을 미칠 것인가를 면밀히 점검해야 한다. 아울러 상대적으로 저소득층 자녀가 많이 재학하고 있는 실업계고교와 다양한 직업훈련기관, 그리고 전문대학의 질을 획기적으로 제고하는 데 정책적, 재정적 지원이 강화되어야 한다.

교육을 매개로 한 신분의 대물림은 이제 그쳐야 한다. '세습사회'는 사회의 통합성과 역동성을 해치고, 궁극적으로 경쟁력마저 훼손하고 만다. 이 점을 직시해야 할 것이다.

안병영, 『세계화와 자유주의』, 나남출판사, 2000, pp. 12-13.

**1단계**: 텍스트를 읽으면서 중요하다고 생각되는 문장에 줄 그어 보기

**2단계**: 1차 요약 – 단락 혹은 내용 구성별로 핵심 내용 요약하기

① 1단락: 세계화와 신자유주의 이념의 물결은 교육 분야에도 경쟁력과 효율성을 중시하는 풍토를 만드는 데 영향을 미쳤고, 이로 인해 교육기회의 불평등이라는 문제가 발생했다. (문제점)

② 2단락: '서울대 2000학년도 신입생 특성조사 보고서'는 서울대 입학생 중에 생산직 종사자들의 자녀보다 전문직이나 고위 관리직 종사자들의 자녀의 수가 더 많고 지속적으로 증가하는 추세라는 것을 보여 준다. 이러한 편차를 만드는 주요 원인으로 가계별 사교육비 지출을 들 수 있다. (문제점)

③ 3단락: 유복한 가정에서 태어난 자녀는 명문대학에 입학하고 사회에 나가서는 성공적인 출세 가도를 달릴 수 있지만, 불우한 환경에서 태어난 사람들은 미래를 낙관할 수 없다. (문제점)

④ 4단락: 서유럽 국가들의 경우 초등학교부터 대학과 박사학위 과정까지 무상 교육을 실시하여 교육 기회의 평등화 정책을 펼치고 있으며, 미국은 교육 분야에서도 사회적 약자를 배려하는 '적극적 조치'를 제도화하고 있다. (해외 사례와 비교)

⑤ 5단락: 이러한 불평등 문제를 해소하려면 한국사회에서 학벌을 중시하는 인식을 없애야 하고, 학교 정규교육을 내실화해 사교육 의존도를 낮추어야 한다. (원인과 해결 방안)

⑥ 6단락: 교육 정책은 불우한 집안 출신 학생들에게 장학 제도를 확대하는 방향으로 가야하고, 시험 위주의 대입 전형이 아닌 다양하고 특성화된 입시 제도를 마련해야 한다. (해결 방안)

⑦ 7단락: 우리 사회는 신분을 세습하여 사회 구성원들 간의 양극화를 심화시키는 사회가 아닌 통합의 방향으로 나아가야 한다. (전망)

**3단계**: 2차 요약 – 10문장 내외의 한 문단으로 요약하기

이 글은 세계화와 신자유주의 이념의 확신으로 인해 교육 분야에서도 경쟁력과 효율성을 지나치게 중시한 결과 교육의 형평성을 잃어버리게 된 우리나라 교육 현실을 비판하는 글이다. 교육기회의 불평등이 심화되면서, 부유한 부모에게서 태어난 자녀들은 불우한 환경에서 태어난 자녀들보다 명문대 진학률이 훨씬 높아졌다. 우리나라는 대학이 유상 교육인 반면, 서구 유럽국가들의 경우에는 모든 교육 과정을 무상으로 실시하고 있다. 또한 미국의 경우에는 사회적 약자를 배려하는 '적극적 조치' 제도를 두어 교육 평등화를 이뤄가고 있지만, 우리나라는 이런 제도가 없다. 우리나라도 학벌보다는 개인의 능력을 중시하는 사회로 바꿔가야 한다. 또한 정부는 학교 정규교육을 내실화하여 사교육 의존도를 낮추고, 장학 제도와 대학 입시 제도를 개편해서 불우한 집안 학생들에게 더 많은 교육의 기회를 제공해야 한다. 더 이상 신분이 세습되어 양극화가 심해지는 사회가 아닌 사회 구성원들이 통합하는 사회로 나아가야 한다.

### 나) 요약보고문 쓰기 사례

앞에서 주어진 텍스트를 가지고 세 단계로 나누어 요약하는 연습을 해 보았다. 이번에는 요약의 4단계에서 이루어지는 작업으로써 요약한 내용을 바탕으로 요약보고문을 쓴 사례를 제시할 것이다. 요약보고문 사례를 살펴보기 전에 먼저 보고문의 목차, 본문에 들어가야 할 내용, 주석과 참고문헌 작성하기에 대해서 간략하게 언급하고자 한다.

목차는 본문의 전체 내용의 흐름을 한눈에 보이게 해 주는 효과가 있다. 상자 모양의 테두리를 만들어 그 안에 목차 내용을 넣는다. 서론과 결론은 표기만 해 두고, 본론은 소제목을 적어주어 구체적으로 내용을 알 수 있게 해 준다. 위치는 보고문의 제목과 서론 사이에 넣는 것이 적당하며, 보고문의 분량이 적을 때에는 표지에 적기도 한다.

본문은 주로 서론, 본론, 결론의 3단 구성으로 이루어진다. 서론에서는 주제로 다루고자 하는 문제의 연구 동기를 밝히거나 이 문제에 대한 자신의 의견을 간단하게 제시한다. 그런 다음 문제를 제기하고, 본론에서 다룰 구체적인 문제점들을 차례대로 열거한다.

서론에서는 문제에 접근하는 방법에 대해서도 명확하게 밝혀야 한다. 다음으로 본론에서는 서론에서 제기한 문제를 치밀하게 분석하고 논리적으로 서술해야 한다. 요약보고문일 경우에는 읽은 텍스트의 내용을 체계적으로 분류하고 자신이 원하는 방식대로 배열한 후 논리적으로 서술해야 한다. 아래의 예문에서는 문제점, 원인, 해결 방안을 기본적인 뼈대로 구성하여 논의를 진행하고 있다. 결론에서는 먼저 본론의 내용을 아주 간략하게 간추린 후, 서론에서 제기한 문제에 대한 자신만의 견해와 해결 방안을 제시해 준다. 그리고 앞으로 이 주제와 관련하여 연구할 가치가 있는 문제들이나 전망을 제시한다.

주석과 참고 문헌도 보고문에 반드시 들어가야 하는 항목이다. 주석 중에 각주를 달 때는 인용한 문장의 마지막에 각주 번호를 달고, 해당 페이지 제일 아랫부분에 출처를 밝히도록 한다. 주석은 단행본일 경우 저자 이름, 저서명, 출판사, 출판연도, 쪽수 순으로 적는다. 참고 문헌은 앞의 주석의 순서와 같으나, 마지막에 쪽수를 적지 않는 것이 다른 점이다.

요약보고문은 지정된 참고 문헌의 내용을 요약 정리하는 것이 일차적인 목적이지만, 더 중요한 목적은 자신의 글로 그 내용을 논리적으로 표현하는 데 있다. 비록 남의 글을 근거로 글을 쓰지만, 보고문을 쓸 때에는 자신의 글로 타인의 글을 재창조한다는 마음가짐을 가지고 흐트러지지 않는 일관된 문체로 글의 맥락을 이어가야 한다.

**제목 : 우리나라 현 교육 정책의 문제점과 해결 방안의 모색**

목 차

I. 서론
II. 본론
  1. 우리나라 현 교육 체제의 문제점
  2. 서유럽 국가들과 미국 교육 정책과의 비교
  3. 우리나라 교육 문제의 원인과 해결 방안
III. 결론
  참고 문헌

## I. 서론

현재 우리나라에서 학생의 신분으로 공부하고 있는 사람은 세 가지 부류로 나누어볼 수 있다. 첫 번째는 명문 집안이나 유복한 가정에서 태어나 사교육을 포함한 모든 교육을 받기 싫어도 받아가며 편하게 공부하는 부류이고, 두 번째는 불우한 가정에서 태어나 전자가 받는 특별한 교육을 받아 볼 기회를 전혀 얻지 못한 채 시작부터 다른 교육을 받는 부류이며, 마지막은 유복한 가정이거나 불우한 가정이거나 그 모순된 세태의 특성을 잘 알기에 일찌감치 공부를 포기하는 부류이다. 세 부류 중 성공하기에 가장 좋은 부류는 첫 번째 유형에 속한 학생들일 것이다. 부모는 자녀를 성공시키기 위해 모든 수단과 방법을 가리지 않는다. 어떻게 해서든 자녀를 성공시키기 위해 노력하기 때문이다. 자녀를 성공시키겠다는 마음은 세 부류의 부모들 모두 같겠지만, 우리나라 현 정부의 교육 체제는 첫 번째 부류의 부모들에게 더 유리하게 적용되고 있다. 이쯤에서 우리는 과연 우리나라에서는 교육의 기회가 균등하게 주어지는가 하는 문제를 제기해 볼 수 있다.

본고에서는 우리나라의 현 교육 체제의 문제를 형평성 불균형의 문제에 초점을 맞추어 살펴보고자 한다. 먼저 이러한 문제점이 어떤 양상으로 나타나는지 살펴본 후, 서구유럽 나라들과 미국의 교육 정책과 비교해 볼 것이다. 그리고 교육 정책에서 문제점이 발생하는 근본적인 원인을 찾아보고 해결 방안도 모색해 보고자 한다. 이 연구는 연세대 안병영 교수의 저서 『세계화와 신자유주의』[1]에서 우리나라의 교육 문제를 다루고 있는 부분을 요약 정리한 것을 바탕으로 논지를 전개하는 방식을 취한다.

## II. 본론

### 1. 우리나라 현 교육 체제의 문제점

1) 안병영, 『세계화와 자유주의』, 나남 출판사, 2000, pp.12-13.

현재 한국 사회는 오직 경쟁력과 효율성에만 눈이 멀어 그 보다 더 중요시되어야 하는 사회 구성원들과의 화합과 계급간의 양극화 해소 문제는 뒷전으로 미뤄두고 있다. 교육 분야에서도 이와 마찬가지의 양상이 나타난다. 교육의 기회가 상류층과 중상층 사람들에게 더 많이 주어지는 반면, 상대적으로 중하층이나 소외계층에게는 그 기회가 덜 돌아감으로써 전체적인 균형이 깨어져 형평성을 잃어가고 있다. 이제 '개천에서 용 난다'라는 속담은 우리 사회에서 널리 통용되지 못하고, 아주 극소수의 특별한 경우에만 적용되게 된 것이다. 이 문제가 구체적으로 어떤 양상으로 나타나는지에 대해 안병영 교수는 '서울대 2000학년도 신입생 특성조사 보고서'를 근거로 다음과 같이 설명하고 있다.

> 서울대의 경우 전문직이나 고위관리직 학부모를 둔 학생이 급증하고 있는데 반해, 생산직 근로자나 농어민 자녀의 입학률은 급감하는 추세라고 한다. 이에 따라 고급 관리직 종사자가 자녀를 서울대에 보낼 가능성은 생산직의 30배가 넘는다는 추정치가 나왔다.[2]

안병영 교수는 특히 가계별 사교육비의 지출이 이러한 격심한 편차를 만들어내는 중요한 원인이라고 말한다. 이를 통해서도 알 수 있듯이, 학생 개인의 자질이나 능력보다는 부모의 직업이나 지위, 경제력이 학생의 장래와 대학을 결정짓는 데 가장 유력한 요인이 된 것이다.

더 큰 문제는 이러한 부모의 경제력과 학력이 자녀의 성적과 출신 대학에만 영향을 미치는 것이 아니고, '신분 세습화'로 이어져 우리 사회 계층 간의 양극화를 더 고착화시키는 일에 이바지한다는 데에 있다.

## 2. 서유럽 국가들과 미국 교육 정책과의 비교

### 1) 서유럽 국가들의 경우

---

2) 안병영, 앞의 책, p.12.

우리나라에서는 초·중·고등학교까지는 의무 교육이기 때문에 무상으로 교육을 받을 수 있지만, 대학과 대학원 과정은 무상 교육이 이루어지고 있지 않다. 반면, 서구 유럽 나라들 대부분에서는 자신의 의지와 능력만 있다면 대학 과정뿐만 아니라 박사 학위 과정까지 모든 교육을 무료로 제공받을 수 있다. 부모의 경제력에 의해 처음부터 승패가 나뉘어져 있는 한국과는 전혀 다르게 서구 유럽 사회는 학생 본인의 능력과 자질을 중시하고, 유능한 인재들이 마음껏 꿈을 펼칠 수 있도록 발판을 국가가 먼저 나서서 다져주고 있는 것이다.

2) 미국의 경우

미국 또한 교육 분야에 있어서 사회적 약자를 배려하는 제도를 오래전부터 마련해 두고 있다. 그것이 바로 사회적 약자들이 대학 입학이나 취업을 하고자 할 때 일정 쿼터를 제공하는 '적극적 조치(affirmative action)'라는 제도이다. 미국에서 인종차별을 없애기 위해 흑인에게 채용과 승진 등에서 우선권을 주면서 시작된 이 제도는 이제 교육 분야와 사회 전반의 다양한 분야에서 사회적 약자들에게 혜택을 주는 정책으로 자리 잡았다. 이 밖에도 미국의 각 대학에서도 자체적으로 학생들의 대표성과 다양성을 높이기 위한 새로운 대책을 고안하고 있다.

### 3. 우리나라 교육 문제의 원인과 해결 방안

우리나라의 교육 정책이 선진국을 따라가지 못하고 오히려 사회 구성원들 간의 갈등만 더 증가시키는 데에는 다음과 같은 원인이 있기 때문이다.

첫째, 한국 사회가 학벌을 매우 중시하는 학벌 중심 사회이기 때문이다. 한국의 대기업들의 신입사원 모집에서는 1차 서류전형에서부터 2차, 3차에 이르기까지 명문대학 출신이 아니라는 이유로 지원자를 탈락시키는 것이 공공연하게 당연시되고 있다. 교육 기회의 불평등에서부터 시작된 형평성의 붕괴는 대학 입학뿐만 아니라 취업과 사회생활 전반에 걸쳐 영향을 미치고 있다.

둘째, 정부가 교육 정책의 문제에 대해 제대로 된 해법을 내놓지 못하고 있다. 이 때문에 개인의 자질이나 능력이 아무리 뛰어난 인재라고 해도 사회적 모순, 정부의 비협조로 인해 마땅히 받아야 할 교육도 받지 못하고 외면당하고 있는 것이다.

이러한 문제점들을 해결할 방안을 제안하면, 학벌이 지니는 특혜와 사회적 특권을 없애야하며, 학교 정규교육을 강화하여 사교육에 대한 의존도를 최대한 낮추어야 한다는 것이다. 불우한 가정의 자녀들에게는 장학제도를 확대하고 교육비를 지원해야 한다. 또한 대입 전형에 있어 다양화, 특성화를 추구함으로써 시험위주의 전형을 축소해야 할 것이다. 또한 실업계 고교와 직업 훈련 기관, 전문대학의 질을 높이고 일반대학 못지않은 대우를 받을 수 있도록 해야 할 것이다.

## III. 결론

본고에서는 우리나라 현 교육 체제의 문제점으로 교육의 기회가 일부 특정 계층에 편중되어 있음으로 인해 교육 정책이 형평성을 잃고 표류하고 있는 점을 주목하고 있다. 이 연구를 통해 상위 소득 계층의 자녀들이 하위 소득 계층에서 태어난 자녀들보다 좋은 대학에 입학할 확률이 높아지고, 이는 '신분의 세습화'로 이어져 사회 양극화를 고착화시키는 요인으로 작용한다는 것을 알게 되었다. 서구유럽 국가들이나 미국이 사회적 약자들을 배려하는 교육 정책과 사회 제도를 마련해 놓은 반면, 한국사회는 아직 괄목할 만한 제도를 내놓지 못하고 있는 실정이다. 이러한 문제 발생의 원인으로 우리나라가 지나치게 학벌 중심 사회라는 점과 비합리적인 교육 정책을 꼽아보았다. 이 문제의 해결 방안으로는 기업들은 학벌 중심의 사회적 특권 의식을 버리고 골고루 인재를 채용하려 노력해야 하고, 정부는 장학제도를 확대하는 등의 교육예산을 더 지원하는 것을 제안해 보았다.

필자의 생각에는 서울대를 비롯한 모든 국립대학 관계자들의 의식이 좀 바뀌어야한다고 생각한다. 국립대학의 설립 이념의 진정한 의미를 깨우쳐서 성적이 좋은 학생들을 순위대로 합격만 시킬 것이 아니고, 입학 쿼터제를 도입하여 불우한 가정의 학생들에게 우선권을 주어 그들이 자신의 능력을 최대한 발휘할 수 있는 기반을 만들어주어야 한다고 생각한다.

한국이 좀 더 빨리 선진화되려면 정부와 교육 관련자들은 교육 문제에 더 큰 관심을 가지고 문제점들을 해결해 나가야 할 것이다. 미래의 한국을 발전시킬 진정한 인재를 알아보지 못하고 그를 발전시켜 주지 않는다면, 결국 한국은 똑같은 문제와 결과를 답습하게 될 것이다. 교육적인 면에 있어서도 새로운 시대의 한국을 열어나가야 할 것이다.

**- 참고 문헌 -**

안병영, 『세계화와 자유주의』, 나남 출판사, 2000.

(학생 글)

### (3) 요약보고문 쓰기 연습

**연습 1** 다음 예시문을 읽고 물음에 답해 보자.

**생명복제**

생명복제란 유전적으로 100% 동일한 개체를 창조해내는 기술이다. 복제 방법에는 수정란복제와 체세포복제의 두 가지 방법이 있다. 복제를 통해서 한꺼번에 여러 개체를 만들어내는 것을 클로닝(cloning)이라고 한다.

1996년 7월 5일은 영국 로슬린연구소에서 복제 양 돌리(Dolly)를 탄생시켜 세상에 처음 소개한 날이다. 돌리를 복제한 사람은 이안 윌머트(Ian Wilmut) 박사였다. 이 때 사용된 핵은 여섯 살짜리 암컷의 유선세포에서 제공된 것이었다. 즉, 돌리는 수컷없이 핵을 제공한 암컷과, 난자를 제공한 암컷, 그리고 대리모 등, 암컷 세 마리만으로 복제된 것이다. 과거에도 개구리를 복제한 적이 있었지만 특별히 돌리가 집중적인 관심을 받은 이유는 포유동물로서는 최초로 복제된 것이기 때문이다. 사람도 포유류이기 때문에 돌리의 탄생은 이론적으로는 무성생식적 복제가 가능하다는 것을 시사하고 있어 인간복제에 대한 우려를 현실화하는 계기가 되었다.

복제 기술이 발전함에 따라 인간복제에 대한 우려도 그만큼 커져가고 있다. 그렇다면 이러한 우려와 비난에도 불구하고 굳이 복제를 하려고 하는 이유는 무엇일까? 복제를 통해 우리가 얻게 되는 것은 무엇일까? 우리는 왜 복제를 해서는 안 되는 것일까? 단순히 신의 영역이기 때문일까?

우리는 오래 전부터 우수한 품종의 가축을 유지하려 했고 더욱 우수한 종자를 만들려는 노력을 경주해 왔다. 그러나 이 방법은 자연적인 교배에 의한 육종이라서 만약 그 한 마리의 가축이 사라지면 우수 형질도 함께 없어지고 말았다. 이제 복제를 하면 그럴 염려가 사라진다. 똑같은 것을 수없이 만들어낼 수 있기 때문이다. 인간에게 유용한 물질이나 의약품을 생산하는 형질전환동물을 한 마리 만든 다음에 그것을 수없이 복제해낼 수 있는 것이다. 고기양이 많거나 우유를 많이 내는 우량종을 많이 만들어 제 3세계에 공급해주면 식량난과 기아난을 동시에 해결할 수 있다. 사람의 면역적합유전자를 이식받은 돼지를 수 만 마리 복제해서 장기이식을 할 수도 있다. 이미 멸종된 동물이나 식물의 세포 하나만 구할 수 있으면 되살려내는 것도 가능하다.

복제는 또 불임부부에게 새로운 희망을 줄 수 있다. 정상적으로는 임신이 불가능한 부부를 위해 체세포복제 기술을 이용하면 불임문제를 해결할 수 있다. 물론 여기에서 태어난 2세는 부모의 유전자를 반씩 가지는 것이 아니고 어느 한쪽하고만 완전히 똑같은 복제품이기에 윤리 문제가 대두될 수는 있지만 말이다.

인간게놈프로젝트가 끝난 지금은 핵을 제공하는 쪽에 혹시 유전적 결함이 있는지를 미리 파악해서 이를 교정한 뒤에 복제하는 것도 이론적으로는 가능하다. 이렇게 소위 맞춤아기를 탄생시키게 되는 것이다.

복제는 이렇게 우리에게 주는 이점이 많음에도 불구하고 우리가 두려워하는 이유는 인간복제의 가능성 때문이다. 그리고 복제과정에서 대두될 갖가지 윤리적 문제에 대해 아직 적당한 해결책이 없기 때문이다. 21세기를 대변할 최첨단기술인 생명복제, 그리고 이를 이용한 난치병 치료와 장기이식 등 각종 장점들을 잘 고찰하고 적절한 대비책을 마련해 우리에게 주어진 기회를 적극 살릴 수 있어야겠다.

유민, 『바이오테크놀로지와 생명윤리』, 계명대학교출판부, 2013, pp. 95-97.

① 요약의 1단계에 맞추어 중요한 문장과 핵심어에 줄을 그어보자.

② 요약의 2단계에 맞추어 단락 혹은 내용 구성 별로 핵심 내용을 요약해 보자.

③ 요약의 3단계에 맞추어 10문장 내외의 한 문단으로 내용을 요약해 보자.

④ 요약의 4단계에서는 '생명복제 기술이 인류에게 미칠 영향'이라는 주제로 요약보고문을 작성해 보자. 글을 쓸 때 먼저 개요를 작성한 후, 목차, 서론, 본론, 결론, 주석, 참고문헌 등의 보고문의 형식을 잘 고려하여 쓰도록 하자.

**연습 2** 다음 글은 인도의 북동부에 위치한 라다크라는 지역의 전통 혼례에 대한 정보를 담고 있는 글이다. 예시문을 읽고 물음에 답해 보자.

### 라다크의 전통 혼례 풍습

(라다크에서) 결혼식은 거의 예외 없이 잔치를 벌일 시간이 많은 겨울에 행해진다. 부모, 친구, 친척들 모두가 적당한 결혼상대를 찾는 데 한몫을 한다. 혼담이 있으면 '온포', 즉 점성가는 그 쌍이 점성학적으로 어울리는지를 검토한다. 점성가가 좋다고 하면 신랑의 가족은 긴 구애의식을 시작한다. 선물과 술 항아리들을 상대편 가족에게 보내고 친구나 친척 – 흔히 외할아버지 –이 상대편의 의중을 알아보러 간다. 선물이 받아들여지면 친척들을 서로 초대하여 결혼 절차를 준비한다. 친구들, 가족, '파스푼'[2]의 구성원들이 일거리를 나누어 맡는다. 마지막으로 점성가가 결혼 날짜를 정한다.

결혼 전날에 신부를 친정에서 데리고 올 사람들이 신랑의 집에 모인다. 그들은

2 파스푼은 티베트 지방에서 생겨난 협동 조직을 이르는 말이다. 파스푼의 구성원들은 농번기에 씨 뿌리기, 곡식 수확하기, 가축 돌보기 등의 노동을 공동으로 수행하며, 중요한 행사가 있는 가정의 일을 분담해서 도와주는 역할을 한다.

노래를 잘하고 춤을 잘 추는 사람이어야 한다. 결혼식 날 그들은 긴 비단 겉옷을 입고 뾰족한 높은 모자를 쓴다. 그날 저녁에 그들은 각자 화살과 양이나 염소의 발목뼈 조각을 가지고 신부 집에 도착한다. 화살은 신부가 살 집의 신을 상징하고 뼛조각은 번영을 상징한다. 집안은 차와 술을 마시는 손님들로 가득하다. 신부는 문밖에 서서 나오라고 소리 지르는 사람들에 의해 거의 강제로 끌려나오다시피 해야 된다. 결국 신부는 눈물을 쏟으며 나온다. (중략)

신부가 초조한 표정으로 도착했다. 생애 처음으로 그 여자의 머리는 터키석이 박힌 '페라크'로 장식되었다. 그것은 어깨 아래까지 늘어져 있었다. 관습으로 어머니는 자기의 '페라크'를 큰딸이 결혼할 때 큰딸에게 넘겨준다. 이렇게 집안의 보물창고가 아내의 소유로 되어있다는 것은 라다크 사회에서 전통적으로 여자가 차지하는 강한 지위를 말해준다.

들러리와 그의 안내자들이 신부를 집까지 400야드 정도 호위해가며 네 번 멈추어서 건배를 하고 술이 담긴 그릇 주위에서 엄숙하게 춤을 추었다. 왕기알의 형 도르제가 동전과 지폐를 공중에 뿌리자 아이들은 그것을 주우려고 법석을 하였다. 집에 가까워지자 한 승려가 악령을 쫓으려고 진흙 항아리를 깨었다. 깨어진 조각이 작을수록 그 결혼은 더 번성한다는 것이다.

대부분의 행사는 밖에서, 서리가 얇게 내린 추수가 끝난 밭에서 이루어졌다. 잔치는 해가 남쪽의 높은 산 뒤로 떨어진 지 얼마 되지 않은 세시에 시작해서 저녁 아홉시가 지나도록 계속되었다. 우리는 술이 가득한 열두 개의 커다란 항아리를 마주보고 두 줄로 깔아놓은 양탄자 위에 앉았다. 라다크식의 접대 방법이 그러하므로 우리의 잔은 비자마자 채워지곤 했다. 그러나 날씨가 너무 추워서 누가 나에게 술을 더 가지고 왔을 때는 술에는 이미 살얼음이 생겨 있었다.

나도 차례가 되어 신부와 신랑 그리고 가족에게 흰 수건을 선물했다. 이것은 사람들에게 행운을 비는 전통적인 방법이었다. 받는 사람의 목에 감아주는 수건이 너무 많아지면 도와주는 사람이 옆에 있다가 반을 치웠다. 신랑의 들러리가 흰 수건을 손님 한 사람의 목에 걸어주며 춤을 시작하였고, 이윽고 거의 모든 사람이 느리고 위엄이 있는 라다크 춤을 함께 추었다. 언제나 원을 이루면서 행해지는 춤은 시간이 조금 지나면 거의 최면적인 효과가 있었다.

헬레나 노르베리 호지, 『오래된 미래』, 김종철 · 김태언 옮김, 녹색평론사, 2007, pp. 83-85.

① 요약의 1단계에 맞추어 중요한 문장과 핵심어에 줄을 그어보자.

② 요약의 2단계에 맞추어 단락 혹은 내용 구성 별로 핵심 내용을 요약해 보자.

③ 요약의 3단계에 맞추어 10문장 내외의 한 문단으로 내용을 요약해 보자.

④ 요약의 4단계에서는 '라다크와 우리나라의 전통 혼례 풍습의 비교'라는 주제로 요약보고문을 작성해 보자. 글을 쓸 때 먼저 개요를 작성한 후, 목차, 서론, 본론, 결론, 주석, 참고문헌 등의 보고문의 형식을 잘 고려하여 쓰도록 하자.

## 3) 기사문

### (1) 기사문의 개념과 특성

기사문은 신문, 잡지, 방송 등의 언론매체의 기자들이 대중들에게 새로운 소식이나 사건, 알릴만한 가치가 있는 사실을 전하기 위해 쓰는 글이다. 기사문은 설명문과 보고문과 마찬가지로 정보를 객관적으로 전달한다는 점에서 정보전달을 위한 글쓰기의 대표적인 유형이라고 볼 수 있다.

기사문은 다음과 같은 특성을 가진다.

첫째, 기사문은 정보를 전달할 때 육하원칙에 입각하여 사실을 정확하고 구체적으로 서술하는 글이다. 기사문 작성의 기본 요소인 육하원칙은 '누가, 언제, 어디서, 무엇을, 어떻게, 왜'에 대한 정보로 구성된다. 기사문의 성격에 따라 이 여섯 가지 요소 중 한두 가지가 명확하게 제시되지 않고 생략되는 경우도 있는데, 그 경우에는 해당 정보가 필수적이지 않거나 부수적인 경우일 때이다.

둘째, 기사문은 독자가 대중이라는 점에서 대중성을 띠며, 그렇기 때문에 독자로부터 신뢰를 얻으려면 반드시 공정성을 유지해야 한다. 설명문과 보고문과는 달리 기사문은 누구든지 읽을 수 있는 보편적인 글이다. 작성자가 자신의 편견이나 선입견을 가지고 어느 한 쪽으로 치우친 글을 쓰거나 사실이 아닌 정보를 담게 되면 대중의 판단도 흐려져 혼란을 야기할 수 있기 때문에 사실을 객관적이고 공정하게 전달할 필요가 있다.

셋째, 기사문은 시간과 공간적 제약을 받는 글로서, 가장 최근에 일어난 뉴스를 가장 신속하게 전달해야 하는 글이다. 대부분의 기자들은 현장에서 일어난 사건을 취재한 후 바로 기사를 작성해서 언론사에 보낸다. 이처럼 촌각을 다투는 상황에서 사건의 핵심 내용을 잘 파악해서 대중들이 흥미를 가지고 기사를 읽을 수 있도록 글을 쓰기 위해서는 다년간의 훈련 과정을 거쳐야 한다.

기사문의 유형을 크게 2가지로 분류한다면, 스트레이트 기사와 피처 기사로 나눠볼 수 있다. 스트레이트 기사에는 사실 전달을 위주로 하는 보도 기사나 뉴스성 기사가 속한다. 피처 기사에는 사실 보도와 그것을 보완하는 의견과 해설이 어느 정도 포함되는 화제 기사, 르포 기사, 인터뷰 기사, 논설, 칼럼 등이 포함된다. 여기에서는 정보전달을 위한 글쓰기의 조건에 가장 부합하는 스트레이트 기사문 쓰는 법에 대하여 알아보도록 하겠다.

### (2) 기사문 작성 방법

스트레이트 기사문은 글쓴이의 의견이나 해석 등을 배제하고 객관적인 사실 위주로만 쓴 글로서, 직접적인 정보를 전하는 기사의 가장 전형적인 형태이다. 사건이나 사고에 관한 기사나 보도 기사, 긴급 속보 등 신문의 1면을 차지하는 대부분의 기사가 바로 스트레이트 기사이다.

스트레이트 기사문을 쓸 때는 표제와 부제, 전문(前文, 리드), 본문 등의 구성을 잘 갖추어 써야 한다. 표제는 주로 헤드라인으로 불리며 기사의 제목을 뜻한다. 신문 기사를 읽을 때 가장 먼저 눈에 들어오는 제목은 기사의 성패를 좌우하는 아주 중요한 요소이다. 제목은 독자로 하여금 기사 내용에 대한 흥미와 관심을 불러일으킬 수 있어야 하며, 기사의 내용을 압축적으로 전달할 수 있는 것이어야 한다. 부제는 부수적인 제목으로서 표제에서 알려주지 못한 좀 더 구체적인 내용을 보완해 주는 기능을 한다. 짧은 기사에는 표제만 쓰고, 긴 기사에는 부제를 달아준다.

전문은 주로 리드(lead)라는 용어로 불리며, 기사가 시작되는 부분에 전체 기사의 핵심 내용을 간략하게 압축하여 정리해 놓은 글이다. 같은 사건에 대해 서술한 기사문이라 할지라도 글쓴이가 리드에서 어떤 문제점을 부각시키고 강조하느냐에 따라서 그 사건에 대한 독자의 인식이나 받아들이는 태도도 조금씩 달라질 수 있다. 그런 점에서 리드는 기사의 핵심을 전달함과 동시에 글의 방향성을 제시하는 부분이라고 할 수 있다. 대체로 리드에서 육하원칙에 따른 기사의 주요 정보들이 주어지는데, 이 때 기사의 성격상 꼭 밝힐 필요가 없는 정보는 제시하지 않는 경우도 있다.

본문은 리드에서 다룬 내용을 상세하게 설명하면서 추가할 내용이 있으면 보충하는 부분이다. 리드에서 밝히지 않은 육하원칙의 나머지 요소들도 본문에서는 반드시 제시해야 한다. 그 밖에도 사건이나 사고가 일어나게 된 배경과 발생의 원인, 진행 과정, 그 결과로 인해 드러난 현상들에 대한 자세한 정보를 사실에 근거하여 논리적으로 진술한다. 이런 구체적인 정보 덕분에 독자들은 표제와 리드를 읽으면서 가졌던 궁금증을 본문을 읽으면서 해소할 수 있게 된다.

다음 예시문은 2013년 9월에 한 달여간 터키 이스탄불에서 개최된 경주 세계문화엑스포의 성과와 전망에 대해 쓴 기사문이다. 이 글을 읽고 스트레이트 기사문의 각 구성별 내용을 요약한 후, 기사문의 조건을 잘 갖추었는지 살펴보도록 하겠다.

**경주서 시작된 실크로드 이스탄불서 한류 문화 꽃 피웠다**

**이스탄불-경주엑스포 폐막 … 지자체 주도 첫 국제무대 성황**

터키 이스탄불에서 23일간의 대장정을 마치고 폐막한 '이스탄불-경주 세계문화엑스포 2013'은 역대 최고의 성과를 거뒀다는 호평을 받고 있다. 세계 40개국이 참가한 '지구촌 문화축제'로 누적 관람객 수가 470만 명을 넘어서는 등 성황을 이루며 국가 브랜드 가치를 높였다. 다양한 분야에서 양국 간 교류도 크게 확대됐고, 실크로드의 시작점이 경주임을 세계에 알린 점도 성과로 꼽힌다.

◆ 국가 브랜드 가치 높여

이번 엑스포는 지방 정부가 주도해 국제무대에 진출한 최초의 행사다. 기획단계에서는 '무모하다'는 우려가 컸다. 인구 1천500만 명의 세계적 대도시인 이스탄불시가 인구 30만 명에도 못 미치는 경주와 함께 행사를 치르는 데 대해 난색을 표하기도 했다. 또 행사를 앞두고 대규모 시위가 벌어지는 등 안전상의 문제도 대두됐다.

그러나 행사 시작과 함께 분위기는 반전됐다. 대한민국의 뿌리와 문화 원형을 담은 문화콘텐츠가 기존 한류와 만나면서 폭발적인 시너지 효과를 냈다. 개막 5일 만에 관람객 100만 명을 돌파했고, 개막 13일 만에 당초 목표였던 250만 명을 훌쩍 넘기며 세계인을 사로잡았다. 지휘자 박범훈, 명창 안숙선, 영화감독 김기덕, 한복디자이너 이영희, 작가 이문열, 화가 박대성 등 국내 거물급 문화 · 예술계 인사들도 대거 참가해 우리 문화의 진수를 선보였다. 터키에서 처음 열린 K-POP 콘서트에는 터키뿐만 아니라 이란, 불가리아, 그리스 등 유럽에서 한류 팬 9천여 명이 몰려들기도 했다.

한국과 경북도, 경주시의 위상도 크게 높아졌다. 경북도와 경주시를 소개하는 홍보관에는 90만 명 이상이 다녀갔다. 엑스포를 계기로 한국과 경주 방문 욕구도 커졌다. 조직위가 엑스포 관람객 492명을 대상으로 설문조사를 실시한 결과 관람전에 비해 한국이나 경주 방문을 희망하는 비율이 18.2% 포인트가 높아졌다.

경제 분야의 교류도 확대됐다. 터키 최초로 한국상품이 단독 전시된 한국상품전에는 한국 중소 · 중견기업 99개사와 터키 최대의 가전업체 아르첼릭 등 250여 개사가 참여했다. 대외경제정책연구원은 이번 엑스포의 직 · 간접적 생산유발효과는 3천450억원, 부가가치 유발효과는 1천540억원, 고용유발효과는 6천400명에 이를 것으로 전망했다.

장성현, 매일신문, 2013. 9. 23.[3]

3 http://www.imaeil.com/sub_news/sub_news_view.php?news_id=47165 (2013년 11월 15일 검색)

① **표제와 부제** : 표제에서는 실크로드의 출발지가 중국의 시안이라는 기존의 상식을 깨고 실크로드의 첫 출발지가 경주였음을 강조하면서, 마지막 종착지인 터키 이스탄불에서 한국 문화를 새롭게 알리는 기회를 가졌다는 것을 은유적으로 표현하고 있다. 부제에서는 이 행사가 국가 차원이 아닌 지차체로서는 우리나라 최초로 이뤄낸 괄목할 만한 국제행사였다는 것을 부각시키고 있다. 표제와 부제는 엑스포 행사의 취지와 성과를 압축적으로 잘 표현하고 있다.

② **리드** : 이 부분의 내용을 한 문장으로 짧게 요약하면 다음과 같다. 터키 이스탄불에서 개최된 경주세계문화엑스포 2013이 23일간의 대장정을 마치고 폐막했는데, 세계 40개국이 참가한 이 문화축제에 관람객 470만 명이 다녀갔고, 양국 간의 다양한 교류도 이루어져 역대 최고의 성과를 거두었다는 호평을 받았다. 이 기사문의 리드에는 육하원칙 중에 '언제, 어디서, 무엇을, 어떻게' 등의 4가지 정보는 제시되어 있는 반면, 행사의 주체인 '누가'와 '왜' 행사가 성공을 거두었는지에 대한 정보는 나타나 있지 않다.

③ **본문** : 이 부분의 핵심 내용을 요약하면 다음과 같다. 첫째, 지방 정부가 최초로 주도한 이 국제 엑스포는 기획 단계에서는 문제점이 많았지만, 행사가 시작된 이후에는 분위기가 반전됐다. 둘째, 잘 조화를 이룬 전통 문화콘텐츠와 기존 한류 문화가 세계인의 마음을 사로잡았다. 셋째, 경북도, 경주시뿐만 아니라 한국의 브랜드 가치를 높이는 성과를 거두었다. 넷째, 경제 분야의 교류도 크게 확대되었다. 이처럼 본문에서는 리드에서 밝히지 않았던 행사의 주체가(누가) 경북도와 경주시라는 것을 명확하게 하고 있고, 행사가 성공리에 치러질 수 있었던 이유가(왜) 잘 구성된 문화콘텐츠와 프로그램, 홍보관, 전시관 등 다양한 요인들 때문이라는 것을 부가 설명하고 있다.

### (3) 기사문 쓰기 연습

**연습 1** 다음 기사를 읽고 물음에 답해 보자.

**광고천재 이제석, 왜 주목받나**

**스펙파괴 성공신화를 써라 – 우리가 버린 건 '다이아몬드'**

◆ 국내선 면접 기회조차 없던 지방대 출신 … 3년 만에 '금의환향'

KBS 2TV 월화드라마 〈광고천재 이태백〉의 모티브가 된 이제석씨(32)에 대한 관심이 뜨겁다. 폭발적인 시청률을 기록하진 않지만 '착한 드라마'의 반열에 오른 이 드라마에서 주인공 이태백(진구 분)은 매회 톡톡 튀는 광고아이디어로 시청자를 사로잡는다.

지방대를 중퇴한 후 최고의 광고기획자가 되는 모습을 그린 이 드라마의 이태백처럼 실제 인물인 이제석씨(현 이제석 광고연구소 대표) 역시 업계에서 '광고천재'로 불린다. 그도 그럴 것이 이씨는 '지방대 출신'이라는 스펙의 한계를 이겨내고 세계가 주목하는 광고크리에이티브로 두각을 드러낸 입지전적인 인물이다.

◆ 동네 '간판쟁이'에서 세계광고계 '스타'로

계명대(대구 소재) 시각디자인학과를 수석으로 나온 그는 졸업 후 수많은 기업에 입사원서를 내며 광고기획자의 꿈을 키웠다. 하지만 단 한군데도 그에게 면접통보를 해온 곳이 없었다. 각종 광고 공모전을 기웃거려도 봤지만, 입상은 늘 남의 몫이었다.

'지방대 출신이어서 그런 것일까'라는 생각에 좌절하면서도 그는 마냥 놀 수만은 없었기에 동네 작은 간판가게에서 간판디자인 일을 하며 지냈다. 그러나 광고기획자에 대한 꿈을 끝내 저버릴 수 없었고 급기야 지난 2005년 미국 유학길에 올랐다.

이후 이씨는 3년 새 세계가 주목하는 '광고천재'가 되어 돌아왔다. 미국 뉴욕 스쿨오브비주얼아트에 편입한 후 세계 3대 광고제의 하나인 '뉴욕 원쇼 페스티벌' 최우수상을 시작으로 광고계의 오스카상인 '클리오 어워드'(동상), 미국광고협회의 '애디 어워드'(금상) 등 국제적인 공모전에서 총 29개의 메달을 따냈다.

이에 그치지 않고 그는 뉴욕의 심장부 맨해튼에서 일본의 독도 침탈을 비판하는 게릴라광고 캠페인을 펼쳐 뉴욕타임스 등 국내외 언론의 집중조명을 받았다. 세계적인 경매 사이트 '이베이'에 일본의 역사교과서를 권총 모양으로 변형시킨 게릴라광고를 올려 세계 광고계를 놀라게 하기도 했다.

굴지의 글로벌 광고기획사에서 줄기찬 러브콜을 받았지만 2009년 '이제석 광고연구소'를 설립하며 이씨는 한국행을 택했다. 그리고 지금까지 크래프트사와 오레오를 비롯해 크리넥스티슈, 질레트 면도기, 시티하베스트 자선단체, 세계평화 반전단체, 미(美) 정부 마약단속국 등의 광고를 잇달아 히트시키며 왕성하게 활동 중이다.

김진욱, 머니위크, 2013. 3. 5.[4]

① 표제와 부제는 어떤 의미를 담고 있는가?

② 리드에서는 어떤 내용을 전달하고 있고, 육하원칙 중 어떤 요소들을 제시하고 있는가?

③ 본문에서 핵심적인 내용은 무엇이며, 어떤 정보를 부연 설명하고 있는가?

④ 위의 기사의 핵심내용을 중심으로 하는 700자 내외의 기사문을 작성해 보자. 글을 쓸 때 먼저 개요를 작성한 후, 표제, 리드, 본문 등의 기사문의 형식을 잘 고려하여 쓰도록 하자.

4 http://www.moneyweek.co.kr/news/mwView.php?no=2013022713428082957 (2013년 11월 20일 검색)

**연습 2** 다음의 주제로 기사문을 써 보자. 글을 쓸 때는 먼저 개요를 작성한 후, 표제, 리드, 본문 등의 기사문의 형식을 잘 고려하여 쓰도록 하자.

① 현재 가장 화제가 되고 있는 정치, 경제, 사회 분야 기사 중에 하나를 선택해 기사문을 작성해 보자.

② 현재 가장 화제가 되고 있는 예술 · 문화, 스포츠 분야 기사 중에 하나를 선택해 기사문을 작성해 보자.

③ 현재 자신의 학과 혹은 대학에서 일어나고 있는 일 중에 흥미로운 사건을 골라 기사문을 작성해 보자.

# 설득을 위한 글쓰기

VI

# 1. 설득을 위한 글쓰기의 의미

우리가 글을 쓰는 목적들 가운데 하나는 자신의 생각을 상대방에게 전달하고 이해시키려는 데에 있다. 이러한 전달과 이해는 정보 전달을 목적으로 하는 설명의 방법에 의해 일차적으로 이루어질 수 있다. 그러나 때로 한 편의 글은 이러한 정보 전달을 넘어서서 자신의 주장이 옳음을 입증함으로써 궁극적으로 상대방을 설득하는 데까지 나아가기도 한다. 어쩌면 개인적인 감상의 글이나, 객관적인 기술로 여겨지는 기록과 보고의 글쓰기조차 궁극적으로는 자기의 글을 읽는 독자가 새로운 지식과 정보를 받아들이게 함으로써 그의 태도 변화를 유도하고 행동을 유발하려는 일종의 설득 행위라고 볼 수도 있다.

설득을 목적으로 하는 글에서 주장과 설득은 동시적으로 나타나는 것이 보통이지만 구체적인 글의 성격과 종류에 따라 주장의 내용과 논리가 두드러지기도 하고, 독자의 감정에 호소하여 행동의 변화를 직접 요청하기도 한다. 자신의 의견을 주장하는 글은 설득에 목적이 있으므로 대화에서의 화자와 청자 관계와 마찬가지로 필자와 독자 간 소통의 문제가 중요하다. 글 쓰는 사람은 글의 독자가 누구인가에 대해 세밀한 관심을 기울여야 하며, 독자가 누구인가에 따라 화제나 문체는 물론 주장의 정도 내지 설득의 방식을 달리해야 한다. 글쓰기 목적의 달성 여부는 독자를 잘 파악하고 분석하는 일에 달려 있기 때문이다.

신문의 사설이나 시평, 각종 칼럼과 비평, 서평, 학술 논문 등은 주장하는 글의 대표적인 예이다. 이외에도 핵심 요지나 주제를 밝히기 위해 '주장'을 하게 되는 경우가 있는데, 특별히 글을 써서 주장을 해야 하는 상황을 구체적으로 나누어 보면 다음 몇 가지 경우가 있다. 즉 자신이 제시하려는 논제에 대해 독자 일반이 거의 알지 못하는 상태이거나, 자신의 생각과는 반대되는 주장을 갖고 있는 경우, 또 이미 논의된 사안이지만 오류가 발견되어 수정이 필요한 상황 등이다. 이때 자신의 주장을 뒷받침하는 하위 주장들은 쟁점이 있고 구체적인 것이라야 한다. 자신의 주장이 유효하며 합리적이라고 믿도록 하려면 구체적인 증거나 논거가 제시되어야 한다. 증거의 요건으로는 정확하고 정밀할 것, 충분하고도 대표적일 것, 신뢰할 만하며 명료할 것 등이 있다. 주장하는 글은 이처럼 여러 증거와 불가분의 관계에 있다.

주장하는 글은 독자의 관심을 끌고, 주장할 내용을 명확하게 제시하는 것으로부터 시작하는 경우가 일반적이다. 중간 부분에서는 그들의 입장을 뒷받침하는 세 가지 이상의 증거를 사실, 개인적 경험, 전문가의 의견, 인용문 등을 통해 제시하게 된다. 이때 필자는 '첫째, 둘째, 마지막으로', '그러나', '그러므로'와 같은 말들을 사용하여 독자로 하여금 글의 조직을 알 수 있도록 하고, 문장들과 단락들 간의 전환을 부드럽게 한다. 끝 부분에서는 필자가 개인적인 호소나 예상, 주장의 요약 등을 통해 그들의 신념을 강조하거나 행동을 촉구하여 독자의 동의를 이끌어 내게 된다.

설득을 위한 글쓰기의 특징은 크게 네 가지로 요약할 수 있다.

첫째, 글을 쓰기 전에 필자의 의도된 목적이 존재한다. 의도란 곧 어떤 목적의 달성을 위한 의식적인 목적을 갖고 있다는 것을 말하는데 물론 다른 종류의 글쓰기도 그 나름대로의 목적들, 예컨대 어떤 정보를 전달하거나 교환한다든지, 지식을 공유한다든지 하는 목적들을 어느 정도 지니고 있는 것은 사실이다. 그러나 여러 장르의 글 중에서 필자의 의도가 가장 강하게 나타나는 것은 단연 설득을 위한 글쓰기이다. 왜냐하면 설득을 위한 글쓰기는 본래부터 다른 사람들의 태도나 의견, 신념 또는 행동 등을 변화시키려는 것을 그 궁극적 목적으로 삼고 있으며, 바로 이러한 목적의 달성을 위하여 의도적으로 계획된 글쓰기이기 때문이다.

둘째, 설득을 위한 글쓰기는 일종의 의사소통 과정이다. 필자의 의도된 목적은 곧 독자와의 의사소통적 상황을 필연적으로 가정한다. 필자가 자신의 목적을 전달하기 위해서는 독자의 상황과 기존 입장을 파악하는 것이 전제되어야 하기 때문이다. 따라서 설득을 한다는 것은 곧 의사소통과 같은 맥락에서 이해되어야 하며, 필자와 독자의 만남은 이미 글쓰기의 계획 단계부터 설정될 수밖에 없다.

셋째, 독자의 태도나 행동 등에 영향을 미친다. 앞에서 말했듯이, 설득을 위한 글쓰기의 목표는 독자의 태도나 행동에 어떤 형태로든 변화를 가져오는 것이다. 이런 변화는 행동이 새롭게 창출 되거나, 기존 입장을 보강하고 조정하거나, 때로는 제거하는 형태로 나타나게 된다.

넷째, 일방적인 명령이나 복종과는 달리 청자에게 선택의 가능성을 열어 두고 있다. 설득을 위한 글쓰기가 명령과 다른 것은 논리적인 근거와 인격적 감화, 감성에 호소함으로써 독자로 하여금 그들의 기존 입장을 검토해 보도록 만든다는 데 있다. 따라서 설득을 위한 글쓰기는 필자의 일방적인 설교나 훈시가 되어서는 안 되며, 독자의 자발적인 태도나 행동의 변화를 촉구하는 호소력을 지녀야 한다. 이는 민주사회를 살아가는 시민으로서 대화를 통한 합의와 소통으로 이끄는 가장 큰 원동력으로서 설득이 담당해야 하는 역할이라고 볼 수 있다.

# 2. 설득을 위한 글쓰기의 방법

설득을 위한 글쓰기가 지향하는 목적은 두말할 나위도 없이 '설득'이다. 그렇다면 '설득'이란 무엇을 의미하는가? 일찍이 플라톤은 설득 또는 설득술이란 언어를 통하여 사람들의 마음에 영향을 미치는 기술이라고 하였다. 그의 제자 아리스토텔레스는 문답법의 한 가지 유형이라고 전제한 후, 설득 또는 설득술을 연구하는 수사학이란 어떠한 경우에나 쓰일 수 있는 그 모든 가능한 설득의 수단을 관찰 또는 발견해 내는 학문이라고 규정하였다.

현대에 들어와서도 설득은 많은 학자들에 의해 다양한 방식으로 규정되었지만, 대체로 다음과 같은 의미로 요약될 수 있다. 설득은 한 사람 또는 그 이상의 사람들이 주어진 의사소통 상황 속에서 기존 신념이나 태도, 의도, 동기, 행동 등의 반응을 창출하고 조정하는데 참여하는 활동이자 과정이라고 말이다.

설득의 방법에는 세 가지가 있다. 우선 사람들의 이성에 호소하는 것이다. 사람들은 논리적인 일반화를 추구하고자 하며, 사실과 강한 가능성에 기반을 둔 인과 관계를 통해 결론을 얻고자 한다. 예를 들어, 사람들은 의학연구 결과를 들은 후에, 보다 건강한 삶을 위해 노력하게 된다. 물론, 합리적인 주장과 비합리적인 주장을 구분할 필요가 있다. 예를 들면, 지적인 능력을 증가시킨다는 이유로 매일 30분 동안 물구나무를 서야 한다는 주장은 비합리적이라고 해야 할 것이다.

인격에 호소하여 설득을 할 수도 있다. 우리에게 다른 사람들의 존재는 매우 중요하며, 우리는 우리가 믿는 사람들의 말에 의해 설득당하게 된다. 설득하려는 사람에 대한 신뢰는 그 사람의 지식과 명성, 그리고 권위에서 나온다. 그가 전문적 지식을 가졌는지, 혹은 원인이나 결과를 보증할 만한 개인적 경험이 있는지가 신뢰에 영향을 미치는 것이다. 예를 들면 과학자가 지구 온난화의 위험성에 대해 말하거나, 유명한 운동선수가 특정 신발의 우수성에 대해서 말할 때, 그들의 주장을 받아들이는 것은, 우리가 그들의 전문성을 신뢰하기 때문이다.

끝으로 감정에 호소하는 설득도 가능하다. 이 방법은 이성에 호소하는 방법만큼이나 효과적일 수 있다. 왜냐하면 사람들은 자신들의 삶의 질이나, 다른 사람의 권리에 깊은 관심을 가지고 있기 때문이다. 우리는 무엇이 윤리적이고 사회적으로 책임감이 있는지에 대한 스스로의 느낌에 따라 어떤 논쟁을 지지하거나 반대한다. 또, 우리가 속한 집단 내에서의 수용에 대한 두려움이나 필요 역시 우리의 의견이나 신념에 영향을 준다.

설득력을 높이는 표현 기술을 몇 가지 소개한다면 다음과 같다.[1]

첫째, 한 가지 목적에 충실한 게 좋다. 중요한 목적 한 가지를 위해서는 나머지를 과감하게 포기할 필요가 있다. 독자를 설득하기 위해서는 자신의 글에서 무엇이 더 중요하고 무엇이 덜 중요한지를 파악하고, 덜 중요한 것은 과감하게 포기하는 것이다. 독자에게 전달하고자 했던 주장, 글을 쓰고자 했을 때 세웠던 최초의 목적을 잊지 않고 끝까지 밀고 나가는 것이 무엇보다 중요한 것이다.

둘째, 친숙한 것을 낯설게, 낯선 것을 친숙하게 전달한다. 타인을 설득한다는 것은 그의 흥미를 불러일으키는 일과 같다. '그 뻔한 이야기에 그런 뜻이 있었어?' 또는 '그 골치 아픈 개념을 이렇게 쉽게 이해할 수 있다니!'식으로 반응한다면 당신의 이야기는 이미 상대방을 설득하고 있는 것이다.

셋째, 주변 사례를 활용한다. 고래잡이에 관한 얘기를 쓰려고 2년 넘게 포경선을 탔던 작가 허먼 멜빌은 『모비딕』에 이런 글을 남겼다. "포경선이 나의 예일 대학이자 하버드 대학이다." 그의 작품이 독자의 마음을 움직이는 건 자신이 겪은 일, 자신이 가장 잘 아

1 설득력을 높이는 의사소통 기술에 대한 내용은 다음 블로거 kdh5029의 글을 인용하였다.(URL : http://blog.daum.net/kdh5029/8289730(2013년 10월 3일 검색))

는 주변 이야기를 기술했기 때문이다. 그는 포경선에서 벌어지는 다양한 이야기에서 인생을 배웠다. 축구선수 이영표는 한 인터뷰에서 "수비수로 살아가는 것도 공격수로 살아가는 것만큼 멋지고 근사한 일"이며 "그라운드 안에서 인생을 배운다"라고 말한 적이 있다. 『설득의 심리학』의 저자 로버트 치알디니 역시 참여적 관찰을 강조한다. "당신 이야기를 하라. 당신이 종사하는 일이 얼마나 가치 있는 일인지 끊임없이 의미를 부여하라." 치알디니는 백과사전 판매 단체의 설득 전략을 알고 싶을 때마다 훈련생을 모집한다는 신문 광고를 보고 그들 속으로 뛰어들어 갔으며 그들의 기술을 파악하려고 노력하였다. 그런 경험이 베스트셀러를 만들어 내는 원동력으로 작용하는 것이다.

넷째, 구체적인 사례를 기억하고 발굴한다. 러시아의 작가 블라디미르 나보코프는 이렇게 말했다. "훌륭한 예술에서는 디테일이 전체를 말한다. 석탄 먼지, 다람쥐 한 마리, 모텔 이름 같은 사소해 보이는 사실들이 가장 중요하다."전에 만나 나누었던 이야기 중에 상대방과 관련한 자잘한 사실들을 기억하고 다시 대화에 꺼내 놓는 사람은 상대방의 환심을 사기 쉬울 것이다. 글도 이와 마찬가지다. 일상에서 쉽게 경험하는 사례들을 꼼꼼하게 기록하고 기억했다가 글을 쓸 때 활용하는 것은 독자를 설득하는 데에 매우 유용하다.

다섯째, '성급한 일반화' 를 피한다. '빨리빨리'에 익숙해서 그런지 한국인이 자주 범하는 논리적 오류는 '성급한 일반화'라고 한다. 많은 사람들이 이 오류를 습관처럼 저지르기 때문에 이것만 조심해도 의사소통에 실패할 확률을 대폭 줄일 수 있다. 주장을 줄이고 근거를 충분히 밝히는 것이 좋다. 당신이 드는 예와 비유를 읽고 상대방이 당신의 의도를 파악한다면 가장 이상적인 의사소통이 이루어진 것이다.

여섯째, 결론부터 쓰고 부연 설명을 한다.[2] 결론이 먼저 나올 때 글의 설득력이 높아진다. 문서를 작성할 때는 '결론부터 쓰라'는 의미다. 중요한 내용을 먼저 써야 글쓴이의 의도를 분명하게 강조할 수 있다. 이것을 심리학에서는 초두 효과(primacy effect)라고 한다. 먼저 보여준 정보가 나중에 제시된 정보보다 더 큰 영향력을 행사할 수 있다는 것이다.

---

2 한경닷컴의 결론 우선 제시 서술 출처 (URL : http://m.hankyung.com/apps/column.view?id=_column_245_1&no=67 (2013년 10월 3일 검색))

# 3. 설득을 위한 글쓰기의 유형

설득을 위한 글쓰기는 신문의 칼럼과 사설, 시평으로 대표되는 논설문, 각종 비평문, 서평문, 학술 논문, 심지어 대학에서 과제물로 제출하는 보고서, 광고문과 선전문에 이르기까지 매우 많은 유형을 포함한다. 여기서는 논설문과 비평문, 그리고 서평문에 대해서 알아보기로 한다.

## 1) 논설문

### (1) 논설문의 개념과 특성

논설문은 독자가 공감할 수 있도록 어떤 사실이나 현상, 가치 등에 대해 자신의 주장을 논리적으로 쓴 글이다. 따라서 필자는 주장에 관한 객관적이면서도 구체적인 정보를 바탕으로 하여 독자가 충분히 수용할 수 있도록 독자의 지적 수준에 맞게 정확하면서도 명료하게 글을 써야 한다.

논설문은 우선 논리적인 성격을 특징으로 한다. 자신이 주장하는 바를 독자에게 효과적으로 이해시키려면 자신의 주장을 뒷받침하는 내용을 논리적으로 조직해야 한다. 연역추리[3]나 귀납추리[4], 그리고 유비추리[5] 등의 논증 방법이 자주 사용되는 것은 이 방법들이 주장을 적절히 뒷받침하는 데에 효과적이기 때문이다.

또한 논설문은 다른 종류의 글에 비해 더 독창적인 경우가 많다. 다른 사람들이 일반적으로 생각하는 내용을 가지고 진부한 표현을 사용하여 논설문을 쓴다면 독자를 설득하기 어렵다. 필자가 독창적인 생각을 독특한 표현으로 드러내어야 논설문의 설득력을 높일 수 있으므로, 필자는 자신만의 생각과 목소리를 가질 수 있도록 노력해야 한다.

끝으로 논설문은 명확해야 한다. 논설문에서 명확하지 않은 개념이나 표현을 사용하면, 독자를 합리적으로 설득하기 어렵다. 불분명한 표현으로 말미암아 독자가 개념이나 표현을 오해한다면 의도하지 않은 반응을 가져올 수 있다. 특히 논란이 있는 문제나 대립이 심한 문제를 다룰 때에는 명확한 개념과 표현의 사용에 주의해야 한다.

### (2) 논설문의 작성 방법

#### 가) 타당한 근거를 제시하고, 합리적으로 결론을 도출하라.

논리성은 의사소통을 목적으로 하는 모든 글에 요구된다. 그러나 특히 엄격한 논리 구성을 요구하는 글이 있다. 글쓴이의 입장이 강조되는 각종 비평문이나 신문 사설과 칼럼 같은 글의 경우에는 납득할 만한 근거들을 제시하여 독자를 설득하는 '논증'을 강화해야

3 연역추리란 이미 증명된 하나 또는 둘 이상의 명제를 전제로 하여 새로운 명제를 결론으로 이끌어 내는 추리 방법을 말한다. 예컨대 '모든 사람은 죽는다'라는 대전제와 '세종대왕은 사람이다'라는 소전제로부터 '세종대왕은 죽는다'라는 결론을 도출할 수 있다. 대전제는 소전제는 물론 결론까지도 구속하게 되어, 전제가 참이라면 결론 역시 참이 된다. 따라서 연역적 추론은 완전히 새로운 무엇인가를 이끌어낼 수는 없지만, 지식을 축적해 가며 세계를 이해하는 데 있어서 중요한 역할을 한다. 또한 죽음이나 우주 등과 같이 경험적으로 쉽게 확인할 수 없는 세계를 설명하는 데도 유용하다. 연역적 추론을 바탕으로 하는 글은 논리의 형식상 신뢰할 만한 결론이 도출되기에, 안정적이고 설득력이 있다.

4 귀납추리란 개별적인 특수한 사실이나 원리로부터 그러한 사례들이 포함되는 좀 더 확장된 일반적 명제를 이끌어 내는 추리 방법을 말한다. 예컨대 '세종대왕은 죽었다'는 사례와 '신사임당도 죽었다'등과 같은 사례를 모아 '그러므로 모든 인간은 죽는다'는 결론을 도출해 내는 것이다. 과학사의 많은 발견은 '귀납적 일반화의 과정'을 거쳐서 이루어졌다. 지구가 돈다는 것을 입증할 천문학적 증거들이 축적된 뒤에야, 비로소 지동설이라는 가설은 일반화될 수 있었다. 이처럼 귀납법은 경험을 바탕으로 지식을 체계화하고 새로운 진리를 수립하는 추론 방법이다. 귀납추리와 연역추리는 '구체적 사례'와 '일반적 원리' 사이를 오가면서 세계를 이해하고 체계화 하는 방법이며, 두 방법은 상호 배타적이라기보다는 상호 보완적이라고 할 수 있다.

5 유비추리는 서로 다른 체계를 연결해 새로운 발상의 전환을 불러온다. 유비추리는 두 개의 대상에서 발견되는 약간의 비슷한 속성을 근거로 하여 그 밖의 다른 속성들도 비슷할 것이라고 추리하는 방법이다. 다른 것들 사이에서 본질적인 유사점을 투시해 내는 통찰력과 재치를 무기로 삼는다. 유비추리는 귀납법에서 파생된 것이지만 일상적인 관계를 뛰어넘는 상상력을 필요로 하기에 재미있고 명쾌한 측면이 있다.

한다. 그런데 논증적인 글에서 무엇보다도 중요한 요소는 어떤 근거를 어떻게 배치해서 주장을 도출할 것인가 하는 문제이다. 근거(전제)와 이 근거에서 도출되는 주장(결론)의 관계가 얼마나 합리적인가 하는 점이 글의 성패를 좌우하게 된다. 좋은 논증이 되기 위해서는 다음과 같은 조건들을 충족시켜야 한다.

첫째, 수용 가능한 전제가 필요하다. 전제 1) 계명대학교 앞에는 술집이 많다. 전제 2) 계명대학교 학생들은 모두 그곳에서 술을 마신다. 결론) 계명대학교 앞이 상업화되는 것은 계명대 학생들의 책임이다. 전제부터 결론까지 계명대학교라는 핵심어가 반복되면서 내용이 연결되고 있다. 하지만 내용이 이어진다고 해서 결론이 참이라고 할 수는 없다. 두 번째 전제의 내용을 상식적으로 수용하기 어렵기 때문이다. 계명대학교 앞에서 계명대 학생만이 술을 마시는가? 계명대학교 앞은 계명대 학생들만의 전용 공간이 아니다. 이곳은 달서구 지역의 상업 지역으로 유동 인구의 비율이 매우 높다. 전제 2는 일반적인 상식이나 경험에 비추어 볼 때 참이 될 수 없다. 따라서 전제 1은 참이지만 전제 2가 거짓이기에 여기에서 추리된 결론은 참이 될 수 없다. 좋은 논증이 되기 위해서는 모든 전제가 일반적으로 수용할 수 있는 내용이어야 한다.

둘째, 전제와 결론은 연관되어야 한다. 전제 1) 상인동 지하철 역에서는 폭발사고가 났었다. 전제 2) 대구에서는 지하철 방화 사건이 일어났었다. 결론) 공무원 시험의 경쟁률이 점점 더 높아지고 있다. 상인동 지하철 역 폭발 사고와 지하철 방화 사건은 실제로 일어난 사건이다. 확인 가능한 사실이기에 얼마든지 수용할 수 있는 내용이다. 또한 공무원 시험 경쟁률이 높아진다는 것 역시 언론 보도를 통해 충분히 상식적으로 확인할 수 있는 사실이다. 즉, 전제와 결론이 모두 틀림없는 내용이다. 그렇다면 전제와 결론이 참이니까 이 명제는 참이 될 수 있을까? 그렇지 않다. 방화 사건과 공무원 시험은 각각의 내용은 참일지라도 서로 전혀 연관성이 없는 딴 이야기에 불과하다. 따라서 두 사항이 전제와 결론으로 연결되는 순간 이 명제는 거짓이 되고 만다. 그러므로 좋은 논증이 되기 위해서는 전제와 결론이 분명하게 연관되어야 한다.

셋째, 전제가 적절하고 충분해야 한다. 전제 1) 몬테규가와 캐플렛가는 베로나를 대표하는 가문이다. 전제 2) 몬테규가의 로미오와 캐플렛가의 줄리엣은 사랑에 빠졌다. 결론) 그들의 사랑은 비극으로 치달을 수밖에 없었다. 셰익스피어의 희곡을 생각하면서 이 명제를 검토해 보면, 전제의 내용은 모두 수용 가능하다. 희곡의 내용과 다르지 않기 때문이다. 또한 전제와 결론이 잘 연결되어 있다. 하지만 전제와 결론이 모두 참이고 연결성이 있다고 하여 꼭 좋은 논증이 될 수는 없다. 결론을 지지해 줄 근거가 부족하기 때문이다. 즉 그들의 사랑이 비극으로 끝날 수밖에 없었던 이유가 여기에서는 충분히 제시되어 있지 않다. '몬테규가와 캐플렛가는 매우 부유했다'라는 것을 추가한다면 어떨까? 이 문장 역시 내용상으로는 참이지만, 결론을 지지해 주기에는 불충분하다. 결론을 보강하기 위해서는 보다 적절하고 충분한 전제가 필요하다. '두 가문은 오랜 세월을 원수로 지내왔다'라는 새로운 전제가 들어간다면, 결론이 충분히 설명될 수 있다. 좋은 논증이 되기 위해서는 제시한 근거(전제)가 충분하고 적절해야 한다.

넷째, 기본 개념이 설정되어야 한다. 전제 1) 인간은 존엄하다. 전제 2) 인간은 타인의 생명을 함부로 해쳐서는 안 된다. 결론) 낙태는 비윤리적인 살인 행위이다. 위의 구성은 아무런 문제가 없어 보인다. 인간이 존엄하다는 것이나 타인의 생명을 해쳐서는 안 된다는 내용은 상식적으로 자연스럽게 수긍할 수 있다. 또한 전체적으로 인간의 존엄성을 계속 다루고 있기에, 전제와 결론이 자연스럽게 연결되어 있다. 왜 낙태가 비윤리적인가에 대한 근거 또한 적절하고 충분하다고 판단된다. 그렇다면 이것은 좋은 논증인가? 아니다. 여기에도 한 가지 문제가 있다. 사용한 용어가 개념적으로 애매한 부분이 있어 전체의 논리가 흔들릴 위험이 있기 때문이다. 태아는 과연 인간인가 인간이 아닌가? 만약 누군가 '태아를 어떻게 규정할 것인가', '수정된 시점에서부터 태아는 인간인가' 등의 질문을 한다면 이 논증은 근본적으로 흔들리게 된다. 전제 부분에서 태아가 인간이라는 개념 설정이 먼저 이루어져야만 낙태가 비윤리적인 살인 행위임을 주장할 수 있다. 좋은 논증이 되기 위해서는 전제의 전제라 할 수 있는 주요 용어의 기본 개념이 정립될 필요가 있다. 전제가 불충분하다는 점에서, 이 항목은 전제의 적절함과 충분함을 설명한 세 번째 조건과 밀접하게 연결되어 있다.

위에서 밝힌 네 가지 조건을 충족한다면 논증적인 글을 쓸 수 있을 것이다. 그러나 이 네 가지 조건을 충족했을 경우에도 또 다른 문제에 부딪힐 수 있다. 좋은 논증을 만들기 위해서는 마지막으로 한 가지 조건을 더 고려할 필요가 있다.

다섯째, 예상되는 반론에 대비해야 한다. 자기 논리에 빠져서 글을 쓰다 보면, 다른 가능성은 배제해 버리기가 쉽다. 하지만 동일한 문제에 대해서도 전혀 다른 관점에서 접근할 수 있기에, 반론이 나올 가능성은 얼마든지 있다. 배아연구, 사형제도, 민족주의 문제처럼 찬반 양론이 대립하는 사안이나, 사회적 이슈를 몰고 다니는 민감한 주제들은 반론의 문제에 특별히 신경을 써야 한다. 이러한 주제의 경우에는 아무리 자신의 논리가 충족적이라 할지라도 다른 맥락에서는 상반되는 견해가 제기될 수밖에 없다. 따라서 가장 쉽게 나올 수 있는 반론을 예상하여, 그것에 미리 대비할 필요가 있다.

예컨대, 일본의 식민지 지배는 결과적으로 조선의 근대화를 촉진했다는 주장을 하는 논자들이 있다. 당시의 조선이 서구적인 근대화의 기준에서 보면 매우 암담한 상황에 있었으며, 일본을 매개로 조선에 근대적 기술이 들어왔다는 것 또한 어느 정도 사실이다. 공장, 철도 등의 산업 인프라가 그때 적극적으로 만들어진 것도 부인할 수 없다. 결과적으로 일본이 조선 근대화의 초석을 만든 측면이 있다. 전제 1) 조선은 정체된 나라로 아무런 발전 가능성이 없었다. 전제 2) 일본은 조선에 근대적 기술 문명을 전달했다. 전제 3) 일본은 조선에 공장과 철도 등의 산업 시설을 만들어 주었다. 결론) 일본의 식민지 지배는 조선 근대화의 초석을 마련했다.

하지만 이런 주장에 대해서는 금방 반론이 제기될 수밖에 없다. 근대의 개념이 무엇일까? 개인의 주체적 권리와 독립 국가의 주권이 전제되지 않는 근대화가 과연 가능할까? 공장과 철도가 만들어지기는 했지만 그것은 착취와 약탈을 위한 도구가 아니었을까? 일본의 식민지 지배가 오히려 조선의 자생적 근대를 왜곡시켰고 지연시켰다는 반론에 전혀 대비하고 있지 않기에, 위의 주장은 매우 취약한 논리에 근거하고 있다.

물론 이와 반대로 일본 식민지 지배가 부당하다고 주장하는 경우에도 마찬가지이다. 아무리 자신의 입장에 심정적 확신을 가지고 있을지라도, 이를 논리적으로 주장하려면 반대의 견해를 고려하지 않으면 안 된다. 식민지 근대화론을 주장하는 측의 입장을 충분히 계산하면서 자기 논리를 펼쳐야만 상대를 설득할 수 있다. 전제 1) 조선은 500여 년 동안 독자적인 사회 체제를 유지하며 문화적 전통을 축적해 온 나라이다. 전제 2) 서구적인 근대화는 늦었지만 조선은 자생적인 변화 가능성을 갖고 있었다. 전제 3) 36년간 일본은 우리 민족을 착취하고 유린했다. 결론) 일본은 조선에 씻을 수 없는 역사적 과오를 저질렀다. 만약 이런 식으로만 주장을 한다면, 식민지 지배에 의해 생겨난 근대화의 측면을 도외시 했다는 반론을 피하기 어렵다. 따라서 이 논증이 설득력을 가지려면 '수탈을 목적으로 한 근대적 기술 문명이 짧은 시간에 이식됨으로써, 조선의 자생적 발전과 단계적 변화 가능성을 근본적으로 왜곡시켰다는 내용(전제 4)을 새롭게 첨가해야 한다.

찬반 양론이 분명한 논제일 경우, 설득력 있게 글을 쓰기 위해서는 반대 입장을 충분히 고려해야만 한다. 다른 논증의 조건은 충족시키고 있다 할지라도 공격적으로 제기될 반론에 대비하지 못한다면 그 논리는 위험할 수밖에 없다. 앞에서 제시한 다섯 가지의 사항을 고려한다면, 주장을 설득력 있게 전달하는 좋은 글을 쓸 수 있을 것이다. 다섯 가지 논증의 조건은 한 문단을 쓸 때는 물론이고 글 전체를 구성할 때도 적용된다. 또한 이것은 논리적인 글을 읽고 평가하는 잣대가 되기도 한다.

#### 나) 분명하게 관점을 제시하고, 전략적으로 표현하라.

어떤 글이 설득력을 가질 수 있기 위해서는 글쓴이의 의견이나 관점을 명확히 세울 줄 알아야 한다. 글쓴이가 자신의 주장을 독자에게 이해시키고 더 나아가 그 주장대로 믿고 따르게 하려면, 주장하고자 하는 의견이나 관점을 명료하게 설정하고 이를 효과적으로 표현해야 한다. 의견이나 관점을 설정할 때에는 관련 자료를 수집하여 비교 · 분석하는 것이 효과적이다. 정보가 제한되면 의견이나 관점이 올바르고 타당한지를 판단하기 어려우며 독자를 설득하기도 어렵기 때문이다.

또한 설득력 있는 표현 전략을 활용하여 글을 쓸 줄 알아야 한다. 설득의 목적을 달성하려면 필자의 주장과 이에 대한 타당한 논거를 바탕으로 삼아 설득력 있는 표현 전략을 활용하여 글을 써야 한다. 글의 내용, 예상 독자의 배경 지식 등을 고려하여 적절한 표현 전략을 활용하는 것이 중요하다.

아울러 짜임새 있게 글의 내용을 구성할 줄도 알아야 한다. 자신의 주장을 논리적으로 펼치려면 단계적이고 짜임새 있게 자신의 생각을 펼쳐야 한다. 일반적으로 논설문은 '서론-본론-결론'의 3단으로 구성된다. 서론이란 어떤 문제 상황을 예상 독자에게 제시하고, 현재 문제 상황의 실태를 보여 주며 이를 예상 독자에게 환기하는 단계이다. 본론은 문제 상황에 대한 주장을 명확히 세우고 논리적인 근거를 제시하여 예상 독자를 설득하는 단계이다. 결론은 본론에서 제시한 내용을 요약하거나 부족한 부분에 대한 전망 등을 통하여 주장을 강조하는 단계이다.

#### 다) 논리적으로 사고하라.

논증적인 글에서 무엇보다 중요한 것은 논리적으로 사고할 줄 아는 능력이다. 논리적인 글은 다름 아닌 논리적인 사고에서 비롯되는 것이기 때문이다. 논리적인 사고는 자기 자신의 의혹이나 혼란을 극복하게 해 준다. 그것은 무질서한 인상들에 질서를 부여하고, 막연한 추측을 검증해 주며, 자신의 신념을 더욱 확실하게 해 준다. 자신의 말이나 글이 논리적인 설득력을 가지기 위해서는 평소 논리적으로 사고하는 훈련을 꾸준히 해야 한다.

논리적으로 사고하기 위해서는 평소 다음과 같은 태도를 유지하도록 힘써야 한다.

첫째, 자기 생각이 잘못된 것일 수도 있음을 인정한다. 한 걸음 더 나아가 일단 자기 생각이 잘못된 것이라고 가정하고, 무엇이 잘못되었는가를 생각해 보는 것도 좋은 태도이다. 둘째, 결론에 도달하는 과정을 되도록 지연시킨다. 사려 깊은 사람은 쉽게 결론에 도달하지 않고 또 다른 가능성을 세심하게 검토하거나 더 많은 논거를 확보하기 위해 노력한다. 셋째, 단정적인 견해나 단순한 결론을 조심한다. 넷째, 다른 사람의 주장에서 결론의 내용은 물론이고, 그 결론에 이르는 과정이 논리적으로 정당한지 검토한다.

논리적인 사고는 비판적이고 분석적인 경향이 강하다. 그것은 감정적 편향이나 성급한 결론에 이르려는 충동을 억제하고 논리적 맥락을 섬세하게 살핀다. 그리고 자신의 주장만을 내세우기보다는 다른 사람들의 주장을 면밀하게 분석하여 그 타당성을 선입견 없이 따져보는 일도 자기주장의 논리적 정당성을 확보하는 데 좋은 수단이 된다.

논리적인 사고는 타인의 견해에 대해서 만이 아니라 자기 자신의 견해에 대해서도 비판적이고 분석적이다. 논리적으로 사고하지 않는 사람들은 자신의 주장에 논리적 정당성을 부여하지 않고 자신의 주장을 설교하고 강요한다. 논리적인 글에서 필자는 주장을 여러 번 반복하지 않는다. 주장은 글의 처음이나 끝부분에서 간명하게 제시될 뿐이고, 섬세한 추론 과정이 글의 대부분을 차지하게 된다.

논리적인 글을 쓸 때는, 극단적인 표현을 가급적 피하는 것이 좋다. '모든', '전부', '항상', '절대', '아무도', '어떤 일이 있어도' 등과 같은 표현은 논리적으로 숙고하는 것과는 거리가 멀다. 그보다는 '대체로', '아마도', '때때로', '거의', '…라고 볼 수 있다' 등과 같은 조심스런 표현이 주장의 신뢰성을 높여 준다. 우리는 글을 쓰면서 자신의 주장을 보다 강한 표현으로, 그리고 보다 단정적인 어조로 내세우고자 하는 유혹을 느낀다. 그러나 좋은 글은 그러한 유혹을 억제한다. 논리적인 글에는 간결하고 건조한 문체가 어울린다. 물론 논리적인 글에서 수식어나 수사를 사용하지 말라는 것은 아니다. 그러나 수사나 수식어들은 논리의 명료성을 훼손하거나 비논리성을 은폐할 여지가 많기 때문에 남용하지 않도록 조심해야 한다.

### 라) 올바른 주제를 선정하라.

비단 논증적 글쓰기에서만 중요한 것은 아니지만 특히 논증적 글쓰기에서 올바른 주제의 선정은 글의 성패를 좌우하는 요소이다. 주제를 선정할 때 필자는 열린 생각을 가져야 하며, 주제에 대해 객관적인 입장을 견지해야 한다. 또한 주제는 필자가 충분히 아는 내용이어야 하며, 필자가 다룰 수 있는 범위의 것이어야 한다. 주제가 선정되면 다음은 자신의 입장을 확실하게 결정해야 한다. 자신의 입장을 확실하게 하고 그 반대가 되는 입장을 정리하여 반대 입장을 어떻게 처리할 것인가를 고민한다. 논증적 글쓰기는 독자를 이성적으로 설득하는 방식의 글쓰기이므로 독자의 성격을 파악하는 일 또한 중요하다.

### 마) 논리적 오류를 범하지 않도록 주의하라.

논증의 과정에서 논리적 오류를 범하지 않도록 주의하는 것도 매우 중요하다. 우리 주변에는 잘못된 논리에 의거해서 자기주장을 전개하는 경우가 많다. 우리 주변에서 흔히 발견되는 논리적 오류들을 알아두는 것은, 다른 사람의 주장의 타당성을 판단할 수 있는 능력이 되며, 나아가 자기주장의 정당성을 강화시키는 능력이 되기도 한다.

우리가 가장 흔히 저지르는 논리적 오류들 가운데 하나는 너무 적은 증거만 가지고 결론을 이끌어내는 것이다. 예컨대 만일 내가 어떤 특정 지역 사람을 처음 만났고, 그 사람의 성격이 급하다면, 나는 그 지역 사람들의 성격이 모두 급하다는 결론을 내리기가 쉽다. 그러나 이 때 나는 매우 불충분한 정보를 가지고 결론에 도달하는 치명적 오류를 저지르고 있는 것이다.

일반화의 오류 못잖게 흔한 오류는 대안들을 간과하는 오류다. 사건 갑과 을이 서로 연관되어 있다는 이유만으로 갑이 을을 일으킨 원인이라고 결론 내릴 수 없음은 분명하다. 왜냐하면 을이 갑의 원인일 수도 있고, 갑도 을도 아닌 병이 갑과 을의 원인일 수도 있기 때문이다. 또는 갑이 을의 원인이면서 을 역시 갑의 원인일 수도 있다. 아니면 아예 갑과 을 사이에 아무런 관계도 놓여 있지 않을 수도 있다. "커플이 이별을 피할 수 있는 좋은 방법은 자주 대화를 나누는 것이다. 통계에 따르면 자주 대화를 나누는 커플은 거의 헤어지지 않는다." 여기서 자주 대화를 나누는 것은 커플 관계를 유지하는 것과 밀접한 관계에 놓여 있으며, 전자는 후자의 원인으로 파악되고 있다. 그러나 거꾸로 커플 관계의 유지가 잦은 대화를 유도할 수도 있다. 혹은 어떤 다른 것, 예컨대 성적 매력이나 물질적 조건이 잦은 대화와 관계의 유지, 둘 다의 원인일 수도 있다. 혹은 대화를 나누는 것과 관계 유지 사이에는 아무런 관계가 없을지도 모른다. 요컨대 우리는 많은 대안이 존재할 수 있다는 사실을 잊지 말아야 한다. 우리는 선택지의 수를 줄이려 하지 말고, 오히려 늘리려고 노력할 필요가 있다.

아래에서 언급한 오류들은 우리 주변에서 흔히 발견되는 것들이다. 논리적 오류에 근거한 추리를 일컬어 '오류 추리'라고 하는데, 그 가운데 대표적인 것들을 소개하면 아래와 같다.

① 인신공격의 오류: 인신공격의 오류는 논쟁의 실제 이슈를 다루기보다는 사람 자체를 공격하는 오류를 의미한다. "통상위원회장이 수많은 흥미로운 경제 정책을 제안하고 있지만, 그가 매우 부유한 가문 출신이라는 점을 우리 모두 잊지 말아야 합니다." 이 문장을 쓴 사람은 의장의 경제 정책 제안의 본질을 다루기보다 집안 배경을 비난하면서 인신공격을 하고 있다. 물론 어떤 사람의 품성이나 성실성이 문제되는 경우도 있다. 경찰서장이 법을 위반하거나 기업체 사장이 주주들을 상대로 사기행각을 벌이는 경우라면 상대방에 대한 문제를 제기하는 것은 인신공격의 오류라고 할 수 없다. 즉 인신공격의 오류란 어떤 주장을 펴는 사람에 대해 그의 특정한 자격이 아니라, 그의 정치적, 종교적 성향이나, 국적, 재산, 성적 취향 등 개인과 관련된 부분을 공격하는 오류이다.

② 논점일탈의 오류: 논리가 정연하지 못한 글을 보면 논점을 벗어나서 논제와 상관없는 논의를 하는 경우가 적지 않다. 또 때로는 필자가 의도적으로 논점을 벗어나서 관심을 다른 곳으로 돌림으로써 자기의 불리한 입장을 모면하려는 경우도 있다. 어떤 경우든 논점을 벗어난다는 것은 논리적인 글쓰기에서 치명적인 결함이다. "우리 사회, 특히 산업 현장에서는 대학이 유능한 전문 기능인을 길러 주기를 원한다. 다시 말해 사회는 대학에게 전인 교육보다 기능 교육이 중시되기를 요청하고 있다. 그러나 대학이 기능 교육만을 담당할 수는 없다. 대학은 학문을 하는 곳이며, 학문이란 진리를 탐구하는 일이다. 대학이 진리 탐구를 포기하고 권력의 시녀가

되었을 때 상아탑의 이념은 없어지고 만다." 위의 글에서 핵심 주제는 대학이 전인 교육에 중점을 둘 것인가 아니면 기능 교육에 중점을 둘 것인가 하는 것인데, 필자는 갑자기 진리 탐구라는 주제로 벗어나는 오류를 범하고 있다.

③ 애매어의 오류: 한 단어가 두 가지 이상의 의미를 가지고 있어서 의미의 애매함에 빠지는 오류를 말한다. 수사학의 중의법에 해당하는 동음이의어에서 나타난다. "모든 죄인은 감옥에 가야한다. 인간은 모두 죄인이다. 그러므로 인간은 모두 감옥에 가야한다." "A: 찰리 채플린은 큰 배우이다. B: 크긴 뭐가 커? 키가 160cm도 안 되는데!"

④ 자기모순의 오류: 논증 속에 서로 모순되는 말이 등장하여 일으키는 오류를 말한다. "이 창은 무엇이든지 뚫을 수 있는 창이다. 이 방패는 무엇이든지 막아낼 수 있는 방패이다. 그러면 이 창으로 방패를 찌르면 어떻게 되는 것일까?"

⑤ 약한 유비의 오류: 유비가 결론을 뒷받침할 만큼 충분히 강하지 못하여 빠지는 오류를 말한다. "신발을 살 때 신어 보지 않는 사람은 없고, 차를 살 때 타 보지 않는 사람은 없다. 그러므로 혼전 성관계를 하고 나서 결혼하는 것은 너무나 당연하다."

⑥ 가파른 경사 길의 오류: 가파른 경사 길의 오류는 통제할 수 없을 정도로 가파른 경사 길을 굴러 내려오는 돌멩이의 모습에서 비롯된 것이다. 일단 돌멩이가 경사 길을 굴러 내려오기 시작하면 멈추지 않고 계속 굴러가게 된다. 한 단계를 취하면 불가피하게 다음 단계로 이어지고, 결국 경사 길을 굴러서 재난에 이르게 된다고 믿는 것이 바로 가파른 경사 길의 오류이다. "사원들이 휴게실을 만들어 달라고 요구하였다. 그러나 휴게실을 만들어 주면, 다음에는 사우나실과 수영장, 그 다음에는 테니스장과 체육관을 만들어 달라고 요구할 것이다. 그 요구를 다 들어 주면 회사는 파산한다. 그러므로 나는 그들의 요구를 들어줄 수 없다." 한 단계를 취하면 불가피하게 재난의 다음 단계로 이르게 된다고 주장하고 싶다면, 자신의 주장을 뒷받침할 증거나 추론을 반드시 제시해야 한다. 아무런 증거도 없이 그 다음 단계가 당연히 일어날 것이라고 가정한다면 그것은 가파른 경사 길의 오류를 범하는 것에 불과하다.

⑦ 무지, 동정심, 군중심리 등에 호소하는 오류: 어떤 주장이 한 번도 거짓으로 드러난 적이 없다는 이유만으로 그 주장을 참이라고 논증하거나(무지에 호소), 동정심에

호소해서 특별한 취급을 해달라고 하거나, 군중의 감정에 호소하는 오류를 말한다. ㉠ 무지에 호소: "나는 그 사람이 공산당과 연루되어 있다는 것을 반증할 만한 어떤 것도 가지고 있지 않다는 정보 이외의 다른 정보는 가지고 있지 않다." ㉡ 동정심에 호소: "내가 모든 시험에서 낙제했다는 것은 잘 압니다. 하지만 이 과목을 통과하지 못한다면 나는 여름학기에 이 과목을 다시 수강해야 합니다. 그러니 제발 저를 통과시켜 주십시오!" ㉢ 군중심리에 호소: "오늘은 당신도 축구를 보세요. 모든 사람들이 볼 테니까요!"

⑧ 전건 부정 혹은 후건 긍정의 오류: "만일 p라면 q다. p가 아니다. 따라서 q가 아니다." 형식의 연역적인 오류(전건 긍정의 오류) 혹은 "만일 p라면 q다. 따라서 p다." 형식의 연역적인 오류를 말한다(후건 긍정의 오류). 진술문 '만일 p라면 q다'에서 p는 전건, q는 후건으로 불린다. ㉠ 전건 긍정의 오류: "길이 얼면, 우편배달은 늦어진다. 길은 얼지 않았다. 따라서 우편배달은 늦어지지 않을 것이다." ㉡ 후건 긍정의 오류: "길이 얼면, 우편배달은 늦어진다. 우편배달이 늦다. 따라서 길은 얼어있다."

⑨ 잘못된 딜레마의 오류: 완전히 대립되고 불공정한 두 가지 선택지만을 반대편 사람에게 제시하는 오류를 말한다. "우주는 무로부터 창조될 수는 없을 것이다. 그러므로 우주는 어떤 지적인 존재자에 의해 창조되었음에 틀림없다."

⑩ 우물에 독 뿌리기의 오류: 어떤 논증이 제시되기도 전에 그 논증을 미리 비난하기 위해 감정 섞인 말을 사용하는 오류를 말한다. "분별 있는 사람이라면 어느 누구도 그렇게 말하지 않는다."

### (3) 논설문 쓰기 연습

**연습 1** 아래의 글을 읽고 물음에 답해 보자.

**문 · 이과 프레임 깰 때다**

"테크놀로지로는 충분하지 않다는 것이 애플의 DNA입니다. 인문학과 결합된 테크놀로지여야 합니다." 이렇게 말했던 스티브 잡스의 인문학 사랑은 유별났다.

리드대에 다닐 때 수강한 서체(書體) 과목이 매킨토시 서체 개발에 영감을 준 일은 유명하다. 버튼이 하나뿐인 단순한 디자인의 스마트폰은 그가 한때 선(禪) 사상에 빠졌던 것과 무관하지 않을 것이다. 그렇다 해도 그에게 인문학은 혁신을 위한 도구에 불과했다는 느낌이다. 인문학이란 성찰과 비판의 학문인데 그는 인문학을 자기 수양의 자양분으로 삼지 못했다.

잡스가 인문학을 내면화하지 못했다 해도 기술혁신의 바탕에 인문학을 두었던 것만은 틀림없다. 추격형 경제에서 창조형 경제로 전환을 꿈꾸는 우리나라에 필요한 인재상(像)이 잡스라고 많은 이들이 이야기한다. 문제는 우리나라에서는 죽었다 깨어나도 잡스 같은 인재를 길러낼 수가 없다는 점이다. 그 이유로 첫손에 꼽히는 것이 문 · 이과 분리 교육이다. 융합형 교육을 주창한 로버트 루트번스타인 부부는 문학 수학 과학 역사 음악 미술 등 과목을 철저하게 분리시켜 학생에게 가르치는 오늘날 교육 시스템을 비판하며 "현대사회는 지식의 풍요 속에서 오히려 암흑기를 맞고 있다"라고 말한다.

문 · 이과 분리의 기원은 일본이다. 개화기 일본이 대학을 세울 때 근대화의 필요에 따라 교양교육이 아니라 전공지식 습득에 무게를 두었다. 대학을 나온 전문가들은 근대화와 제2차 세계대전 이후 일본 부흥의 주역이 되었으나 나중엔 '창의성 부족'이라는 한계를 드러냈다. 이른바 '잃어버린 10년'의 근본원인이 문 · 이과 분리에 있다는 반성이 나오는 이유다.

문 · 이과 분리 전통은 우리에게도 그대로 이식되었다. 대학들이 전공별로 학생을 모집하게 되자 고등학교도 입시제도에 맞춰 문 · 이과 분리 교육을 하게 된다. 일찌감치 심화교육을 받을 수 있는 문 · 이과 분리의 장점이 없지 않지만 삶의 목표와 적성이 뚜렷하지도 않은 아이들을 억지로 제도에 맞추는 폐해가 생겼다. 두부모 자르듯 적성이 뚜렷한 아이들도 있지만 더 많은 아이들이 그 경계선상에 놓여 있거나 문 · 이과를 나누지 않아도 되는 분야에 속해 있다. 이 아이들을 기존 프레임에 밀어 넣는 것은 개인 두뇌의 낭비이고 국가 경쟁력의 잠식이다.

수십 년에 걸친 이런 교육은 인문학과 자연과학 사이의 심각한 단절을 낳았다. 과학자이자 작가인 찰스 퍼시 스노는 1950년대에 벌써 분리 교육이 가져온 심각한 폐해를 알아차렸다. 그는 "과학자는 셰익스피어를 모르고, 인문학자는 열역학

제2법칙을 설명하지 못한다"며 둘 사이의 심각한 간극은 개인뿐 아니라 국가적 손실이라고 지적했다.

선진국을 따라 하기만 하면 되는 추격형 경제에서는 문 · 이과 분리체제가 배출한 전문 직업인이 위력을 발휘했다. 하지만 날마다 새로운 정보와 기술이 쏟아지고 지식의 유효기간이 짧아지는 시대에 자기 분야만 파는 공부는 별 의미가 없다. 전통 지식이 한계를 드러낸 상황에서 새로운 지식혁명과 부가가치는 각기 다른 것을 섞는 '융합'에서 나올 수밖에 없다.

교육부가 융합형 교육과정 도입을 검토했는데 정작 지난달 입시 제도를 발표할 때 문 · 이과 분리체제를 유지할 뜻을 비쳤다. 새로운 교육과정이 부담스러운 교사와 학습 부담 증가를 우려하는 학부모의 반발을 의식했을 것이다. 창조경제를 하려면 창의적 사고를 하는 사람부터 길러내야 하는데도 박근혜 정부는 그 베이스캠프가 되는 교육 과정을 손대지 못하고 있다. 이번 제도를 만든 교육 관료들 역시 창의적 사고를 하지 못하는 문 · 이과 분리 교육의 희생자라서 그런 걸까.

정성희, 동아일보, 2013. 9. 13.[6]

① 이 글에서 필자의 주장과 논거를 찾아보자.

② 앞에서 소개한 논설문 작성 방법이 어떤 식으로 적용되었는지를 찾아보고, 서로 이야기해 보자.

③ 이 글을 '서론-본론-결론'으로 나누어 각 부분의 내용을 요약하고, 부분별로 적합한 내용을 다루었는지 이야기해 보자.

6 http://news.donga.com/Column/3/70040100000130/20130913/57636600/1(2013년 10월 26일 검색)

연습 2 아래의 글을 읽고 물음에 답해 보자.

### 인문대 해체론

10여 년 전 노르웨이 오슬로에 가서 소설가 요슈타인 가아더를 만났다. 그가 열네 살 넘은 청소년을 겨냥해 쓴 『소피의 세계』가 2000만부 넘게 팔리던 때였다. 서양철학사(史) 핵심을 알기 쉽게 풀어 쓴 철학 소설이다. 그는 "신(神)과 우주에 대해 정답이 없는데도 인간이 끊임없이 질문을 던지기 때문에 철학은 죽지 않는다"고 했다.

"과학은 우리가 아는 것이고 철학은 우리가 모르는 것"이라는 말도 있다. 아무리 천문학이 발달해도 우주의 신비는 다 풀리지 않았다. 심리학이 번창해도 사람 속마음은 여전히 알 수 없다. 이래서 철학이 필요하고 문학도 소중하다. 진화심리학자들은 "인간이 허구를 짓는 능력 덕분에 자연환경에 적응해 진화했다"라고 말한다. 옛날이야기에서 얻은 교훈으로 실패를 피했다는 말이다.

인문학이 이토록 중요하다는데 우리 대학에선 오래전부터 '인문학 위기론'이 나왔다. 1999년 서울대 인문대 교수들은 단과대 발전안(案)을 내놓으면서 '인문학 위기'를 반성했다. "학자들이 자기 울타리에 갇혀 현실과 직결된 살아 있는 학문으로 발전시키지 못했다"고 자책했다. 사실 우리 인문대에선 문학을 가르치면서 연구와 창작을 엄격하게 나눈다. 같은 역사학인데도 한국사 · 동양사 · 서양사가 우리처럼 칸막이에 갇혀 있는 나라도 세계에 없을 것이다.

송승철 한림대 영문과 교수가 "전공의 벽에 갇힌 인문학을 교양인문학으로 바꿔야 한다"며 '인문대를 해체하라'는 글을 학술지에 발표했다. 그는 미국 컬럼비아대 교양 교육을 모범 사례로 들었다. 서양 고전문학을 읽어야 하는 '문학인문학' 강좌가 8학점짜리 전교생 필수과목이 된 지 70년이 넘었다. 그는 교수 평가를 할 때 논문 발표보다 '수준 높은 교양 저서' 출간을 더 높이 쳐야 한다고 했다. 인문학이 살아남으려면 학문의 소비자인 대중에게 인문학의 존재 이유를 입증해 보이는 수밖에 없다. 그러려면 쉽고 재미있게 글 쓰는 법부터 배워야 한다.

하버드대 신입생은 한 학기에 적어도 세 편 에세이를 써야 한다. 교수는 학생을 서른 명씩 맡아 일일이 글을 첨삭 지도한다. 하버드대가 사회에서 리더가 된 졸업생을 조사했더니 '성공 비결은 글쓰기'라는 답이 가장 많았다. 인문학 공부는 자기를 표현할 수 있는 글쓰기를 익히는 과정이다. 그러나 우리 대학엔 '글쓰기는 학문이 아니라 언어 기술(技術)일 뿐'이라고 낮춰 보는 이가 적지 않다. 글쓰기를 체계적 · 실용적으로 가르치는 선생님도 드물다. 인문학 부활은 글쓰기에서 출발해야 한다.

박해현, 조선일보, 2013, 6. 13.[7]

① '인문학의 위기'와 관련 있는 자료를 수집해 보자.

② 수집한 자료를 바탕으로 하여 자신이 주장하고자 하는 의견이나 관점을 명료하게 세워, 몇 개의 문장으로 표현해 보자.

③ 위의 문장을 바탕으로 하여 개요서를 작성해 보자.

④ '인문학의 위기'를 주제로 하여 한 편의 글을 써 보자.

**연습 3** 아래의 글을 읽고 물음에 답해 보자.

**한자 文旨**

'몽롱하다'는 말이 있다. 사전에 '흐릿하다'라고 뜻풀이돼 있다. 한자로는 '朦朧'이라고 쓴다. 朦은 '달이 뜰 때 아롱거릴 몽', 朧은 '달이 질 때 아롱거릴 롱'이다. 그러니까 '몽롱하다'는 저녁이나 새벽 무렵 달 언저리가 희뿌옇게 돼 윤곽을

7 http://m.chosun.com/article.html?contid=2013061203801(2013년 11월 18일 검색)

알 수 없는 상태를 가리킨다. '몽롱하다'는 거의 우리 토박이말처럼 쓰고 있어 굳이 한자로 표기할 필요는 없다. 그러나 이 말이 어떻게 생겨났나를 알면 그 뜻이 훨씬 실감 있게 다가온다.

대다수 사람은 이런 언어의 재미를 맛보기 힘들다. 40년 넘게 학교에서 한자 교육을 막아 '한자 문맹(文盲)'이 돼 가고 있기 때문이다. 북한 공격으로 폭침된 천안함은 초계함이었다. 지방 국립대 국문과 교수가 수업에서 초계함이 어떤 임무를 띤 배인지 물었다. 맞히면 학점을 5점 더 주겠다고 했지만 아무도 답을 못했다. '망볼 초(哨)' '경계할 계(戒)'를 알면 쉽게 점수를 올릴 수 있는 문제였다.

어느 잡지에서 '차량용 블랙박스 첨단 기술 전쟁'이라는 기사를 봤다. 제목에 '내비게이션 전철 밟을 것'이라고 돼 있다. '전철(前轍)을 밟다'는 앞사람 실패를 되풀이한다는 뜻이다. 내비게이션 과당 경쟁으로 제조업자들이 망했고 블랙박스도 같은 길을 갈 거라는 얘기인가 했더니 그게 아니다. 내비게이션이 지도책을 제치고 운전자 필수품이 됐듯 블랙박스도 필수품으로 자리 잡을 것이라는 내용이었다. 글쓴이는 '전철을 밟다'를 정반대 의미로 썼다.

치과에 가 사랑니를 뽑으러 왔다고 하니 "아, 발치하시게요?"한다. 이를 뽑고 나올 땐 "다음 내원일은…"하며 날짜를 일러준다. 쉬운 우리말로 해도 될 때 굳이 한자어를 쓰고 정작 한자의 뜻을 정확히 알고 써야 할 때는 깜깜이가 된다. 어느 인터넷 매체가 유럽컵 축구 소식을 전하며 "선수의 딸이 아빠가 방금 골을 넣은 골문 옆에서 망중한을 즐겼다."고 썼다. '바쁜 가운데 한가한 짬을 얻어 즐김'이라는 망중한(忙中閑)이 이 대목에 왜 들어갔는지 알 수가 없다.

조선일보가 새해 특집으로 '한자 문맹 벗어나자' 연재를 시작했다. '김구 선생은 암살(暗殺)로 돌아갔다'고 하자 "암(癌)에 걸려 돌아가신 거냐"고 묻는 대학생도 있다고 한다. 한자 교육 문제는 젊은 세대가 부모 이름도 한자로 못 쓴다고 개탄하는 차원을 넘어섰다. 한자 문맹이 늘어 정상적 언어생활을 할 수 없는 상황으로 치닫고 있다. 한자 교육 반대론자들도 자기 아들딸, 손자 · 손녀가 한자를 몰라 엉뚱한 말을 하고 다니는 건 원치 않을 것이다.

김태익, 조선일보, 2014. 1. 2.[8]

① 필자는 왜 한자 교육이 필요하다고 주장하고 있는가?

② 한자 교육에 대한 각자의 의견을 말해 보자.

③ '한자 교육'에 대한 찬성 입장과 반대 입장의 자료를 수집하고, 수집한 자료를 바탕으로 하여 한 편의 개요서를 작성해 보자

④ 개요서를 참고하면서 한자 교육과 관련하여 자신의 입장을 분명하게 밝히는 글을 한 편 써 보자.

## 2) 비평문

### (1) 비평문의 개념과 특성

'비평'이란 어떤 대상이나 사회의 제반 현상에 대해 분석하고 의문을 제기하며 가치를 평가하는 활동이다. 즉 예술 작품이든 사회 현상이든 분석하고 판단하는 일로부터 확장되어 나오는 의식의 복합적 행위가 비평이라 할 수 있다. 그 중에서 특히 사회 · 문화 비평은 우리 주변에서 일어나는 여러 현상들을 대상으로 삼아 일정한 기준과 관점에 의해 문제점을 지적하고 평가하기 위해 쓰는 글이다.

정치, 경제, 사회 및 문학 · 예술의 모든 영역을 포괄하는 오늘날의 사회 · 문화 비평은 그 범위가 넓어 글의 성격도 몇 가지로 묶을 수 없을 만큼 다양하다. 글이나 책의 형태로 된 텍스트뿐만 아니라 연극, 영화, 텔레비전 드라마, 미술, 음악, 만화, 스포츠, 건축, 요리, 패션, 도시 문제에 이르기까지 사회를 구성하는 모든 영역을 사회 · 문화 비평은 텍스트

8 http://m.chosun.com/svc/particle.html?sname=premium&contid=2014010102483(2014년 1월 2일 검색)

로 삼는다. 비평문은 본래 소수의 전문가 사이에서만 생산되고 수용되는 지적인 글의 유형으로 여겨졌지만, 사회의 변화에 따른 지식의 폭발적 증대와 읽고 쓰는 활동의 다양화로 말미암아 일상적인 글의 유형으로 자리를 잡게 되었다.

비평문의 첫 번째 특성은 논리성이다. 비평문은 비평하고자 하는 대상에 대한 필자의 의견이나 관점이 무엇이며 어떠한지가 논리적으로 드러나야 한다. 이를 통해 필자는 예상 독자에게 자신의 주장을 논리적으로 설득할 수 있다. 두 번째 특성은 객관성이다. 비평문은 평가의 객관성이 확보되어야 한다. 이를 위해 필자는 자신의 의견이나 관점을 명확히 드러내고 이를 뒷받침하는 객관적이고도 타당한 논거를 제시해야 한다. 객관성을 확보하려면 누구나 받아들일 수 있는 타당한 자료를 논거로 제시할 필요가 있다.

비평문과 감상문은 어떤 대상에 대한 필자의 생각을 나타내는 글이라는 점에서 비슷하지만, 글의 목적에서 차이가 있다. 비평문은 대상 자체를 분석하고 그 타당성이나 의미를 논함으로써 다른 사람을 설득하려는 목적의식이 강하다. 이에 비해 감상문은 주로 대상에 대한 필자의 정서적 반응을 나타내는 것으로 자기표현의 목적의식이 강하다. 또한, 비평문과 감상문은 글의 구성 요소에서 차이가 있다. 비평문은 대상의 내용과 관련된 화제, 필자의 비평, 근거 및 반응이 핵심적 구성요소이다. 이에 비해 감상문은 일반적으로 대상을 감상하게 된 동기, 대상의 내용 요약, 내용에 대한 감상 등으로 구성된다.

### (2) 비평문의 작성 방법

비평문을 쓸 때에는 아래 사항에 유의해야 한다. 우선 비평하려는 대상이 무엇인지 분석해야 한다. 비평 대상은 문학, 음악, 미술, 영화, 연극, 드라마 등 다양하며, 각 대상의 특성을 분석해 봄으로써 비평문에서 일관성 있는 주장을 펼쳐 나갈 수 있다.

비평 대상을 분석했다면, 그 다음에는 필자의 입장을 분명하게 해야 한다. 비평을 시작할 때에는 구체적인 부분들에 대한 평가 및 최종 비평을 토대로 비평문에서 주장하고자 하는 의견이나 관점이 무엇인지가 명료하게 설정되어야 한다.

필자의 입장이 분명해지고 나서 무엇보다 중요한 것은, 주장을 논리적으로 뒷받침할 수 있는 타당한 논거를 제시하는 것이다. 아무리 자신의 주장을 명확히 나타냈다고 하더라도 이를 뒷받침하는 타당한 논거가 없으면 설득력을 얻지 못한다.

끝으로 설득력 있는 표현 전략을 활용하여 글을 써야 한다. 비평문을 쓸 때에는 필자의 주장과 이에 대한 타당한 논거를 바탕으로 설득력 있는 표현 전략을 활용하여 글을 써야 한다. 한 번 부정한 것을 다시 부정하여 긍정을 나타내는 '이중 부정', 누구나 다 알 수 있는 사실을 물음의 형식을 활용하여 상대방이 스스로 결론을 내리도록 하는 '설의법', 표현하려는 대상이나 내용(원관념)을 독자가 알기 쉬운 다른 대상이나 내용(보조관념)에 견주어 보다 참신하고 구체적으로 나타내는 '비유' 등 다양한 표현 전략을 활용하여 글의 설득력을 높일 수 있다.

### (3) 비평문 쓰기 연습

**연습 1** 아래의 글을 읽고 물음에 답해 보자.

**봉준호라는 이름에 무임승차한 영화 설국열차**

봉준호 감독의 '설국열차(Snowpiercer, 2013)'에 대한 논란이 뜨거운 가운데 어느 평론가는 영화를 보면서 뭔가 생각하기를 좋아하는 사람들이 좋아할 만한 영화라고 했다. 이 말은 곧 영화를 보면서 뭔가 생각하기를 싫어하는 사람들은 재미없어 할 영화라는 말이 되는데, 그럼 이 영화를 재미없게 본 나는 아무 생각 없이 스크린만 쳐다보다 나온 사람에 속한다는 말인가. 갑자기 비위가 상하려고 든다.

모두가 인정하듯이 영화 '설국열차'는 계급투쟁을 그리고 있다. 꼬리칸에서 인간 이하의 대우를 받는 사람들과 그런 꼬리칸과 달리 똑같은 기차를 타고 있으면서도 호의호식하며 살고있는 앞칸과의 충돌이 주된 내용이다. 그러한 주제의식을 극대화하기 위해 폭동과 이를 진압하는 과정에서 발생하는 무자비한 살육을 비교적 적나라하게 표현하기도 했다.

자고로 자신이 가지지 못한 것을 얻기 위해서는 희생이 불가피한 법이다. 일명 기브 앤 테이크다. 다만 그 희생의 규모가 얻고자 하는 것에 비해서 지나치게 크다면 하지 아니한 만 못하기 마련이다. 커티스가 주도한 폭동은 지난 18년간에 있었던 그 어떤 폭동보다 성공적이기는 하지만 그로 인해 잃은 것도 적지 않았다.

과연 커티스의 혁명은 그만한 가치가 있는 것일까?

나름대로 오락적인 요소를 적당히 버무린 영화라는 사실을 부인하고 싶지는 않다. 그러나 제한된 공간에서 벌어지는 일이다 보니 무리수는 피할 수 없어 보인다. 먼저 온난화와 그로 인해 발생한 빙하기로 인류가 멸망한 상황에서 살아남은 사람들이 누구인가 하는 전제가 빠져있다 보니 쉬지 않고 달리는 열차와 그 열차에 타고 있는 구성원들의 정체에 대해서 좀처럼 의문이 해소되지 않는다.

또한, 꼬리칸에 타고 있는 사람들을 무임승차꾼들로 표현하면서 앞칸에 타고 있는 사람들에 대한 설명은 없다. 18년을 달려왔고 앞으로 얼마를 더 달려야 하는지도 알 수 없는 상황에서 앞칸 사람들은 어떤 자격에서 그런 호사를 누리고 있는 것인지도 분명하지 않다. 윌 포드의 일가친척이라도 되는 것일까. 아니면 설국열차를 제작하는 데 투자한 사람들일까. 그도 아니면 추첨으로 결정했을라나.

물론 열차라는 공간을 지구의 축소판으로 본다면 앞칸 승객들은 부모 잘 만나서 이유 없이 잘 사는 한량들을 묘사한 것으로 볼 수도 있겠다. 다수의 고통과 희생은 외면한 채 환락을 누리며 사는 부류들. 꼬리칸이야 서로를 잡아먹든 말든 상관없이 인류가 멸망한 후에도 배 두들기며 여유롭게 살다 지겨워지면 마약에 빠져 흥청망청 대는 존재들. 불공평의 대표적인 상징들인 셈이다.

여기까지는 그래도 이해해줄 수 있다. 인류가 멸망한 후에도 왜 그렇게 살아야 하는가에 대해서는 여전히 의문이 남지만 그래도 여기까지는 이해해줄 수 있다. 문제는 그 다음이다. 기차 마니아 또는 기술자에 불과한 윌 포트를 마치 전지전능한 신처럼 묘사한 부분에 이르러서는 혼란스럽기만 하다. 열차가 지구의 축소판이라면 신적인 존재가 필요하기도 하겠지만, 그의 느닷없는 등장은 꿰어맞추기의 결정판이라 하지 않을 수 없었다. 차라리 가상 세계인 매트릭스에서 벌어지는 일이라면 이해라도 되겠지만.

또한, 다른 캐릭터들과 어울리지 못하는 보안 기술자 남궁민수 또는 냄 궁민수의 존재도 불만스럽다. 한국 배우를 은근슬쩍 끼워 넣는 것까지야 이해해 주겠지만 한국을 배경으로 하고 있지도 않으면서 어떻게 영어도 할 줄 모르는지 알 수 없는 일이고 도대체 그가 왜 열차를 세우려고 하는 것인지도 분명하지 않다. 사람은 땅을 밟고 살아야 한다는 소신 때문으로 보이는데 그렇다고 바깥 환경에 대한 고려도 없이 무조건 기차를 세운다는 것은 지나치게 무책임하지 않은가.

어쨌든 커티스가 일으킨 투쟁의 진실이 밝혀지고 영원히 달릴 것만 같았던 기차는 멈춰 선다. 그리고 그 아비규환 중에서도 기적처럼 멀쩡히 살아남은 생존자가 발견한 것은 희망일까 아니면 절망일까. 기차는 계속 달렸어야 할까 아니면 그렇게라도 멈추는 게 나을까. 커티스는 지도자의 길을 받아들였어야 할까 아니면 거절하는 게 맞을까. 다시 말하지만, 봉준호라는 이름이 빠졌어도 그토록 과도한 해석과 찬사가 가능했을까하는 의문은 여전히 유효하다. 물론 그게 봉준호라는 이름이 갖는 무게의 의미일런지도 모르지만.

블로그 '로빈 타임스', 2013. 8. 22.[9]

① 필자의 의견이나 관점이 표현된 부분을 찾아보자.

② 필자가 자신의 주장을 뒷받침하기 위해 제시한 논거를 찾아보자.

③ 한 편의 영화를 보고 나서, 개요서를 작성한 후, 각자 자신의 관점에서 비평문을 작성해 보자.

④ 영화 이외에도 연극, 뮤지컬, 드라마, 미술 작품, 음악 작품 등에 대한 비평문을 스스로 작성한 개요서를 바탕으로 써 보자.

9 http://blog.chosun.com/blog.log.view.screen?userId=unme&logId=7102524(2013년 10월 27일 검색)

## 3) 서평문

### (1) 서평문의 개념과 특성

서평이란 책이 출간되었을 때 그 책의 내용과 장단점, 의의 및 가치에 대해 평가를 하는 글이다. 물론 해당 책에 대해 본격적으로 비평을 해야 할 필요가 있을 때에는 논문처럼 심도 있게 분석하는 서평도 있지만, 일반적으로 서평은 책의 내용과 가치를 독자들에게 쉽고 친절하게 전달하는 글이다. 서평은 일차적으로 책에 관한 정보를 소개한다는 점에서 독후 감상문보다는 객관성과 정확성을 갖추고 있어야 한다. 서평은 서평 전문지나 학술지, 시사 잡지, 문예지, 신문 등의 지면에 실리는 경우가 많다.

### (2) 서평문의 작성 방법

서평을 잘 쓰기 위해서는 우선 책내용을 정확하고 깊이 있게 읽어야 한다. 그래야만 저자가 말하려는 중심 생각을 제대로 파악할 수가 있다. 책의 핵심 사항을 파악하지 않고서는 좋은 서평을 쓸 수 없다. 또한 서평은 결국 책을 소개하는 글이기 때문에 독자들에게 책의 장단점을 정확하게 파악하여 지적해 주는 것이 중요하다. 서평을 쓸 때 조심해야 할 점은, 소개하려는 책을 실제 이상으로 부풀려 평가하는 태도는 지양해야 한다는 것이다. 서평을 쓸 때에는 공정한 시각에서 평가해야 할 뿐만 아니라, 아쉽거나 부족한 점에 대해서도 적절한 비판을 아끼지 말아야 한다.

서평은 대체로 다음과 같은 항목들을 포함하여 작성한다. 첫째, 저자의 약력이나 사상적 배경 및 학문적 업적 등을 소개한다. 둘째, 책의 개요를 소개하면서 필요한 경우 주요 내용을 발췌하여 인용한다. 셋째, 책의 저자가 내세우고 있는 주장과 견해의 독창성, 성과 및 한계에 대해 평자의 견해를 피력한다. 이때 평가의 기준과 입장을 분명하게 제시해야 한다. 넷째, 여러 권의 책에 대해 서평을 할 경우, 각각의 책에 대해 비슷한 분량으로 안배하여 글을 쓰는 것이 바람직하다. 한 책에 비해 다른 책의 내용을 과도하게 기술할 경우 글 전체의 균형이 깨질 수도 있기 때문이다.

### (3) 서평문 쓰기 연습

**연습 1** 아래의 글을 읽고 물음에 답해 보자.

**누구나 행복할 수 있다… 그건 200년 된 착각**

행복은 역사가 200년밖에 안 된 발명품이다. 행복이 애초 인간의 본성과는 무관한 '텅 빈 개념'이라는 이 책 (탁석산, 『행복 스트레스』, 창비, 2013.)의 주장은 사뭇 충격적이다. 그렇다면 아침 방송에 단골로 등장하는 행복 전도사들과 '행복'해지는 방법을 알려준다는 베스트셀러는 다 뭐란 말인가. 저자는 "행복은 좀처럼 얻기 어렵고 지속하기도 매우 힘들다"면서 "우리는 너나없이 '행복 스트레스'에 갇혀 있다"고 썼다. 이 책은 우리를 불행하게 하는 행복, 그 강박관념에 대한 탐구다.

플라톤은 모두 눈에 보이는 것에 빠져 있을 때 이데아를 내세우며 정의를 주장했고, 니체는 서양 사회가 신(神) 중심의 사고에 갇혀 있을 때 신의 죽음을 선언했다. 저자 탁석산은 철학자로서 이 시대의 화두이자 지배적 이데올로기인 행복에 대해 의심하고 회의한다. 행복에 대한 스캔들을 들추는 셈이니 이만큼 강력한 소재도 드물다.

영어 'happiness'의 본뜻은 '행운'이었다고 한다. 저자는 영국 철학자이자 법학자 제러미 벤담이 1789년 저서에서 공리주의(功利主義)를 주장하면서 행복을 쾌락과 같은 의미로 처음 사용했다는 것을 발견한다. 바로 '최대 다수의 최대 행복'이다. 아시아에서 행복은 1860년대 이후, 일본에서 처음 쓰였다. '최대 다수의 최대 행복'이라고 번역하면서 '행(幸)'과 '복(福)'을 합성해 빚어진 일이다. 일본어에 'happiness'나 불어의 'bonheur'에 해당하는 단어가 없었기 때문이다. 한국에서는 1886년 10월 4일자 한성주보(漢城週報)에 '행복'이란 낱말이 처음 등장했다.

300년 전에는 인간이 아무리 노력해도 신의 은총을 받아야 했다. 하지만 현대인은 누구나 노력하면 행복해질 수 있다고 쉽게 믿는다. "이제 '운전대'를 잡고 있는 것은 인간"(알랭 드 보통)이다. 행복은 그렇게 신을 대체하며 '세속종교'가 되었다.

저자는 "지금 행복과 불행에 깊숙이 관여하고 있는 것은 개인주의"라고 진단한다. 신과의 연결이 끊어지면서 개인은 고독해졌다. 반면, 모두가 평등한 민주주의 시대는 '누구나 행복할 수 있다'는 착각을 불렀다. 행복하고자 하는 마음과 실제로 행복하지 않은 현실 사이의 괴리를 행복이라는 추상명사가 메워주는 셈이다. 고립에서 벗어나려고 카카오톡과 페이스북을 하지만 외롭다는 진실은 조금도 변하지 않는다.

행복은 삶을 왜곡한다. 영국 문화사학자 리처드 스코시는 "자기 계발서의 연간 매출액은 10억 달러이며 항우울제 시장이 170억 달러에 육박할 만큼 행복은 유망 성장산업"이라고 말했다. 행복은 약국에서 쉽게 살 수 있는 감기약이나 소화제 취급을 받고 있다. 이 책은 "역설적이지만 방송과 책으로 나오는 '행복 상인', '범람하는 멘토'는 행복 스트레스의 방증"이라고 지적한다.

저자는 "개인과 사회의 이분법으로는 행복을 찾기 어렵다"면서 대안으로 '3분의 1원칙'을 내놓는다. "행복의 구성단위는 개인(나), 이웃(가까운 사람), 사회(어려운 사람)다. 어떤 일이 좋은 일이 되려면 자신, 가까운 사람, 어려운 사람이 골고루 좋아야 한다"는 것이다. 개인적인 차원의 마음 닦기를 강조하는 숱한 자기 계발서와 달리 이 책은 개인에게는 수행을, 가까운 사람에게는 예의를, 사회에는 평등과 공동의 부(富)가 필요하다고 강조한다.

'행복은 어떻게 현대의 신화가 되었나'라는 부제를 달았다. 행복을 다시 생각하게 하는 책이다. '행복이라는 거짓말'에 속아본 독자일수록 책장이 빨리 넘어간다. "행복과 불행은 한 묶음이다. 불행이 없다면 행복도 없다. 행복이라는 개념에서 떠나면 불행에서도 동시에 떠날 수 있다"는 말에 수긍하게 된다. "우리 사회에서는 타인의 인정을 받을 만한 업적이나 성취를 행복과 동일시하는 경향이 있다. 그럴수록 행복감을 느끼기 어려워진다"(서은국 연세대 교수)는 진단도 참고할 만하다. '행복하세요'라는 말이 폭력이 될 수 있다는 것을 이제 알겠다. 대신 이렇게 말하자. '행운을 빕니다.'

박돈규, 조선일보, 2013. 6. 1.[10]

① 자신이 읽은 책 중에 하나를 골라, 위에서 제시한 서평문 작성 방법을 참조하여 개요서를 작성해 보자.

② 개요서를 바탕으로 한 편의 서평문을 써 보자.

③ '행복'에 대한 자신의 생각을 한 편의 글로 써 보자.

**연습 2** 아래의 글을 읽고 물음에 답해 보자.

### 제레미 리프킨의 '엔트로피'

언제나 그랬듯이 현대의 사회도 문제를 안고 있다. 폭발적인 인구의 증가, 급속한 에너지와 자원의 고갈, 환경과 생태계의 파괴 등이 모두 인류의 미래를 위협하는 심각한 문제들이다. 문명비평가로 알려진 제레미 리프킨은 『엔트로피』(세종연구원)에서 이런 문제를 해결할 수 있다는 새로운 세계관을 제시하고 있다.

리프킨의 주장은 단순하다. 즉, 에너지 변환이 일어나는 모든 자연 변화와 인간의 활동은 '엔트로피 법칙'이라는 자연법칙 때문에 엔트로피라는 벌금을 물어야 하고, 그래서 우리는 '저에너지-저엔트로피 사회'를 지향해야 한다는 것이다.

그러나 리프킨의 '엔트로피 법칙'은 '우주의 엔트로피는 증가한다'는 열역학 법칙을 자의적으로 확대 해석한 것이고, 그의 새로운 세계관은 '자연으로 돌아가자'는 무책임하고 상투적인 구호와 크게 다르지 않다.

엔트로피는 '평형' 상태에서 일어나는 변화의 방향을 예측하기 위하여 도입된

10 http://news.chosun.com/site/data/html_dir/2013/06/01/2013060100012.html(탁석산, 『행복 스트레스』, 창비, 2013.에 대한 서평. 2013년 10월 28일 검색)

열역학 개념이다. 물질과 에너지의 출입이 불가능한 '고립계'에서는 언제나 엔트로피가 증가하는 방향으로 변화가 일어난다는 것이 흔히 인용되는 열역학 제2법칙이지만, 그런 단순한 표현이 열역학 법칙의 전부는 아니다.

에너지의 출입이 가능한 '닫힌 계'에서는 사정이 다르다. 물이 얼거나 공기 중의 수증기가 이슬이 되는 경우에는 오히려 엔트로피가 감소한다. 그러니까 리프킨의 '엔트로피 법칙'은 언제나 옳은 것이 아니고, 경제학자인 죠르제스크 레겐이 처음으로 제창했다는 '열역학 제4법칙'도 당연히 허구에 지나지 않는다.

리프킨의 역사관이나 현실 인식에도 심각한 문제가 있다. 예를 들어 리프킨은 "인류의 역사는 진보의 과정이 아니다"고 한다. 그러나 우리가 당면하고 있는 문제의 심각성이 역사 진보의 척도일 수는 없다. 지금의 문제가 심각하기 때문에 인류의 역사가 진보가 아니었다는 주장은 성립하지 않는다는 뜻이다. 오히려 누구나 평등한 삶을 즐길 수 있게 된 것은 명백한 역사의 진보라고 해야 한다.

많은 인용문과 통계를 이용한 그의 현실 분석은 선동적이고 비논리적이다. 예를 들어 현대 농부가 에너지를 불필요하게 낭비하고 있다고 비판한다. 그러나 현대 농부가 외부 에너지를 활용함으로써 얼마나 인간적인 삶을 누리게 되었는가를 인식해야 한다. 먹을 것을 위해서 하루 종일 일에만 매달려야 했던 '저엔트로피'의 구식 농부의 삶은 짐승과 크게 다르지도 않았을 뿐만 아니라, 그런 세상이 얼마나 불평등했던가를 말해주는 역사적 기록은 너무나도 많다.

엔트로피와 같은 과학 용어는 엄격하게 정의된 틀에서만 그 생명력이 유지된다. 자연과학의 이름 아래 논리를 전개하는 '저엔트로피 사회'의 실체는 질병과 굶주림, 그리고 불평등이 전부였던 우리의 과거에 지나지 않는다. 그나마 그런 행운이라도 누릴 수 있는 사람의 수는 10억을 넘지 못했음을 잊어서는 안 된다.

이덕환, 국민일보, 2000. 10. 29.[11]

11 http://news.naver.com/main/read.nhn?mode=LSD&mid=sec&sid1=106&oid=005&aid=0000028476 (2013년 10월 27일 검색)

① 필자의 의견이나 관점이 표현된 부분을 찾아보자.

② 필자가 자신의 주장을 뒷받침하기 위해 제시한 논거를 찾아보자.

③ 한 권의 책을 읽고 나서, 각자 자신의 관점에서 서평문을 작성해 보자.

# 자기성찰을 위한 글쓰기

# VII

# 1. 자기성찰을 위한 글쓰기의 의미

글쓰기를 해야 하는 이유는 인간만이 생각을 하고 말을 할 수 있기 때문이다. 생각하기와 말하기, 그리고 글쓰기의 관계에 있어서 자신의 생각을 논리적으로 정리하고 그 생각을 말과 글로 자유롭게 표현할 수 있어야 하는데, 세 가지 작업 중에서 글쓰기가 가장 강도 높은 훈련과 연습, 그리고 인내심을 요한다. 그런데 글쓰기 기술을 익히고 글쓰기 실력이 좋다고 해서 그 글이 반드시 좋은 글이라고 할 수는 없다. 누군가가 쓴 글을 읽었을 때 그 글을 통해 글을 쓴 사람과의 만남이 이루어지고 글을 쓴 사람과 글을 읽는 사람 사이에 교감과 소통이 이루어질 때 비로소 그 글이 생명력을 갖게 되는 것이다.

글을 통한 만남과 교감, 그리고 소통이 이루어지기 위해서는 글을 쓰는 사람이 자신을 솔직히 드러내어야 하는데, 이를 위해 글을 쓰는 사람은 자신의 내면을 깊이 들여다보고, 자신을 정확하게 파악해야 하며, 자신을 예리하게 분석할 수 있어야 한다. 이 때 자신의 내면을 깊이 들여다보는 것은 자신의 과거와 관련해서 자신의 경험과 기억과 상처 등이 무엇인지, 그리고 그것들이 지금의 자신에게 어떻게 작용하는지 분명하게 진단하는 것을 의미한다. 또한 자신을 정확하게 파악한다는 것은 자신의 현재와 관련해서 '지금, 여기'에 있는 자신이 정말로 원하는 것이 무엇인지, 잘하는 것이 무엇인지, 그리고 무엇을 하고 있는지에 대해 정확하게 아는 것을 의미한다. 그리고 자신을 예리하게 분석한다는 것은 현재 자신의 상태와 능력, 역량을 치밀하게 분석함으로써 미래의 자신을 계획한다는 것을 의미하는데, 글쓰기에 있어서 이렇게 자신의 과거와 현재, 미래를 서로 연결하는 과정과 방법을 극대화함으로써 자신의 내면과 감정을 솔직하게 드러내는 글쓰기가 바로 자기성찰을 위한 글쓰기이다.

자기성찰을 위한 글쓰기를 하기 위해서는 자기성찰의 과정을 거쳐야 하는데, 우선 혹시 숨어 있을지도 모르는 마음 속 상처를 드러낼 수 있어야 한다. 우리는 태어나면서부터 여러 가지 일들을 경험하면서 때로는 기뻐하고, 때로는 슬퍼하며, 때로는 즐거워하기도 하고, 때로는 화를 내기도 한다. 그리고 어릴 때 깊이 새겨진 마음 속 상처는 성장하면서 어느 정도 무뎌지고 아문 것 같아 보이지만 어떤 갈등을 겪거나 충격을 가하게 되면 수시로 그 상처는 덧난다. 따라서 자기 내면의 상처가 무엇인지 알고 그것을 끄집어내는 과정이 자기성찰을 위한 글쓰기에 있어서 무엇보다 필요하다.

그 다음에는 글을 쓰는 시점에서 자신의 삶을 반추해 보는 것이 필요하다. 지금까지 앞만 보고 달려오느라 자신의 삶을 되돌아 볼 기회도, 여유도 없었던 것이 사실이다. 입시 '왕국'의 각종 제왕들이 휘두르는 채찍에 이리 몰리고 저리 쏠리느라 내 삶의 형식과 내용을 진지하게 관찰할 수도, 고민할 수도 없었다. 따라서 자기성찰을 위한 글쓰기를 통해 자신이 살아온 삶의 궤적을 한번 쯤 되짚어 볼 필요가 있다. 그리고 '지금 여기'에 있는 자기 모습을 직시하고 자신의 정체성을 만들어 가는 것 또한 중요하다. 정체성은 자신의 성격과 이미지, 그리고 타인과의 관계에서 작용하는 특성 등이 일정기간 동안 지속적으로 드러나는 것을 의미한다. 정체성의 의미 속에 선천적이고 불변적인 요소가 있다고 해서 그 지속성이 정적인 종결 내지 완결을 의미하는 것은 아니다. 정체성은 다른 한 편으로 동적인 변화를 수용하고 동반하기 때문에 자신이 자기 정체성을 원하는 방식으로 만들어갈 수 있고, 이를 위해 현재의 여러 가지 경험과 그 경험을 글로 표현하는 것은 자기성찰을 위한 글쓰기에서 매우 중요한 부분이다.

과거와 현재의 자기 자신을 성찰하고 난 다음에는 과거와 현재를 바탕으로 미래의 자기 모습을 그려보는 것이 필요하다. 여기에서 한 가지 명심할 일은 어제의 내가 오늘에 이어진 것은 분명하지만 어제의 나와 오늘의 나는 틀림없이 '다른' 나이고 어제와 오늘의 '나'가 준비하고 만들 수 있는 내일의 내 모습도 분명히 내가 다르게 만들 수 있다는 사실이다.

# 2. 자기성찰을 위한 글쓰기의 방법

자기성찰을 위한 글쓰기에는 자서전 쓰기, 자기소개서 쓰기, 감상문 쓰기 등이 있는데, 각각의 글쓰기는 나름대로 특성에 맞는 글쓰기의 방법을 가지고 있다. 그리고 이 모든 종류의 글쓰기는 자기 자신의 과거 존재와 자기 역사를 바로 알고 자신의 현재와 현실을 직시하여 미래 자신의 모습을 만들어 나가기 위한 일련의 자기 경험이다. 그리고 자기성찰을 위한 글쓰기는 이러한 자기 경험을 내면화하거나 표면화해서 글 속에 자신을 직· 간접적으로 담아내는 과정이다.

자기성찰을 위한 글쓰기를 위해서는 우선 자기 자신에게 말을 걸어야 하는데, 말을 거는 방법에는 여러 가지가 있다. 자기 자신에게 편지를 쓸 수도 있고, 일기를 쓸 수도 있으며, 문학작품이나 TV 드라마, 인터넷 소설 등을 읽고 자신을 문학작품 속에 투영해 볼 수도 있는데, 자신과의 대화에서 가장 중요한 것은 자기 내면의 목소리에 귀를 기울이는 것이다.

둘째, 자기성찰을 위한 글쓰기를 위해서는 자신과 타인 그리고 자신과 타인 이외의 관계를 점검하고 그 관계를 분명히 파악해야 한다. 왜냐하면 자기 경험이라는 것이 결국은 타인과 사물, 또는 세계와의 만남을 전제로 하기 때문이다. 타인과의 관계를 통해 자신의 경험이 생기고, 사물들과의 만남을 통해 자신의 경험세계가 확장되며 자신과 타인, 그리고 사물이 공존하는 세계 안에서 자신의 경험을 공유하는 것, 예를 들면 영화 · 공연

· 미술 감상문 쓰기가 바로 자기성찰을 위한 글쓰기 방식이다.

셋째, 자기성찰을 위한 글쓰기에는 과거와 현재의 자기가 미래의 자기 모습을 만들어 가는 것까지 포함되는데, 이를 위한 글쓰기 방식으로는 자서전 쓰기와 자기소개서 쓰기, 그리고 유서 쓰기 등이 있다. 미래를 올바로 예상하고 미래의 자기 모습을 보다 정확하고 구체적으로 설계하기 위해서는 과거와 현재의 자신을 바탕으로 미래를 향해 자신을 열어 놓아야 하며 죽음의 문제와도 적극적으로 마주할 수 있어야 한다.

# 3. 자기성찰을 위한 글쓰기의 유형

## 1) 자서전

### (1) 자서전의 개념과 특성

자서전은 한 개인이 자신의 삶과 자기 삶의 발자취, 그리고 자신의 업적 등을 정리하기 위해 그때까지 살아온 삶을 되돌아보고 자기 삶의 역사에서 중요한 사건과 사실을 연대기적인 방식으로 서술하는 것을 말한다. 자서전을 쓰기 위해서는 우선 자기 삶의 중요 사건을 중심으로 연표를 만들고 연대기를 작성할 필요가 있는데, 연대기는 원래 '시간'을 의미하는 그리스어 '크로노스(chronos)'에서 나온 용어로, 역사적인 사건을 사건 발생 순서대로 기록하는 것을 의미한다. 그렇다면 자서전을 쓰기 위한 전단계에 해당하는 연대기는 탄생 시점부터 지금까지 상당 기간 동안 개인의 역사를 순차적으로 정리해서 기록한 것을 말한다.

지금까지 자신이 살아 온 자신의 삶은 그 어느 누구의 개입이나 그 무엇의 의도 또는 목적에 의해 좌지우지될 수 없다. 비록 이 세계에 '내던져진' 존재들이지만 태어나는 그 순간부터 내 삶의 주인은 바로 나 자신이다. 물론 광활한 우주로부터 출발해서 수많은 행성 중 하나인 지구, 5대양 6대주로 이루어진 지구의 아시아 대륙, 거기에서도 대한민국, 대한민국의 대구, 대구의 계명대학교, 계명대학교의 어느 한 강의실 의자, 그리고 그 의자에 앉아 있는 '나'를 발견하면 니체의 말대로 인간존재는 너무나 보잘 것 없고 하찮을 수 있다. 하지만 '나'를 전제하지 않고 의자, 강의실, 계명대학교, 대한민국, 아시아, 지구, 그리고 우주가 무슨 소용이 있으며 무슨 의미가 있겠는가? 이런 맥락에서 자신의 출생은 이 세상의 어떤 위대한 사건보다 더 위대하다. 자신의 존재와 생명에 대한 절대적인 가치를 자서전의 출발점으로 해서 지금까지 있었던 과거의 사건들을 중심으로 자기 삶의 매듭을 짓는 과정이 바로 자서전을 쓰는 과정이다.

자서전은 루소의 『고백록』처럼 심리적인 것, 성(聖) 아우구스티누스의 『참회록』처럼 종교적인 것, 괴테의 『시와 진실』처럼 문화사적인 것 등 그 형태가 다양하다. 하지만 자서전은 자서전 작성자 개인의 자기 개발보다 자신과 직접 만난 사람들이나 사물, 그리고 사건들을 더 중요하게 여기는 회상기와는 구별되어야 하고 자기 자신만의 사적인 경험을 매일 기록하는 일기와도 구분되어야 한다. 자서전은 자기 삶의 특정 사건에서 자기 자신을 적나라하게 드러내는 것을 가장 기본적인 특징으로 한다.

### (2) 자서전 작성 방법

자서전을 쓰기 위해서는 우선 그 전초 작업이라고 할 수 있는 연표를 만들어 보는 것이 필요하다. 그리고 이를 위해서는 현재의 시점에서 과거의 자기 삶을 되짚어 보아야 하는데, 그 방법은 탄생 시점에서 출발하여 현재에 이르는 방식을 취해도 되고 현재에서 탄생시점으로 거슬러 올라가도 된다. 다만 어떤 방식을 취하든지 간에 탄생 시점부터 지금까지 자기 삶에 있어서 매듭이 될 만한 중요한 사건을 하나하나 기억하는 것이 연표 작성의 기본이다. 둘째, 연표 작성에 있어서 자기 삶의 모든 사건을 자서전의 내용으로 삼을 필요는 없다. 따라서 자신의 삶에 있어서 특별히 기억될 만한 일이나 특별한 활동, 그리고 자신이 특별히 보람을 느꼈던 일을 중심으로 연표를 작성해 본다. 셋째, 연표를 중심으로 자서전을 쓸 때 연표 전체를 아우를 수 있는 제목을 만드는 것이 중요한데, 그 이유는 제목이 바로 자서전의 전체 주제가 되기 때문이다. 연표를 중심으로 스토리텔링을 하는 것도 자서전의 변형으로서 자기 삶을 이야기하는 방식이다.

### (3) 자서전 쓰기 연습

<table>
<tr><th colspan="2">연표</th><th>내 삶의 주인을 찾아 방황했던 내가 결국 내 삶의 주인이 되다.</th></tr>
<tr><td>탄생</td><td>1. 1990년<br>2월 15일</td><td>• 말띠 해 음력 1월 생 여성으로서 역동적인 미래를 향해 힘찬 발길질을 하면서 이 세상에 나왔다.</td></tr>
<tr><td rowspan="3">특별한 기억</td><td>2. 1991년 7월<br>(2세)</td><td>• 첫돌을 지난 딸을 두고 엄마가 단기유학을 갔는데, 아빠와 엄마의 결혼식 비디오를 보면서 엄마를 기억했다.<br>• 엄마보다 더 엄마 같은 할머니와 잠시도 떨어지지 않았다.</td></tr>
<tr><td>3. 1994년 3월<br>(5세)</td><td>• 아파트를 분양받아 부모님이 분가를 하게 되어 처음으로 할머니와 떨어져 살았는데, 매일 밤 할머니가 보고 싶어 울었다.<br>• 매주 할머니 댁에 가는 자동차 안에서 동화책을 열심히 읽었는데, 그것 때문에 눈이 많이 나빠진 것 같다.</td></tr>
<tr><td>4. 1996년 3월<br>(7세)</td><td>• 초등학교 입학식에 입고 간 투피스가 너무 공주 같은 분위기를 연출해서 다른 아이들 보기에 민망했다.<br>• 초등학교 2학년 때까지 매일 엄마와 일기를 함께 썼는데, 글감 찾기와 글감 구성하기, 스토리텔링하기 연습을 그때 많이 한 것 같다.</td></tr>
<tr><td rowspan="3">특별한 활동</td><td>5. 1997년 8월<br>~1999년 8월<br>(8~9세)</td><td>• 엄마와 함께 독일 뮌스터에 가서 독일 학교에 다녔는데, 처음 만난 독일 아이들의 질문 공세에 무조건 "Ja=yes"라고 대답했다. 그런데 나중에 알고 보니 질문 중에 "너희 집에 코끼리가 있니?"라는 질문도 있었다. 전학 온 지 1년이 지나 학급 회장이 되었다. 독일과 여러 나라에서 온 아이들과 함께 학교생활을 하면서 한국노래도 가르쳐 주고 한국 음식을 만들기도 하였다.</td></tr>
<tr><td>6. 2002년 3월<br>~ 2005년 2월<br>(중학생)</td><td>• 중학교 3년 동안 학급회장직을 맡았고 중학교를 전교 1등으로 졸업했다.<br>• 외국어고등학교와 일반인문계고등학교 입학을 두고 심각하고 진지하게 고민을 했는데, 의학에 대한 미련을 버리지 못해 인문계고등학교에 진학하기로 결정했다.</td></tr>
<tr><td>7. 2005년 3월<br>~ 2008년 2월<br>(고등학생)</td><td>• 고등학교 3년 동안 학급회장직을 수행하면서 매년 학급에서 피자파티를 열어 주었다. 통신사 주최 특정 이벤트에 참여하여 접속 횟수를 높이면 학급 전원이 먹을 수 있는 피자가 제공되는 행사였는데, 교과담당 선생님들을 설득하여 매년 이벤트에 참여, 통신사로부터 피자를 제공받았다.<br>• 고등학교 2학년이 되면서 학업에 대한 회의가 생기기 시작, 학업성적이 떨어지기 시작했다.<br>• 엄마의 뜻에 따라 모범생으로 살아오던 삶을 박차고 내가 원하는 방식으로 살기 시작하면서 엄마와의 갈등이 시작되었다. 결국 수능성적이 엄마의 기대에 미치지 못했고 대학에서의 전공이 의학에서 국제관계로 바뀌게 되었다.</td></tr>
</table>

| | 연표 | 내 삶의 주인을 찾아 방황했던 내가 결국 내 삶의 주인이 되다. |
|---|---|---|
| 특별한 보람 | 8. 봉사 활동 | • 중학교 때 공간울림에서 자폐아동을 위한 기금마련 연주회가 열렸는데, 그때부터 매월 3,000원씩 기부하다가 대학생이 되어서는 매월 10,000원을 더 보태어 13,000씩 기부하고 있다.<br>• 고등학교 2학년 여름방학과 겨울방학 때 엄마 학원에서 일주일에 한 번씩 저소득층 맞벌이 부부 자녀들에게 영어를 가르쳤는데, 그 아이들의 영어성적이 올라서 기분이 참 좋았다.<br>• 주말에 가끔씩 무의탁 할아버지와 할머니들을 위한 봉사활동을 했는데, 가족과 헤어져 외롭게 사시는 독거 할아버지와 할머니, 몸이 불편하신 할머니와 할아버지의 말벗이 되어 주었다. |
| | 9. 영어 스펙 | • 어릴 때부터 영어 듣기 훈련을 집중적으로 했는데, 중 · 고등학교 때 교내 · 외 영어듣기 경시대회에서 매번 만점을 받을 수 있어서 시간과 노력을 투자한 보람이 있었다.<br>• 고등학교 1학년 여름방학 때 영국 플리머스에 어학연수를 가게 되었는데, 처음에는 낯설었지만 금방 적응한 뒤 영어로 한국어와 한국문화를 적극적으로 소개할 수 있어서 참 보람이 있었다. |
| | 10. 내 삶의 주인은 바로 나 | • 고등학교 때 학업 성적이 많이 떨어져서 본래의 꿈을 이루지는 못했지만 영어 관련 실력과 스펙을 인정받아 입학 우수 장학생으로 선발된 것은 부모님의 경제사정을 고려할 때 참 잘 된 일이다.<br>• 대학교 입학 전까지는 부모님과 학교로부터 보호를 받으면서 비교적 타율적인 삶을 살았는데, 대학생이 되고 난 후에는 내가 원하는 삶을 내가 주인이 되어 자율적으로 살기 위해 계획을 세우고 실천하기 위해 마음을 다잡았다. 그런 나 자신의 모습이 보기에 좋다. |

### 내 삶의 주인을 찾아 방황했던 내가 결국 내 삶의 주인이 되다.

음력 정월에 태어난 말띠 여자아이는 그 성격과 행동에 있어서 활발하고 호방한 기질을 선천적으로 가지고 있을 것이다. 거기다가 성장과정이 비교적 원만하고 성장에 필요한 자양분이 충분히 공급되었기에 그 삶의 내용은 풍성하고 생동감이 있을 것이다.

어려서부터 조부모님과 함께 생활을 하면서 부모님과 조부모님의 지극정성과 보살핌 아래 성장했기 때문에 밝고 긍정적인 성격을 가지게 되었고, 어른들로부터 예의 바르다는 소리를 늘 들었다. 그래서 지금도 선배님과 선생님들께 기본적인 예를 갖추는 데는 익숙한 편이다. 대가족의 장점이 성격형성에 그대로 반영되어 있고 가족들로부터 충분한 사랑을 받았기 때문에 다른 사람을 사랑하는 방법을 잘 안다. 또한 조부모님과 부모님으로부터 너무 많은 것을 받았기 때문에 남을 위해 줄 수 있는 것이 많다고 생각한다.

초등학교 2학년 2학기부터 4학년 1학기까지 2년 동안 어머니와 함께 독일에서 생활을 했는데, 독일 초등학교를 다니면서 6개월 정도의 적응 기간을 거친 후, 각국 출신의 각각 다른 피부색을 가진 친구들과 아무런 거리낌 없이 의사소통을 할 수 있었다. 그리고 3학년 때는 학급회장이 되었다. 독일에서도 피아노 레슨을 계속 받았기 때문에 피아노를 치면서 우리나라의 동요를 학급 친구들에게 연주해 주고 가르쳐 주었으며 어머니의 도움을 받아 아이들에게 만두 빚는 법도 가르쳐 주었다. 이렇게 초등학교 시절 독일학교에서부터 학급회장을 하면서 섬기는 리더십을 실천했고, 중학교와 고등학교 시절 6년 동안 줄곧 학급회장을 하면서 급우들의 손과 발 역할을 했다. 이때의 경험을 통해 권위를 가지고 군림하는 것보다 낮은 곳에서 섬김을 실천하는 것이 더욱 더 중요한 리더의 덕목이라는 것을 배울 수 있었다.

귀국 후에는 우리나라 초등학교 생활에 적응하는 것이 조금은 힘들었지만 특별히 공부를 잘해야 한다는 부담감은 없었기 때문에 초등학교 시절을 친구들과 함께 즐겁고 유쾌하게 보낼 수 있었다. 다른 과목은 특별히 열심히 하지 않았지만 영어를 위해서는 지금 생각해도 나 자신이 대견할 만큼 시간과 노력을 투자했다. 그때의 영어 공부 습관이 소중한 재산이 되어 지금 영어로부터 자유로울 수 있다.

중학교 3년 동안 학업과 생활면에서 후회 없는 삶을 살았다. 3년 동안 줄곧 학급회장을 하면서 선생님의 신뢰와 친구들의 지지를 받았고, 전교 1등으로 졸업을 했다. 외국어고등학교와 일반인문계고등학교 사이에서 고민과 갈등을 많이 했지만 당시에는 의사가 되고 싶다는 생각이 강했기 때문에 일반인문계고등학교에 입학하기로 결정했다. 고등학교 3년 동안도 역시 학급회장을 맡았는데, 고등학교 시절 특별히 기억에 남는 일이 있다. 매년 급우들에게 피자파티를 열어 준 일인데, 통신사 주최 특정 이벤트에 참여하여 접속 횟수를 높이면 학급 전원이 먹을 수 있는 피자가 제공되었다. 교과담당 선생님들을 설득하여 매년 이벤트에 참여, 최고의 접속 횟수를 기록해 통신사로부터 모든 친구들이 실컷 먹기에 충분한 피자를 제공받아 피자파티를 연 것이다.

중학교 때 수성구에 있는 하우스콘서트장인 공간울림에서 자폐아동을 위한 기금 마련 연주회가 열렸다. 그 때 어머니와 함께 연주회를 보러 갔다가 자폐아동의 힘든 상황에 대해 듣고 적은 금액이나마 우선 나의 용돈으로 평생 기부금을 내겠다고 작정했다. 그때부터 봉사에 대해 관심을 갖고 기부 봉사활동을 실천하게 되었다. 그 당시에 매월 3,000원으로 기부금을 정했는데, 대학생이 되면서 매월 10,000원씩을 더 보태어 지금까지 기부를 해오고 있다. 중·고등학교 다닐 때 한편으로 의무봉사 활동에 충실하면 또 다른 한편으로는 자발적으로 봉사활동을 찾아 다녔다. 지금도 저소득층 맞벌이 부부 자녀들을 일주일에 한 번씩 정기적으로 만나 그들에게 영어를 가르치고 있다. 또한 무의탁 할아버지 할머니들을 위한 봉사활동에서는 가족과 헤어져 외롭게 사시는 할머니와 할아버지, 몸이 불편하신 할머니, 할아버지, 그리고 거동이 자유롭지 못한 할아버지와 할머니들을 만나 뵐 수 있었는데, 친할아버지와 친할머니께 정성을 다하듯 그분들을 섬긴다.

특유의 긍정적인 사고방식과 적극적인 성격으로 매사에 최선을 다하려고 노력하지만 시작한 일이 끝을 맺는 일보다 많은 것은 고쳐야 할 점이다. 열정이 가득하고 일에 대한 욕심도 많은데, 가끔씩 마무리를 허겁지겁하는 경우가 있다. 좋고 싫음을 분명히 밝히지 못하는 성격이며 나의 이야기를 하는 것보다 남의 이야기 듣는 것을 잘하고 특별히 친한 친구가 많은 것은 아니지만 주변에 친구가 늘 많은 편이다.

대학생이 되어서는 고등학교 때까지와 달리 내가 내 삶의 주인이 되어 자율적인 삶을 살고 싶다. 필요하면 여러 가지 면에서 독립선언을 해야 할 것이다. 그것이 일시적으로는 불편하고 불안하다고 하더라도 지금까지 외부로부터의 정신적·물질적인 지원을 충분히 받았기 때문에 그것을 밑거름으로 삼아, 보기 좋은 내 삶의 열매를 맺게 하고 싶다. 이를 위해 오늘도 나는 내 삶의 터전을 열심히 가꾼다.

(학생 글)

**연습 1** 자기 삶의 10대 사건을 연표로 정리해 보자.

**연습 2** 연표를 바탕으로 개요를 작성한 후 자서전을 써 보자.

자서전을 쓰고 나면 자연스럽게 자신의 미래를 설계할 수 있다. 과거와 현재와 미래는 일직선상에 놓여 있으면서 단순히 순차적으로 진행되는 시간 개념이 아니다. 물론 우리가 경험하는 시간이 삶과 죽음을 기준으로 시작과 과정과 끝으로 구성되기 때문에 유한하고, 그 유한성 속에서 시간이 과거와 현재와 미래로 구분되지만, 사실은 어제와 오늘과 내일이 단순히 과거와 현재, 그리고 미래로 규정되지 않는다. 어제는 어제지만 오늘도 내일의 어제이고 내일도 모레의 어제이다. 내일은 오늘의 미래이지만 오늘은 어제의 미래였고, 어제는 그저께의 미래였다. 따라서 어제와 오늘, 그리고 내일은 순환적이고 유기적인 관계에 놓여 있다.

이런 맥락에서 나의 미래 또한 구성적이 될 수 있다. 과거와 현재와 미래가 순차적인 진행에 의한 결과로서 가시화된다면 나의 미래는 지금까지 내 삶에 의해 결정될 수밖에 없지만 꼭 그런 것만은 아니다. 어제의 내가 오늘에 이어진 것은 분명하지만 어제의 나와 오늘의 나는 틀림없이 '다른' 나이다. 따라서 어제와 오늘의 '나'가 준비하고 만들 수 있는 내일의 내 모습도 분명히 다를 수 있다. 어제를 거름 삼아 오늘 씨를 뿌리고 가꾸면서 내일 열매를 맺을 나의 모습을 상상하고 기대해 볼 수 있다.

**〈미래의 자기 모습 상상하기〉**

| | 자신의 모습 관련 키워드를 찾아보고 자신의 미래를 상상해 보자. |
|---|---|
| 나의 직업 | • 캐논 한국지사 부사장<br>• 사람과 기념일 사진 촬영 전문가<br>• 광고사진 작가<br>• 대한민국 광고대상 심사위원(장)<br>• OO 대학교 사진학과 외래 강사 |

| | 자신의 모습 관련 키워드를 찾아보고 자신의 미래를 상상해 보자. |
|---|---|
| 나의 꿈 | • 찍고 싶은 광고 사진 마음껏 찍기<br>• 환경보호 홍보사진–지구촌 환경문제<br>• 선거 홍보사진–건전한 선거문화<br>• 출산장려 홍보사진–사람이 미래다<br>• 결혼 홍보사진–아름다운 부부<br>• 더불어 살아가기 홍보사진–다문화와 문화다양성<br>• 다큐멘터리 홍보사진–현장고발<br>• 문화(재) 홍보사진–대한민국의 잠재력<br>• 2020년 대한민국 광고대상 입상<br>• 2023년 대한민국 광고대상 대상<br>• 2030년 대한민국 광고대상 심사위원(장)<br>• 캐논 한국지사 사장 |
| 나의 가족 | • 배우자의 조건–사랑, 물질, 외모, 성격, 유머감각, 직업, 맞벌이 등<br>• 자녀–자녀의 수, 성별, 자녀의 의미<br>• 나의 부모–거주지, 경제력, 부모에 대한 의존도와 책임감, 개입여부<br>• 배우자의 부모–거주지, 경제력, 부모에 대한 의존도와 책임감, 개입여부 |
| 50살의 자화상 | • 지금 나는 사랑하는 사람과 살고 있는가?<br>• 지금 나는 내 가족들과 소통을 잘 하고 있는가?<br>• 지금 나는 내 삶에 만족하는가?<br>• 지금 나는 물질적으로 부족함이 없는가?<br>• 지금 나는 내가 원하는 일을 하고 있는가?<br>• 지금 나는 나의 역할을 잘 수행하고 있는가?<br>• 지금 나는 행복한가?<br>• 지금 나는 사회에 유익한 일을 하고 있는가?<br>• 지금 나는 주변의 사람들로부터 신뢰를 받고 있는가?<br>• 지금 내 주변에 믿을 만한 사람들이 있는가? |
| 제2의 인생 설계를 위한 자기점검 | • 인생에 있어서 가장 중요한 것은 무엇인가?<br>• 사람 안에는 무엇이 들어있는가?<br>• 사람에게 허락되지 않은 것은 무엇인가?<br>• 사람은 무엇으로 사는가?<br>• 성공한 삶은 어떤 것인가?<br>• 지금까지 나는 무엇을 위해 달려 왔는가?<br>• 지금 내가 꼭 하고 싶은 것은 무엇인가?<br>• 지금 나에게 가장 중요한 것은 무엇인가?<br>• 지금 직장을 그만두게 된다면 나는 무엇을 할 수 있는가?<br>• 지금 내가 새로운 직장을 구한다면 무엇을 제일 먼저 고려할 것인가?<br>• 나는 지금 내가 살고 있는 삶을 여러 번 반복해서 살고 싶은가?<br>• 나는 지금 내가 살고 있는 삶을 절대로 반복하고 싶지 않은가?<br>• 인생이란 무엇인가?<br>• 죽음이란 무엇인가? |

**연습 3** 30년 후 자신의 자화상을 가족과 일을 중심으로 상상해 보자.

## 2) 자기 소개서

### (1) 자기 소개서의 개념과 특성

자기 자신의 과거에 대한 점검과 현재에 대한 분석 자료를 토대로 자기 소개서를 작성할 수 있다. 자기 소개서는 상급학교를 진학하거나 입사할 때 지원자가 자신에 대해 보다 상세하고 정확하게 기록함으로써 제 3자에게 자신의 모습을 비교적 솔직하게 드러내는 글이다.

자기 소개서는 지원자의 성장과정과 가정환경, 학교와 각종 사회활동 사항, 성격, 특기, 대인관계, 인생관, 그리고 장래성 등을 알 수 있는 자료이며, 자기 소개서를 통해 지원자의 어휘력과 표현력, 문장 구성력과 글쓰기의 논리성 등을 점검할 수 있다. 그리고 자기 소개서를 통해 무엇보다도 지원자의 개성과 창의성, 협동심과 잠재 가능성 등을 가늠할 수 있다.

자기 소개서는 면접의 기초자료로서 활용될 뿐만 아니라 면접 결과와 더불어 입사의 당락에 결정적인 영향을 미치는 변수로 작용하기 때문에 반드시 사실에 입각하여 자기 소개서를 작성해야 한다. 지원자는 면접 시 자기 소개서의 내용과 답변 내용이 일치할 수 있도록 작성된 자기 소개서를 여러 번 큰 소리 내어 읽으면서 꼼꼼하게 수정하고 난 후 제출한다.

### (2) 자기 소개서 작성 방법

자기 소개서는 면접 시 지원자의 신뢰성을 평가하는 자료로 활용되기 때문에 거짓 내용을 담아서도 안 되며, 내용을 필요 이상으로 부풀려서도 안 된다. 그리고 자기 소개서의 내용은 구체적이라야 한다. 예를 들면 '자신이 성실하다'는 말을 할 때 막연히 '성실하다'라고 하는 것보다 '초 · 중 · 고등학교 12년 동안 한 번도 결석하지 않을 만큼 성실하다'처럼 쓰는 것이 좋다. 또한 자기 소개서를 쓸 때에는 한 문장을 너무 길게 쓰지 않고, 빈번한 접속사의 사용을 자제한다.

자기 소개서는 사회의 전반적인 합의에 의한 규칙을 준수해야 하는 실용문서이기 때문에 한 세대에 국한되어 사용되는 은어나 지나친 줄임말, 그리고 통신용 언어를 사용하면 안 된다. 꼭 필요한 경우가 아니라면 지역어(방언)를 사용하지 않고 표준어 사용을 원칙으로 한다.

초고 작성 후 여러 번 수정 · 보완 작업을 거치고 충분한 쓰기 연습을 한 후 본격적인 자기 소개서 작성에 들어간다. 자필로 자기 소개서를 써야 할 경우 맞춤법에 맞추어 정성스럽게 또박또박 쓴다. 최종 마무리 단계에서는 제시된 형식과 분량에 맞게 자기 소개서가 작성되었는지 검토하고, 적재적소에 맞는 어휘를 사용했는지, 주어와 서술어의 호응관계가 맞는지, 문단과 문단이 논리에 맞게 연결되었는지, 그리고 글 전체의 맥락이 자연스러운지를 최종적으로 점검하고 마무리한다.

### ① 성장환경

현재의 '나'를 있게 한 밑거름이 되는 부분으로 가족사항이나 환경, 그리고 성장 과정을 짧게 적는다. 글의 서두에 해당하는 부분이기 때문에 읽는 사람에게 호기심과 호감을 줄 수 있는 에피소드를 전체 글의 전개에 무리가 가지 않는 범위 내에서 끌어들인다.

성장과정에서 겪었던 어려움에 대해 솔직하게 밝히면서 그것을 극복한 과정과 그것이 자신에게 미친 긍정적인 영향 등을 함께 적는다.

### ② 성격, 생활태도 및 특기사항

성격과 생활태도는 타인과의 관계에서 형성되고 표출되기 때문에 친구나 가족, 그리고 선 · 후배와의 관계에서 성격의 장 · 단점이 드러났던 일화를 소개하는 것도 필요하다. '적극적이다', '긍정적이다', '진취적이다', '사교적이다' 등의 추상적인 제시어를 사용해서 자신의 성격을 표현하는 것은 자제해야 한다. 자신의 장점을 부각시키되 단점에 대해서도 직업과 관련해서 적극적인 개선의 의지를 보인다면 솔직한 인상을 줄 수 있다.

자신의 개성과 끼의 표현인 특기 사항은 구체적으로 표현해야 하는데, 독특하고 재미있는 지원자의 특기는 건조한 직장 생활에 활력소가 될 수 있기 때문에 자신의 특기를 인상적으로 표현하는 것도 매우 중요하다.

### ③ 학력과 경력

학력에 대한 사항들은 순서대로 적되, 학교생활 이외의 과외활동이나 봉사활동 등의 경험이 있으면 구체적으로 소개한다. 대학 이전과 대학에서의 학생 활동, 수상경력과 봉사활동, 그리고 해외연수 등을 비교적 상세하게 소개하고, 특히 대학생활에서의 전공과 과외 활동이 지원 업종과 연관성이 있을 경우 그 부분을 충분히 강조한다. 초 · 중 · 고등학교를 거쳐 대학교에 이르기까지 형성되고 성숙된 가치관과 인생관, 그리고 학문에 대한 자세 등을 전체적인 글의 맥락 속에서 자연스럽게 언급하는 것도 필요하다.

경력과 관련해서 국가와 관계 기관에서 인정해주는 자격증을 소지하고 있을 경우, 그것에 대한 구체적인 소개가 필요하고 자격증에 대한 증빙자료를 함께 제출한다.

### ④ 지원 동기와 포부

기업의 입장에서 볼 때 자기 소개서에서 가장 중요한 부분으로 면접 시 심도 있게 다루는 부분이다. 지원하는 기업의 규모에 상관없이 지원동기에 대한 입장과 포부는 분명하고 확고해야 하는데, 이는 능력을 인정받는 사원들이 자기가 맡은 분야에서 성취감을 맛보지 못하거나 의욕을 느끼지 못해 결국 퇴사하는 경우가 종종 있기 때문이다. 지원서를 제출하는 기업에 대한 정보를 사전에 확보하고 해당 기업에 대한 연구가 선행되어야 지원 동기와 포부를 자신 있게 표현할 수 있다. 포부에 대해 입사 후 장래 목표를 달성하기 위한 구체적인 계획이나 방법을 기술하면 좋다.

### ⑤ 마무리

자기 소개서를 작성하고 있는 순간의 마음가짐과 앞으로의 각오, 입사에 대한 강한 의지 등을 인상 깊게 적고, 입사 후 자신이 할 수 있는 것에 대해 구체적으로 언급함으로써 면접관들이 지원자에게 관심을 가지도록 마무리한다.

## (3) 자기 소개서 쓰기 연습

| 제목 | 2018년 하반기 SK플래닛 M&C부문 신입사원 이력서 |
|---|---|
| 성장 과정 | 세 번의 터닝 포인트 |
| | 저는 살면서 세 번의 터닝 포인트를 겪었습니다. 첫 번째는 초등학교 5학년 때인데. 그때 저는 이사를 하면서 전학을 갔습니다. 처음에서 새로운 학교와 친구들이 낯설어서 싫었지만, 차츰 학교에 적응하고 친구들과도 친해졌습니다. 전학을 통한 경험으로 저는 낯선 사람들과 있어도 웃으며 대화할 수 있는 사교성을 얻게 되었습니다. 두 번째는 중학교 2학년 때인데, 그 때 저는 휴대폰을 보면서 길을 걷다가 교통사고를 당했습니다. 처음에는 운전자가 100% 잘못이라고만 생각했습니다. 하지만 시간이 흐른 뒤, '휴대폰을 보지 않았더라면 사고를 피할 수도 있었을 텐데' 라는 생각이 들었습니다. 그때의 경험으로 항상 주변을 세심하게 둘러보는 관찰력과 돌다리도 두들겨 보는 꼼꼼함이 생겼습니다. 마지막 세 번째 터닝 포인트는 광고에 눈을 뜬 것입니다. 저는 전문계고를 나와서 고등학교 때부터 광고에 관심과 흥미가 있었고, 그 관심이 광고홍보학과에 입학하는 것으로 이어졌습니다. 사실 저는 특별히 하고 싶은 게 없었습니다. 하지만 광고에 도전하겠다는 목표가 생김으로써 열정을 갖게 되었으며 무엇이든 쉽게 포기하지 않는 의지가 생겼습니다. |
| 성격 및 취미 · 특기 | 보라색 같은 사람 |
| | 저는 친구들과 친해지면 항상 듣는 말이 있습니다. "너, 진짜 보라색 같은 애다." 처음에는 그 말이 무슨 말인지 몰라서 친구에게 물었습니다. 그랬더니 친구가 "겉으로 보면 우유부단할 거 같고 시키는 것만 할 것 같은데 스스로 나서서 하는 일도 많잖아. 그리고 한번 '이거다' 싶으면 그걸 쭉 밀고 나가잖아. 그리고 하나에 집중하면 다른 것은 아무 것도 눈에 들어오지 않으니 말이야. 그런데 그런 너에게 유연성은 필요한 것 같아."라고 했습니다. 친구의 말을 듣고 저 스스로도 '나는 보라색 같은 사람이구나.' 라는 생각을 했습니다. 그리고 그때부터 친구가 지적해준 유연성을 기르기 위해 남의 말에 귀를 기울이고 남이 말한 것을 수용하기 위해 메모하기 시작했습니다. 종일 메모한 것을 집에 가서 보면 여러 사람에게 들었던 이야기가 생생하게 떠오릅니다. 메모하는 습관이 저에게는 즐거움과 유연성을 선물하는 저의 좋은 취미입니다. |
| 학력과 경력 | 어느 광고의 카피처럼 (해내면 할 수 있습니다.) |
| | 전문계 고등학교를 다닌 저는 회계를 잠시 배웠습니다. 그 때는 의무감보다 그냥 재미로 배웠는데, 2주 동안 하루에 두 시간만 투자하면 자격증을 100% 보장해 주신다는 선생님의 말씀을 믿고 노력한 결과 정말 2주 만에 전산회계사 자격증을 취득했습니다. 고등학교 3학년 때에는 사회생활이 어떤 것인지, 돈 버는 일이 얼마나 힘든 것인지를 경험하기 위해 고깃집에서 아르바이트를 시작했습니다. 그런데 그 고깃집도 새로 오픈한 매장이었고 사장님도 장사를 처음 하는 분이었습니다. 모든 것이 처음인 아르바이트생과 사장님에게는 모든 것이 힘들었습니다. 특히 잘 모르는 사장님을 보필하고 성격이 깐깐한 사모님의 비위를 맞추다 보니 '우리 엄마 아빠도 나와 언니, 그리고 동생 때문에 정말 힘들겠구나.' 라는 생각이 들어 가슴이 찡했습니다. 또한 다양한 손님을 만나 여러 가지 이야기를 듣고 손님에게 필요한 것을 채워주면서 느끼는 행복감도 매우 컸습니다. 가끔 오는 꼬마손님들에게는 사탕에, 중년의 손님들에게는 커피에 마음을 담아 서비스를 제공하는 제 자신이 대견하기도 했습니다. 이처럼 고깃집에서의 첫 아르바이트는 한 번쯤 해볼 만한, 그리고 수입과 보람을 주는 좋은 추억으로 남아 있습니다. |

<table>
<tr><th>제목</th><th>2018년 하반기 SK플래닛 M&C부문 신입사원 이력서</th></tr>
<tr><td rowspan="2">지원동기와 포부</td><td>오리를 백조로 만들어 주는 곳</td></tr>
<tr><td>고등학교 때 수행평가로 ‘마음에 드는 광고를 찾아라.’ 라는 주제를 받고 어떤 광고가 있을까하고 찾아보던 중, SK의 T광고인 ‘비비디바비디부’ 라는 광고를 본 적이 있습니다. 이 광고는 휴대폰인 제품을 광고한다기보다는 브랜드인 T의 가치를 높이려고 만든 광고였는데, 그 광고를 본 순간 ‘나도 저런 광고를 만들고 싶다.’ 라는 생각이 들었습니다. 그래서 “그래! 내가 2018년도에 커피 마시면서 야근할 회사는 SK플래닛이다.” 라는 목표를 정했습니다. 그리고 지금 그 목표를 달성하기 위해 SK에 지원하게 되었습니다.<br>제가 SK플래닛에 출근하게 된다면 SK라는 기업을 위해서 ‘어떤 광고가 SK를 더 호감형으로 만들까? 더 큰 수익을 얻을 수 있을까?’ 라고 고민하면서 꼼꼼하게 적어 두었던 전공노트와 경쟁회사의 광고와 비교 · 대조해 놓은 전공노트를 들고 첫 출근을 할 것입니다. 그리고 첫 월급을 받는다면 제일 먼저 부모님께 반을 드리고, 남은 금액의 반은 SK플래닛의 주식을 살 것입니다. 주식을 사서 회사에 대한 주인 의식을 가지고 일을 할 것입니다. 제가 개발한 SK 광고가 최대 구매로 이어지도록 만들어 백조로 거듭나고 싶습니다.</td></tr>
<tr><td rowspan="2">마무리</td><td>최고가 아닌 최선을 다하는 샛별</td></tr>
<tr><td>저는 항상 1등은 아니었습니다. 또한 앞에 나서는 리더도 아니었습니다. 하지만 열심히 노력해서 항상 상위권에 머물렀고, 눈에 띄는 리더십을 발휘하지는 못했지만 지친 팀원들의 뒤에서 등을 밀어주고, 옆에서 손을 잡고 같이 걸어가는 드러나지 않는 리더였습니다. SK플래닛에 입사해서도 이러한 저의 자세는 유지될 것입니다. 항상 광고주와 고객들을 만족시키기 위해 최선을 다할 것이고, 조금이라도 부족할 경우 완전해질 때까지 저의 강철체력으로 야근을 밥 먹듯이 할 각오도 되어 있습니다. 그리고 저의 팀원들이 힘들고 지칠 때 따뜻한 커피 한 잔을 건네고 피곤해서 잠시 쉴 때 기획서 한 장을 대신 타이핑해 줄 수 있는 그런 리더십을 발휘하겠습니다.<br>마지막으로 저는 아직 한 번도 빛나지 않은 샛별입니다. 하지만 그 빛이 얼마나 밝은지, 세상을 얼마나 환하게 비출 수 있는지 SK플래닛에서 증명해 드리겠습니다.<br>(학생 글)</td></tr>
</table>

**연습 1** 자기 소개서의 작성 방법에 따라 자기 소개서 개요를 써 보자.

**연습 2** 입사, 진학, 공모전 등을 위한 자기 소개서를 써 보자.

### 3) 감상문

#### (1) 감상문의 개념과 특성

감상문은 자연 현상이나 인물, 사물 등을 시각, 청각, 촉각, 후각, 미각을 통해 경험하고 난 후 그 느낀 점에 대해 형식에 구애받지 않고 자유롭게 써 내려가는 글이다. 자연의 아름다움과 변화무쌍함에 대한 느낌, 위대한 인물의 일생에 대한 감동, 세계인의 다양한 삶에 대한 인상, 여행지에서의 체험, 예술 작품을 감상하고 난 후의 느낌, 그리고 사람, 사물, 사건과의 만남과 인간관계를 통한 감동 등을 표현하는 글이 바로 감상문이다. 이러한 감상문은 결국 자신과 자신의 만남, 자신과 타인의 관계, 그리고 자신과 타인 이외의 관계에 관한 글이며 그 모든 것과의 교감을 글로 풀어 놓는 것이다.

#### (2) 감상문을 쓸 때 유의할 점

감상(感想)은 쉽게 쓸쓸해지거나 자주 슬퍼져서 감정이 다치게 되는 감상(感傷)과 구별된다. 따라서 감상문을 쓸 때 감정을 지나치게 노출하거나 감상 작품에 대해 너무 몰입하기보다는 우선 대상을 객관적으로 바라보는 자세가 필요하다.

또한 다양한 해석이 가능한 텍스트와 작품을 장르 구분 없이 폭넓게 골라 감상하고 자기 나름대로 해석한 후 감상과 해석의 결과를 자유롭게 표현한다. 이때 감상 작품과 감상 내용에 대해 서로 대화를 나누거나 토론을 함으로써 상호간의 느낌을 비교 또는 대조해 보는 것도 좋은데, 그 과정에서 수시로 자신의 느낌과 생각을 메모하도록 한다. 감상의 내용을 풍성하게 하기 위해서 필요한 사전 정보와 지식 등은 미리 습득해 둔다.

감상을 할 때에는 자신의 마음을 활짝 열고 사고와 상상의 범위를 최대한 확장함으로써 감상 대상을 적극적으로 받아들이는 자세가 필요하고, 감상문을 쓸 때에는 감상 대상에 대한 다양한 경험과 느낌을 자신의 말과 글로써 솔직하고 재미있게 표현하는 것이 중요하다.

### (3) 감상문 쓰기 연습

#### ① 영화 감상문

미국 할리우드의 영화와 한국 영화, 유럽의 영화와 그 밖의 나라에서 수입되는 영화 등, 하루에도 몇 편씩 새로운 영화가 개봉되는 것이 현실이다. 이제는 영화가 없는 우리의 일상생활을 상상하기 힘들다. 영화가 삶의 축소판이고 영화를 통해 각계각층의 다양한 삶의 방식과 모양이 비교적 자유롭고 제한 없이 재현되고 표출되기 때문에 우리는 영화를 통해 자신을 들여다 볼 수도 있고, 자신과 타인의 관계를 점검해 볼 수 있으며, 자신을 둘러싼 여러 가지 문제를 영화를 봄으로써 해결하기도 한다. 또한 영화 속 주인공과 희로애락의 감정을 공유하기도 하고 카타르시스를 느끼기도 한다. 이처럼 영화는 자기 성찰을 위한 글쓰기에 있어서 좋은 글감과 주제, 그리고 표현의 내용과 형식을 함께 제공하는 매체이다. 따라서 영화 감상문을 쓴다는 것은 영화를 보는 행위, 영화의 내용과 형식을 이해하고 해석하는 행위, 영화 속 주인공 속에 자신의 감정을 이입하는 행위, 자신을 영화 속으로 끌어들이거나 영화를 내면화하는 행위 등, 이 모든 것들을 글 쓰는 사람이 주체가 되어 한데 모아 엮는 행위이다.

**〈영화 감상문을 잘 쓰는 방법〉**

① 우선 영화에 대한 프리뷰와 리뷰를 참고할 필요가 있는데, 이 때 영화에 대한 스포일링을 피하는 것이 중요하다.

② 영화를 한 번만 보고도 영화 감상문을 쓸 수 있겠지만 보다 나은 영화 감상문을 쓰기 위해서는 영화를 최소한 두 번은 보아야 한다.

③ 영화를 감상하면서 감상문의 주제와 관련 있거나 특별한 관심을 끄는 장면과 내용은 기억해 두었다가 바로 메모한다.

④ 자유로운 형식으로 영화 감상문을 쓸 수 있지만 그렇다고 하더라도 감상문의 구성 요소를 갖추는 것은 필요하다.

⑤ 영화 감상문의 구성 요소

도입: 감독과 작품 전반, 그리고 주인공 관련 정보

전개: 줄거리 요약, 주제 관련 영화의 의미와 작용, 주제와 사회적 이슈 연관 짓기

마무리: 주제에 대한 자신의 생각과 느낀 점

### 〈영화 감상문〉

#### 가짜와 진짜의 땅 아일랜드-영화 〈아일랜드〉를 보고

총 제작비를 무려 1000억 원이나 들인 마이클 베이 감독의 영화 〈아일랜드〉를 본지 벌써 수년이 지났다. 할리우드 영화제작 10계명 중 하나인 '닫힌 구조'에 충실한 영화들이 수도 없이 제작되고 그러한 영화들이 개봉되면 거의 빠짐없이 영화를 보게 되는데, 그 때문에 '가랑비에 옷 젖는다'는 식으로 할리우드 영화 이데올로기에 어느 정도 갇혀 있음을 고백할 수밖에 없다. 나 역시 영화 상영시간동안 제한된 공간에 갇혀 눈으로 보고 생각하고 가끔씩은 영화를 읽으려고 몸부림을 치지만 대부분 그냥 영화 자체를 즐기는 편이다. 그래서 조명이 환해지면서 영화관을 나오는 순간 점심이나 저녁식사 메뉴로 잠시 그 내용을 이야기 할 뿐, 대부분 2시간 정도의 영화내용을 거의 되새김질 하지 않는다. 그런데 영화 〈아일랜드〉는 전형적인 할리우드의 닫힌 구조에 충실한 영화임에도 불구하고 예외적으로 영화를 본 지 몇 년이 지난 이 시점에도 나의 심기를 긁는다. 그래서 한 학기에 최소한 한 두 번씩 영화 〈아일랜드〉에 대하여, 그 중에 복제인간을 만드는 메릭 바이오테크의 설립자인 메릭박사의 오만함에 대하여, 링컨-6에코의 제작을 의뢰한 "고객"과 "제품"인 링컨-6에코에 대하여 토론하고 고민한다. 결국 영화 〈아일랜드〉는 신과 인간과의 이야기이고, 나와 너와의 이야기이며, 이제 나의 정체성에 관한 이야기로 귀결된다.

근대에서 탈근대로 넘어오면서 '신은 죽었다'는 부고장이 유령처럼 떠돌아다니더니 이제는 시도 때도 없이 남발되어 불특정 다수에게 발송되고, 그 결과 신의 부재 현상들이 비일비재하게 생겨난다. 어차피 신께서도 '잘난' 인간들의 다반사에 별로 개입하고 싶은 생각도 없다. 팔짱끼거나 뒷짐 지시고 인간들의 아우성과 몸부림을 보고 듣고 계신다. 어지간한 일에는 질투하시는 신의 모습 보이시기를 자제하고 계신다. 인간에게 절대로 허락되지 않는 신의 고유영역에 도전장을 던지지 않는 한 너그럽고 기다리실 줄 아는 신의 모습을 하고 계신다. 그런데 영화 〈아일랜드〉의 메릭박사는 천국=아일랜드라는 이데올로기를 설정해 놓고 창조와 심판이라는 신의 역할을 자의적으로 수행한다. 게다가 유한한 인간에게 영생을 선물한다는 명목 하에 신의 영역과 권위에 직접적인 도전을 감행한다.

영화 〈아일랜드〉도, 전형적인 할리우드 SF 스릴러가 그러하듯이, 말초신경을 자극하기 위한 충격적인 장면들을 엄청난 '소음'과 함께 별 여과 없이 적나라하게 관객들에게 드러내 놓는다. 그리고 관객들 역시 이미 할리우드식 고주파 자극에 노출되어있고 그 자극에 지나치게 익숙해져 있기 때문에 별 갈등 없이 그 닫힌 구조에 기꺼이 갇혀 열심히 그 장면들을 즐긴다. 그러한 자극적인 장면들이 많을수록, 자극의 강도가 점점 커질수록 관객들은 환호한다. 그리고는 영화관을 나오는 순간 경험한 자극보다 더 큰 자극을 기대하면서 이미 본 영화에 대한 생각을 닫아버린다. 그런데 영화 〈아일랜드〉를 보고 난 후, 특히 복제된 제품 링컨이 자신의 주인이자 또 다른 자기 자신인 링컨을 죽게 하는 장면을 접하고 난 후, 지금까지 영화 〈아일랜드〉를 들먹이고 있는 것은 고객 링컨과 제품 링컨의 관계, 즉 가짜와 진짜의 문제가 그만큼 충격적이고 필자를 혼란스럽게 했기 때문일 것이다.

가짜가 와서 진짜를 몰아내게 되었다는 줄거리는 우리의 고전소설 「옹고집전」에서도 비슷하게 전개된다. 옹고집은 성질이 고약해서 풍년을 좋아하지 않고, 매사에 고집을 부리며 게다가 인색하기까지 해서, 팔십 노모가 냉방에 병들어 있어도 돌보지 않는다. 이에 월출봉 비치 암에 도통한 도승이 학 대사를 시켜 허수아비를 만들어 부적을 붙이게 하니 옹고집이 하나 더 생긴다. 가짜 옹고집이 진짜 옹고집의 집에 찾아가니 똑같이 생긴 옹고집이 둘이 되고, 둘은 서로 진짜라고 다툰다. 옹고집의 아내와 자식이 나섰으나 진짜 옹고집을 가려내지 못하고 마침내 관가에까지 가게 된다. 원님이 족보를 가지고 두 옹고집에게 물어보니, 가짜 옹고집이 족보의 내용을 더 잘 안다. 재판에서 진짜 옹고집은 패소(敗訴)하여 곤장을 맞고 내쫓긴 다음 걸식을 하는 신세가 된다. 가짜 옹고집은 집으로 들어가서 아내와 자식을 거느리고 산다. 옹고집의 아내는 다시 아들을 몇 명이나 낳는다. 진짜 옹고집은 여러 해 동안 온갖 고생을 하게 되고 결국 지난 날의 잘못을 뉘우치는데, 상황을 바꿀 방법이 전혀 없고 어찌할 도리가 없어 자살하려고 산중에 들어간다. 막 자살을 하려는 순간 월출봉 비치 암의 도승이 나타나서 진짜 옹고집을 말린다. 옹고집이 뉘우치고 있는 것을 알고 부적을 하나 주면서 집으로 돌아가라고 한다. 집에 돌아가서 그 부적을 던지자, 그동안 집을 차지하고 있던 가짜 옹고집이 허수아비로 변한다. 그리고 가짜 옹고집과 아내 사이에 태어난 자식들도 모두 허수아비가 된다. 그러자 진짜 옹고집은 비로소 그동안 도술에 속은 줄 알고서, 새사람이 되어서 착한 일을 하고, 또한 불교를 열심히 믿는다.

고전소설에 나오는 가짜와 진짜의 문제는 결국 진짜를 구원하고 진짜를 보증하기 위한 장치이며 이를 위해 똑똑한 심판관과 도통한 도승의 존재가 필수적인 요소로 작용한다. 그렇기 때문에 가짜에 의해 진짜가 제거될 가능성이 원천 봉쇄된다. 하지만 영화 〈아일랜드〉 속의 링컨-6이 제품으로 탄생되면서, 그리고 복제된 제품 링컨-6이 복제를 의뢰한 주인 링컨을 죽게함으로써 진짜와 가짜의 관계가 또 다른 국면으로 접어든다.

영화의 마지막 장면에서 읽을 수 있듯이 복제된 제품들이 주인을 찾아 천로역정의 길에 오르고, 주인을 만나 주인을 제거하고, 마침내 지상의 세계를 장악하게 된다면, 그 세계는 정말 복제된 제품들의 '아일랜드'가 되어버릴 것이다. 가짜가 진짜를 영구제거해서도 안되고 진짜가 가짜에 의해 영구제거 될 빌미를 제공해서도 안 될 것이다. 이를 위해서는 동물적이고 본능적인 인간의 욕구를 자제하고 '나'의 만족을 위해 또 다른 '나'를 희생시켜도 된다는 수직적인 의미에서의 오만함을 벗어 버려야 할 것이다.

**연습 1** 감명 깊게 본 영화를 골라 구성 요소에 맞추어 영화 감상문 개요를 써 보자.

**연습 2** 개요를 바탕으로 영화 감상문을 써 보자.

### ② 미술 감상문

미술 작품을 감상하는 데 있어서는 감상하는 사람이 '아는' 만큼 작품이 보이고 읽힌다고 한다. 따라서 미술 작품을 제대로 감상하기 위해서는 우선 미술사적인 지식과 미술 작품 탄생의 시대적 배경, 당시 미술가의 여러 가지 내 · 외적인 상황 등을 먼저 고려할 필요가 있다.

미술사적인 전개에 있어서 고전과 낭만의 반복적인 교체가 큰 흐름을 이루고 있기 때문에 고전과 낭만의 특징과 특성들을 미리 알고 있을 경우, 미술 작품을 일차적으로 구분하고 이해하는데 있어서 매우 편리하다. 또한 미술 작품을 감상하면서 각 사조의 특징을 하나하나 확인해 보는 것도 재미있는 미술 감상법이다. 고전주의적 특징과 낭만주의적 특징의 교체와 반복 현상은 일정한 주기와 반동 작용에 의해 구체와 추상의 형식으로도 되풀이된다.

미술 작품이 탄생하게 된 시대적 · 사회적 · 역사적 배경과 당시 미술가의 물질적 · 정신적인 상황과 상태 등을 미리 알고 있으면, 미술 작품을 감상하는 동안 감상자가 미술 작품 속 주인공이 되어 그 시대 사람들에게 말을 걸 수도 있고, 그 당시 사회와 역사적인 사건들을 직접 경험할 수도 있으며, 여러 가지 궁금한 것들을 미술가 본인에게 직접 물어볼 수도 있다.

미술가와 감상자의 독창적인 상상력은 미술 작품을 창조하는 과정과 감상하는 과정에서 무한정 발산되기 때문에 화가는 화가의 언어로, 감상자는 감상자의 언어로 서로에게 속삭인다. 그리고 서로가 서로의 언어를 이해하기 위해 서로에게 귀를 기울이고 서로에게로 다가간다. 따라서 미술 감상문을 쓴다는 것은 미술가와 감상자의 대화 내용을 옮겨 적는 작업에 다름 아니다.

**〈미술 감상문을 잘 쓰는 방법〉**

① 우선 미술 작품에 대한 사전 지식과 자료를 참고할 필요가 있다.

② 보다 나은 미술 감상문을 쓰기 위해서 미술 작품을 다양한 각도와 여러 가지 관점에서 감상할 필요가 있다.

③ 미술 작품을 감상하면서 감상문의 주제와 관련 있거나 특별한 관심을 끄는 부분과 내용은 빠짐없이 메모를 해 둔다.

④ 자유로운 형식으로 미술 감상문을 쓸 수 있지만 그래도 감상문의 구성 요소를 갖추는 것은 필요하다.

⑤ 미술 감상문의 구성 요소

도입: 미술관이나 전시회에 가게 된 동기와 그 곳의 분위기

전개: 미술 작품을 처음 대했을 때의 느낌

화가와 작품 관련 사항 및 시대적 배경, 그 밖에 작품의 외적 요소

미술 작품을 다각도로 감상한 후 나름대로 이해하고 해석한 내용

마무리: 작품에 대한 자신의 생각과 느낀 점

**〈미술 감상문〉**

**'쉬운' 미술과 '어려운' 미술이 공존하는 현대미술**
**- 대구미술관을 다녀와서 현대미술에 대해 생각하다 -**

〈미술과 문화〉 수업을 통해 대구시립미술관에 처음 가 보게 되었다. 미술관 내부로 들어가기 전 인상이 깊었던 것은 외관에 설치되어 있던 수천 개의 사과상자가 쏟아져 내리는 모양을 하고 있는 설치미술이었다. 이 작품의 작가는 자신의 작품을 미리 생각하고 설치하는 것이 아니라 해당 지역을 보고 그곳을 상징할 수 있는 것을 이용한다고 했다. 그래서 대구를 상징할 수 있는 사과상자가 이용된 것이었다. 설명을 듣기 전에는 이 작품을 만든 작가의 의도를 복잡하게 생각했는데 그것이 의외로 단순한 것이어서 놀라기도 했고 허무하기도 했다.

미술관 내부에서는 다양한 주제를 가진 여러 작가들의 작품들이 〈DNA×연금술〉, 〈몸의 현재〉, 〈아아, 순정〉이라는 이름으로 전시되고 있었다. 〈DNA×연금술〉전은 하나의 전시이면서 〈DNA〉전과 〈연금술〉전으로 구성된 두 개의 다른 전시이기도 하다. 먼저 〈연금술〉전에서는 최정화 작가의 작품들을 볼 수 있다. 연금술이란 우리가 쉽게 접할 수 있으며, 직접 사용하는 일상의 하찮은 물건들과 대량생산된 산업용품들이 작가의 창조적 작업을 통해 예술작품으로 탈바꿈되는 현상을 말한다. 작가는 알록달록한 플라스틱 소쿠리, 추억의 트로피, 흔해 빠진 비닐 등을 재료로 삼아 예술과 삶이 교차하며 그 어떤 형식에도 구애받지 않는, 예술과 삶의 경계를 가로지르는 '쉬운' 예술을 보여 준다. 〈DNA〉전은 11명의 예술

가와 디자이너, 공예가, 건축가들이 참여하는 전시로서, 디자인의 속성과 요소를 수용하는 여러 형태의 예술과, 개인의 예술적 표현을 드러내고 문화 · 사회적 의미를 담고 있는 디자인의 다양한 경향을 소개한다. 'DNA'라는 명칭의 숨은 뜻이 'Design and Art'라는 점에서도 이 전시의 성격을 알 수 있다. 이 전시에서는 예술과 디자인 사이의 구분이 사실은 무의미하다는 것을 전제로 하고 그렇게 예술과 디자인의 경계가 흐려지는 현대미술의 새로운 경향에 주목하고 있다.

전시된 여러 작가의 작품들 중 가장 기억에 남는 작품은 이중근의 〈Memento mori〉이다. 수업 시간에 배운 내용이기도 했고 작품의 화려한 색감과 구성 때문에 가장 기억에 남았다. 이 작품은 해골과 보석 등을 만다라라는 불화의 형상으로 표현했다. 불교신자이기도 한 작가가 불교철학을 바탕으로 만다라의 문양을 작품에 반영하여 화려함을 추구하는 욕망적인 삶의 허망함을 표현해낸 것이다. 이중근 작가는 삶이란 순간적으로 사라질 수 있는 꿈과 같다고 생각하여 언젠가는 죽을 것이라는 것을 명심하라는 의미의 '메멘토 모리(memento mori)'를 해골과 보석 등을 사용해 세상의 모든 것은 영원한 것이 아니라는 것을 보여 준다. 멀리서는 그저 문양에 불과해 보였지만 가까이 다가서서 보면 세속적인 부귀영화, 명예, 권력, 쾌락, 사랑을 상징하는 것들이 화면을 가득 메우고 있다. 다이아몬드로 이루어진 해골이 쓰고 있는 권력을 상징하는 왕관, 사랑을 상징하는 하트 모양, 그리고 세속적인 쾌락과 덧없음의 절정이라 할 수 있는 꽃들이 장식되어 있다. 다이아몬드로 된 해골은 가장 비싸게 팔린다는 현대미술가 데미안 허스트의 작품을 연상시킨다. 마치 세간을 놀라게 한 유명한 값비싼 미술 작품조차도 덧없다는 것을 직접적으로 언급하려는 듯……

〈몸의 현재〉전은 21세기를 살아가는 지금 여기에 있는 바로 '나'혹은 '너'의 몸이 갖는 동시대적 의미를 미술을 통해 새롭게 소통하는 시간을 갖고자 기획되었다. 그래서 과거와 미래가 만나는 시공간의 장소인 몸의 의미를 보고 또 느껴 지각의 경계를 확장하는 것을 핵심적 과제로 삼았다. 즉 몸에 대한 현대적인 변화와 성찰을 표현하는 시각적 언어가 갖는 미술가들의 단상, '몸'에 대한 시각적 비전을 회화, 조각, 설치, 사진, 영상 등 다양한 장르를 통해 보여주고자 하는 것이다. 다양한 작품들이 전시되어 있었지만 그것을 모두 이해하지는 못했다. 하지만 획

일적인 현대사회에서 내가 누구인지, 무엇으로 사는지에 대한 의문을 던지고 그 것에 대해 생각해 볼 수 있었다. 전시의 일부는 폐관되고 일부만 유지되고 있어서 전체를 다 볼 수 없어 아쉬움이 남았다.

이번에 전시된 작품 중에서 가장 흥미로웠던 것은 이완 작가의 〈아아, 순정〉이다. 이완 작가의 작품을 처음 봤을 때 '이것이 정말 미술 작품이 맞는가', '그것이 의미하는 바가 과연 무엇일까'라는 의문이 들었다. 하지만 작품에 대한 설명을 들었을 때 그 작품 속에 담긴 작가의 사회비판적인 메시지를 읽을 수 있었다. 가장 처음 본 작품이자 가장 인상 깊었던 작품은 〈우리가 되는 방법〉이었다. 이 작품은 작가가 직접 수집한 여러 가지 사물들의 무게를 재고 그것을 60개 저울의 숫자로 나누어 나온 평균무게 5.06kg에 맞춰 자르고 결합하여 다시 가공한 작품이었다. 똑같이 생긴 저울 위에 여러 가지 잡동사니들이 올려져 있고 저울의 바늘들은 모두 똑같이 5.06을 가리키고 있다. 작가가 수집한 사물들의 속성이나 정체성은 '우리'가 되기 위해 '5.06'이라는 '기준'으로 재단되어 잘리어 나가고 분해되었다. 작가는 사물이 가지고 있는 본래의 모습이 사라지고 오로지 '무게'라는 하나의 기준에 맞추어 물리적이고 사회적인 의미에서 획일화된 모습을 표현하였다. 작가는 "하나의 기준에 완벽히 부합하는 사물들이 되었지만 전혀 쓸모없는 공정한 상태와 절단된 상처들만 가득하다."라고 말한다. 이것은 사회가 우리에게 제시한 제약적인 조건 속에 자신을 끼워 맞추다 보니 온전한 '나'를 잃어버린 채 상처만 가득 안고 있는 우리네 삶의 모습을 보여준다. 오늘날 공동체와의 소통을 강조하면서 하나가 되기를, 우리가 되기를 요구하는데, 그것이 경우에 따라서는 폭력적이 될 수 있다는 것에 대해 심각하게 생각해보았다. 각자의 고유성을 상실한 채 획일화된 개체로서만 기능하는 공동체가 과연 진정한 의미의 '우리'라고 할 수 있는가? '우리'가 되기 위해서 우리 각자는 고유한 본질을 포기하고 하나의 기준으로 재단되어야만 하는가? 이 작품을 보면서 '과연 나는 정말 온전한 나일까'라는 생각을 해보기도 했다.

이 작품을 감상하는 과정에서 흥미로운 사실 한 가지를 알게 되었다. 한 학생이 여러 저울 중 아무 물건도 올려져 있지 않은 두 개의 저울을 발견하고 궁금해 했는데 나중에 알고 보니 거기에는 엄청난 이유가 있었다. 전시를 위해 지하수장고에 작품을 보관하던 중 청소부 아주머니께서 이 작품에 사용되는 여러 잡동사니 두 덩어리를 쓰레기로 오인하고 버린 것이다. 그래서 결국 저울 두 개는 아무 것도 없이 빈 상태로 전시되었다고 한다. 현대미술에 우연성이 개입되는 것은 익히 배운 사실이지만 이보다 더 우연성이 개입될 여지가 어디 있겠는가! 정말 알 수 없기도 하고 재미있기도 한 현대미술이다. 난감해했을 청소부 아주머니에게 괜찮다고 하고 그냥 빈 저울을 전시한 작가의 열린 마음이 무척 마음에 들었다. 매우 철학적이고 어려운 메시지를 전달하고자 했던 자신의 의도가 손상되었다고 생각했을 수도 있는데 관람자에게 궁금증을 유발시킨 것 역시 작가의 멋진 순발력 덕분이다.

이번 대구미술관 전시 관람은 현대미술의 두 얼굴을 단적으로 보게 해주었다. 어미홀에서 최정화 작가는 예술이 그리 어려운 것이 아니라 '누구나 다 예술가가 될 수 있다.'라고 하면서 우리의 생활도구 자체가 예술이 된다는 것을 보여주며 예술이 얼마나 쉬운지에 대해 역설한다. 반면 2층에 전시된 이완작가의 작품은 작가의 작품 제작 의도나 설명서의 도움 없이 작품을 이해하는 것이 사실상 불가능하다는 것을 보여준다. 한쪽에서는 미술이 이렇게 쉽다고 이야기하고 한쪽에서는 어림없는 소리라고 이야기한다. 매체나 주제에 있어서 현대미술은 그 다양성을 표방한지 오래되었지만 이번 대구미술관의 전시는 그 구성 자체에서 이미 현대미술이 가지는 그러한 다양성을 충분히 체감하게 한다. 현대미술이 제시하는 '쉬운' 미술과 '어려운' 미술의 양 극단을 모두 체험하고 그 사이에 존재할 무수한 가능성들을 생각하며 쉽든 어렵든 미술이 담고 있고, 말하고자 하는 것은 결국 인간이라는 점을 다시 한 번 상기하게 되었다.

(학생 글)

**연습 1** 박물관이나 미술관 방문 후 구성 요소에 맞추어 미술 감상문 개요를 써 보자.

**연습 2** 개요를 바탕으로 미술 감상문을 써 보자.

### ③ 공연 감상문

현재는 대중문화의 시대이다. 불과 수십 년 전만 하더라도 오페라와 클래식 음악 연주는 특정 계층의 전유물이었는데, 포스트모던적인 담론이 보편화되면서 전통적인 고급문화 내지 엘리트 문화의 존재기반이 흔들리게 되고, 플롯 중심 소설의 내러티브 구조가 와해되기 시작하면서 작가의 죽음을 알리는 소식이 여기저기서 들려왔다. 이에 편승하여 클래식 음악에도 대중화 바람이 불기 시작했는데, 그 바람은 '해설이 함께 하는'이라는 수식어를 앞에 두거나 팝페라 장르 등에 의해 점점 더 거세지고 있다. 이제 오페라와 클래식 음악도 대중이 향유하는 음악 장르가 될 수 있기 때문에 대중문화 애호가들도 오페라와 클래식 공연장을 즐겨 찾는다. 게다가 뮤지컬, 연극, 각종 콘서트 등 다양한 장르의 대중음악 공연이 수시로 열리기 때문에 공연 현장에서 음악 감상을 할 수 있는 기회가 점점 더 많아지고 있다.

공연 감상문을 쓴다는 것은 장르의 경계를 무너뜨리고 현장에서 만난 음악을 이해하고 해석하는 작업이다. 그리고 음악을 통해 음악가와 감상자 간 소통을 이끌어 내는 과정이다. 그렇기 때문에 처음에는 대중들이 쉽게 접근할 수 있고 감상과 이해가 비교적 용이한 작품들을 골라 감상한 후 마음속에 일어나는 느낌이나 생각을 솔직하고 담백하게 표현하는 연습을 해야 한다. 그러고 나면 그 다음 단계에서는 좀 더 깊이 있고 수준 높은 공연 감상문을 쓸 수 있게 된다.

#### 〈공연 감상문을 잘 쓰는 방법〉

① 작곡가, 연주자, 연주 방식 등 공연 작품에 대한 사전지식과 배경지식이 필요하다

② 공연을 제대로 감상하기 위해서 레퍼토리를 사전에 들어보는 것이 좋다.

③ 공연자의 작품에 대한 이해와 해석 방식, 공연 실력과 테크닉 등에 대한 메모를 그때그때 한다.

④ 자유로운 형식으로 공연 감상문을 쓸 수 있지만 그래도 감상문의 구성 요소를 갖추는 것은 필요하다.

⑤ 공연 감상문의 구성 요소

도입: 공연장을 찾게 된 동기와 현장의 분위기<br>
공연 작품에 대한 간단한 소개

전개: 공연 또는 연주되는 작품을 들으면서 느낀 점
출연자 내지 연주자의 곡 해석과 공연에 대한 느낌
작품 관련 시대적 배경, 작곡자의 심리상태, 그 밖의 작품 외적 요소
공연 작품에 대해 나름대로 이해하고 해석한 내용
마무리: 공연과 작품에 대한 자신의 생각과 느낀 점

**〈공연 감상문〉**

**통영국제음악제를 다녀와서**
**-음악으로 세상을 이해하고 세상과 소통한 시간-**

재독 작곡자 고 윤이상(1917-1995)의 고향인 통영에서 2002년부터 시작된 통영국제음악제 일환으로 올해는 피아노 국제 콩쿠르가 열린다는 소식을 두어 달 전에 들을 수 있었다. 피아노를 전공하는 아들에게 자극과 감동을 선물할 요량으로 일찌감치 주요 공연 티켓을 예매해 놓으신 어머니의 마음이 따뜻하고 감사해 바쁜 일상을 보내면서도 11월을 손꼽아 기다렸다. 어머니와 오랜 만에 통영에서 만나기로 하고 버스에 몸을 실었다.

파비오 비온디 & 에우로파 갈란테의 개막연주회를 비롯하여 장한나 & 런던 체임버 오케스트라의 연주와 금호 아시아나 솔로이스트들의 연주 등이 9일 동안 통영 앞바다를 우아하고 화려하고 아름답게 수를 놓겠다고 호언장담하며 전국 각지의 클래식 음악애호가들을 유혹하고 있었다. 모든 연주자들이 최선을 다해서 최고의 기량을 발휘할 것이기에 개막 공연부터 폐막 공연까지 모든 공연을 다 보고 싶었지만 수업과 서울에서 통영까지의 거리 등을 고려해서 몇 개의 공연을 선택적으로 들을 수밖에 없었다.

그 중에서 11월 8일에 열린 경남국제음악콩쿠르 피아노 결선 대회는 한마디로 감동과 자극 그 자체였다. 국내 유일의 유네스코 산하 국제음악콩쿠르세계연맹 회원인 경남국제음악콩쿠르가 내년부터는 윤이상국제음악콩쿠르로 거듭난다는 소식을 콩쿠르 시상식에서 공식적으로 전해 들었는데, 그렇게 되면 콩쿠르의 위상이 훨씬 높아질 것이다.

5시부터 거의 다섯 시간에 걸쳐 다섯 명의 결선 진출자들이 오케스트라의 협연에 맞추어 자신들의 최고 실력을 마음껏 발휘했는데, 그들의 연주는 피아노 전공자의 눈과 귀, 그리고 영혼을 사로잡기에 한 치의 부족함이 없었다. 다섯 명의 연주자 가운데 세 명이 브람스 피아노 협주곡 1번을 연주했다. 동일한 작곡자의 같은 곡이 연주자에 따라 그렇게 다르게 연주될 수 있다는 사실이 경이롭기까지 했다. 그래서 동일한 작곡자의 동일한 작품을 음반으로 감상할 때도 여러 연주자의 곡 해석 방식과 연주 테크닉, 그리고 음악에 대한 자세 등을 비교하고 대조해야 하는 모양이다.

결국은 음악에서도 소통이 가장 중요한 문제였다. 연주자와 작곡가 간의 소통이, 그 둘을 매개하는 연주곡에 대한 연주자의 해석이, 그리고 연주자와 오케스트라의 호흡이 연주의 수준과 곡의 완성도를 가늠하는 척도로 작용했다. 연주자와 오케스트라와의 대화가 시작되면서 둘은 때때로 왈츠를 추기도 하고 블루스를 추기도 하며, 때때로 속삭이기도 하고 목청을 높이기도 했는데, 소통에 의한 어우러짐은 한마디로 말해서 황홀함 그 자체였다. 다섯 시간을 버티기란 쉽지 않은 일인데, 그 경이로움을 만끽하느라 시간 가는 줄 몰랐다.

중간 휴식 시간에 연주자의 기량에 대해, 오케스트라와 연주자의 호흡에 대해, 곡에 대한 연주자의 해석 능력에 대해, 그 모든 것들의 중심에 놓인 예술가의 영혼에 대해 한 편으로는 음미하면서 만끽하고 다른 한 편으로는 우승자를 미리 가늠하는 이벤트에 응모하기 위해 나만의 심사 기준을 가지고 우승자를 점쳤다.

브람스와 프로코피에프 그리고 라흐마니노프를 만날 수 있었던 경남국제음악콩쿠르 피아노 결선대회! 그리고 통영! 보고 싶은 어머니를 오랜만에 만날 수 있어서 행복했고, 피아노 전공자로서 음악이 주는 황홀한 향연에 함께 할 수 있어서 행운이었고, 감동과 자극을 한 아름 안고 다시 일상으로 돌아갈 수 있어서 감사했다.

(학생 글)

**연습 1** 각종 공연 관람 후 구성 요소에 맞추어 공연 감상문 개요를 써 보자.

**연습 2** 개요를 바탕으로 공연 감상문을 써 보자.

## 참고 문헌


강판권, 『역사와 문화로 읽는 나무사전』, 글항아리, 2010.

게일 톰킨스, 『글쓰기 어떻게 가르칠 것인가』, 이재승 외 옮김, 박이정, 2012.

고려대학교 사고와표현 편찬위원회, 『글쓰기의 기초』, 고려대학교 출판부, 2012.

교재편찬위원회, 『교양글쓰기』, 계명대학교 출판부, 2011.

국립국어원 · 경상북도교육청, 『표기 · 표현 기초 조사 지침』, 경상북도교육청, 2013.

글쓰기 교과 교재편찬위원회, 『나를 위한 글쓰기 개정판』, 경희대학교 출판문화원, 2012.

김경훤 외, 『창의적 사고 소통의 글쓰기』, 성균관대학교 출판부, 2012.

김나령, 「기사문 쓰기 자료를 통한 교수-학습 방안 연구: 국어교육의 기능 통합을 중심으로」, 동국대학교 교육대학원 석사학위논문, 2012.

김돈, 『일반인을 위한 서양음악의 이해』, 계명대학교 출판부, 2006.

김돈 외, 『대학 글쓰기와 의사소통』, 아카넷, 2011.

김연심, 「텍스트 분석을 통한 유형별 보고서 쓰기 교육 방안」, 부산외국어대학교 교육대학원 석사학위논문, 2010.

김원우, 『모서리에서의 인생독법』, 강, 2008.

김해식, 『가장 기본적이고 실용적인 글쓰기 특강』, 파라북스, 2011.

끌라르 보티에 · 이뽈리트 프랑뎅, 『프랑스 외교관이 본 개화기 조선』, 김상희 · 김성언 옮김, 태학사, 2002.

나탈리 골드버그, 『뼛속까지 내려가서 써라』, 권진욱 옮김, 한문화, 2006.

남영신 · 박종분, 『기자를 위한 신문언어 길잡이』, 국립국어원, 2013.

로버타 진 브라이언트, 『누구나 글을 잘 쓸 수 있다』, 송영조 옮김, 예담, 2004.

루츠 폰 베르더 · 바바라 슐테-슈나이니케, 『교양인이 되기 위한 즐거운 글쓰기』, 김동희 옮김, 들녘, 2004.

리처드 니스벳, 『생각의 지도』, 최인철 옮김, 김영사, 2004.

문정필, 『현대건축과 사회』, 서우, 2013.

미하이 칙센트미하이, 『창의성의 즐거움』, 노혜숙 옮김, 북로드, 2012.

박성창, 『글쓰기의 수사학』, 서울대학교 교수학습개발센터 글쓰기 교실, 2004.

박영목 외, 『화법과 작문II』, 천재교육, 2011.

박전수, 『쉽고 친절하게 쓰는 대학 글쓰기』, 홍릉과학출판사, 2013.

박희석 · 김숙희, 『성공적인 사회진출을 위한 실용글쓰기』, 아이북, 2007.

브렌다 유랜드, 『참을 수 없는 글쓰기의 유혹』, 이경숙 옮김, 다른 생각, 2004.

서강대학교 교양국어 교재편찬위원회 편저, 『읽기와 쓰기』, 서강대학교 출판부, 2011.

서울대학교 대학국어 편찬위원회, 『대학국어: 글읽기와 글쓰기』, 서울대학교 출판문화원, 2013.

동국대학교 경주캠퍼스 글쓰기교재개발위원회, 『글쓰기 I』, 동국대학교 출판부, 2012.
성광수 외, 『몸과 몸짓 문화의 리얼리티』, 소명출판사, 2003.
스티븐 킹, 『유혹하는 글쓰기』, 김진준 옮김, 김영사, 2006.
스티븐 테일러 골즈베리, 『글쓰기 로드맵 101』, 남경태 옮김, 들녘, 2007.
신형기 외, 『글쓰기』, 연세대학교 출판부, 2007.
안병영, 『세계화와 자유주의』, 나남출판사, 2000.
앤서니 웨스턴, 『논증의 기술』, 이보경 옮김, 필맥, 2006.
양정호 외, 『글쓰기의 원리와 실제』, 도서출판 월인, 2011.
여세주 외, 『글쓰기의 논리』. 다혜미디어, 2004.
오노레 드 발자크, 『고리오 영감』, 이은숙 역주, 계명대학교 출판부, 2008.
오성호, 『대학 글쓰기』, 새문사, 2008.
윌리엄 셰익스피어, 『베니스의 상인』, 김종환 역주, 계명대학교 출판부, 2013.
윌리엄 진서, 『글쓰기 생각쓰기』, 이한중 옮김, 돌베개, 2008.
유민, 『바이오테크놀로지와 생명윤리』, 계명대학교 출판부, 2013.
이남희, 『자기 발견을 위한 자서전 쓰기』. 교보문고, 2005.
이상호 · 이현지, 『대학생을 위한 글쓰기』, 한국학술정보(주), 2008.
이수형, 「글쓰기 윤리를 위한 몇 가지 조언」, 『가르침과 배움』, 22호, 2010.
이오덕, 『우리글 바로쓰기』, 한길사, 1992.
이은혜, 「기사문 교육 내용 연구: 쓰기 단원 구성을 중심으로」, 부산대학교 교육대학원 석사학위논문, 2010.
이지호, 『글쓰기와 글쓰기 교육』, 서울대학교 출판부, 2001.
이화여자대학교 교양국어 편찬위원회, 『우리말과 글쓰기』, 이화여자대학교 출판부, 2013.
임헌우, 『상상력에 엔진을 달아라』, 나남, 2007.
장옥관, 『그 겨울 나는 북벽에서 살았다.』, 문학동네, 2013.
전동진, 「글쓰기 윤리의 정립과 윤리의식 제고 방안 연구 -표절유형과 인용법을 중심으로-」, 『국제어문』, 제55집, 2012, pp. 565-598.
정병기, 「대학생 글쓰기의 부정행위와 윤리 교육 방안」, 『사고와 표현』, Vol. 6, 2008, pp. 267-294.
정재걸, 『오래된 미래교육』, 살림터, 2010.
종교학사전 편찬위원회, 『종교학대사전』, 한국사전연구사, 1998.
지오르지오 바자리, 『르네상스 미술의 명장들』, 박일우 편역, 계명대학교 출판부, 2008.
지현배, 「대학생의 글쓰기 클리닉 사례를 통해 본 '개요 작성' 지도 모형」, 『교양교육연구』, Vol. 7, No. 2, 2013, pp. 449-490.
최미경, 『가련하고 정다운 나라』, 눈빛, 2006.
최선경, 「대학생 글쓰기윤리 의식 고취를 위한 실천적 교육방안」, 『수사학』, 제10집, 2009, pp. 310~311.
최재완, 『신문 좋은 문장 나쁜 문장』, 커뮤니케이션북스, 2006.

탁석산, 『탁석산의 글짓는 도서관』, 김영사, 2005.
헬레나 노르베리 호지, 『오래된 미래』, 김종철 · 김태언 옮김, 녹색평론사, 2007.
하병학, 「글을 쓰는 인간존재: 글쓰기 윤리의 존재론적 토대에 대한 수사학적 고찰」, 『수사학』, 제10집, 2009, pp. 273~297.
한국학중앙연구원, 『한국민족문화대백과사전』 12권, 1993.
황성근, 「대학생의 글쓰기 윤리와 표절문제」, 『사고와 표현』, Vol. 1. 2008, pp. 231-265.